CHINA CAREER
DEVELOPMENT GUIDELINES
NEW CAREERS I

中国职业发展指南

·新职业卷Ⅰ·

中国职业发展指南丛书编委会　组织编写

中国人力资源和社会保障出版集团
中国人事出版社　中国劳动社会保障出版社

图书在版编目（CIP）数据

中国职业发展指南．新职业卷．Ⅰ / 中国职业发展指南丛书编委会组织编写．-- 北京：中国人事出版社：中国劳动社会保障出版社，2022
ISBN 978-7-5129-1805-4

Ⅰ．①中… Ⅱ．①中… Ⅲ．①职业－中国－指南 Ⅳ．① D669. 2-62

中国版本图书馆 CIP 数据核字（2022）第 202936 号

**中国人事出版社
中国劳动社会保障出版社 出版发行**
（北京市惠新东街 1 号 邮政编码：100029）

*

北京市艺辉印刷有限公司印刷装订 新华书店经销
787 毫米 × 1092 毫米 16 开本 25.25 印张 373 千字
2022 年 10 月第 1 版 2022 年 10 月第 1 次印刷
定价：108.00 元

营销中心电话：400-606-6496
出版社网址：http://www.class.com.cn

《中国职业发展指南》专家委员会

《中国职业发展指南·新职业卷Ⅰ》编委会

前 言

海桑陵谷，古今赓续，时代潮流浩浩荡荡，历史车轮滚滚向前。从农业社会到工业社会，再到信息社会，传统产业转型升级，新兴产业强势崛起，时代的变革深刻改变了人们的生产生活方式，也促进了职业的发展变迁。许多曾被万千人追捧的“香饽饽”职业，如今已是过眼烟云，不见踪影。随着新技术、新经济、新业态、新模式的不断涌现，工业互联网工程技术人员、社群健康助理员、农业经理人、无人机驾驶员、互联网营销师等新职业应运而生，职业图谱被不断刷新和突破。

党的二十大报告指出，实施就业优先战略，强化就业优先政策，健全就业促进机制，促进高质量充分就业。《“十四五”就业促进规划》中强调，就业是最大的民生，也是经济发展最基本的支撑。职业作为就业创业的核心载体，承担着引导社会大众稳定就业、顺利创业的重大使命。为适应时代进步、科技创新及经济社会发展需求，自 2019 年以来，由人力资源社会保障部、国家市场监管总局、国家统计局三部门牵头，面向全社会开展了四批新职业的征集遴选工作，共计汇总职业信息数千条。按照严格的筛选、考察、答辩、评审、公示等程序，最终发布了 74 个新职业。

新职业的发布在产业转型升级、新技术新业态实践、人才评价成长机制形成，就业创业促进，从业质量提高等方面作用显著，但对新职业标准、规范、系统性和面向应用的研究成果仍有欠缺。为此，我们组织中国就业培训技术指导中心、中国人事科学研究院、中联研究院、《中华人民共和国职业分类大典》修订工作专家委员会以及新职业申报单位的有关专家组成中国职业发展指南丛书编委会，共同编写《中国职业发展指南·新职业卷 Ⅰ》（以下简称《指南》）。《指南》包含

2019年以来发布的44个新职业，包括制造业，建筑业，信息传输、计算机服务和软件业，交通运输、仓储及邮政业，农业，金融业，租赁和商务服务业，卫生、社会保障和社会福利业等领域。每个职业均从十个方面进行研究描述，即新职业的一天、职业定义概况、主要工作职责、薪酬福利待遇、知识能力要求、专业教育现状、就业创业信息、职业贯通发展、职业发展前景及其他与该职业有关的政策、技能标准、重大事件等内容，使读者能够快速、系统地了解该新职业的基本概况。

《指南》可以用于服务新生劳动力就业，指导院校学生进行职业规划和就业分析，对其所学专业及意向发展的就业领域拥有基础认知，更合理地规划个人职业发展方向；《指南》可以在现有从业人员在转岗、换岗、调岗及晋升的过程中提供新职业知识技能支持，便于其了解相邻、相近职业情况，快速实现工作角色的转换；《指南》可以为创业群体、待就业人员、灵活用工人员等提供新职业知识技能的学习参考，使其了解新职业和行业领域的发展前景，有益于确定目标职业及发展方向；《指南》还可为从事就业、创业指导规划的人员以及人力资源服务和管理专业人员提供有关新职业的政策指引和信息参考。

《指南》旨在综合运用现有新职业信息实现就业创业指引的目的，是职业分类与发展应用在实践中的初次尝试，今后将陆续推出中国职业发展指南系列丛书。新职业是在新经济、新技术、新业态等背景下产生的新事物，是不断变化发展的动态过程，认知理解这些新职业需要一个渐进的过程，加之编写人员的水平有限，在编写的过程中难免存在认识不全面、理解不深刻、表述不规范等问题。恳请广大读者在阅读使用过程中不吝批评指正，使《指南》及后续出版书籍在体系、内容、时效及实用性方面不断提高与完善。

编委会

2022年10月

目录

城市管理网格员

职业编码：3-01-04-02

有一个新的职业，其从业者“上管天，下管地，中间管空气”：他们面对居民的不配合、不理解，甚至谩骂，却仍笑脸相迎、以礼相待；他们会为居民身边的一件小事“跑断腿”，练就“铁脚板”；他们会来到居民身边，不厌其烦地向其宣传党的利民政策；他们会用现代工具，接诉即办，快速解决居民身边急难愁盼的问题；他们是居民身边的“代办员”“和事佬”“守护者”“服务员”；他们是守护一方安宁、幸福的普通人……他们就是——城市管理网格员。

一、城市管理网格员的一天

记录时间：2021 年 8 月 13 日 **记录人：王某丽**

上午工作情况

9 点：

1. 到社区网格站报到。

2. 骑上电动车，开始在辖区内巡查。（巡查）

3. 在某居民楼前发现随意丢弃的建筑垃圾，用信息采集器拍照后进行上报。（市容环境问题上报）

4. 信息采集器上接到网格平台操作员发来的信息，立即赶往该地点进行核实，发现该地点井盖确实破损，用信息采集器对井盖拍照后进行上报。（市政工程设施问题核实、上报）

10 点：

1. 井盖所属管理部门派出人员对井盖进行更换，现场核实更换完毕，进行上报。（市政设施问题处置、上报）

2. 前往辖区内某小区 2 号楼 2 门 301 室，对新租户进行入户信息登记。（信息采集）

3. 接到电话，某小区居民因噪声问题与邻居发生争吵，立即前往该地点进行调解。经劝解疏导，双方矛盾化解，避免了冲突加剧。（社会问题处置）

12 点：

1. 巡查中发现辖区内某街道出现多个游商，利用信息采集器隐蔽拍照后上报。（上报）

2. 返回办公室后，录入上午入户采集到的新租户信息。（信息采集）

3. 做好下午的巡查路线安排。（数据分析）

下午工作情况

16 点：

1. 在辖区内商业街步行巡查商户消防情况。（巡查）

2. 发现两家商户存在灭火器过期问题，用信息采集器拍照后进行上报。（安全问题上报）

3. 责令并监督商户立即更换灭火器，化解危险隐患。（安全问题处置）

4. 在网格微信群中为居民解答疫苗接种问题。（社会管理）

17 点：

1. 在辖区广场与大妈攀谈，询问其生活情况，并注意了解治安动态，倾听居民意见。（社会管理、信息采集）

2. 前往登记身份为孤寡老人的张大妈家，帮其做晚饭。（社会问题处置）

18 点：

返回社区录入登记信息。（信息采集）

二、什么是城市管理网格员

职业定义。城市管理网格员是运用现代城市网络化管理技术，从事市政工程（公用）设施维护、市容环境治理、社会管理及相关事务问题的巡查、采集、分析、核实、上报、处置等工作的人员。

定义解读。现代城市网格化管理技术，目前一般指由互联网平台、信息采集器、智能终端、监控摄像头等现代科技手段所组成的数字化系统。信息采集一般指对城市管理事件及部件问题的及时发现与上报，以及对辖区内居民和商户信息具体数据的采集、录入和更新。信息分析一般指对上报问题进行责权分类与派遣。处置一般指对简单问题的自行处置，以及对无法自行处置的问题的处理监督与结案核查。

关联职业。密切相关的职业有社会工作者、城市管理执法人员。社会工作者是在社会福利、社会救助、残障康复等机构中从事专门性社会服务工作的专业技术人员。城市管理网格员在进行社区服务时，需要社会工作者的协助；同时，城市管理网格员负责城市管理事件、部件问题的收集与上报，而问题的处置则需具备执法权的城市管理执法人员或相关责权单位的配合。

相应岗位。网格信息采集员、网格数据分析员、网格平台操作员、网格系统维护员和网格管理员等。

三、城市管理网格员的主要工作职责

1. 负责采集并上报辖区内人口、房屋、社保、居民诉求、就业、安全、稳定等情况，协助民生服务、困难群众、平安建设等相关工作的信息收集和上报。

2. 负责排查、收集、上报、反馈群众的矛盾纠纷、不稳定因素，协助矛盾调解，办理群众申办事项，定期向居民代表报告工作。

3. 宣传党的方针路线、政府政策及法律知识，负责安全隐患的排查、问题整改的监督、统筹调度的协调。

4. 登记辖区内实有人口，协助开展对重点人口、监管对象和有轻微违法人员的监督管理和帮教工作，负责更新出租房屋和暂住人口的动态情况。

5. 负责辖区内公共场所、娱乐场所、特种行业、商贸市场、出租房屋和危险物品的治安管理，开展经常性治安检查，督促、指导辖区内治安保卫重点单位建立健全安全防范制度，落实安全防范措施，预防、减少各类案件和治安灾害事故的发生。协助办理辖区内各类治安行政案件，为侦破刑事案件提供线索。负责发现无照游商、黑车揽客、散发小广告、私搭乱建、流浪乞讨等影响环境秩序的问题，上报并配合综合执法组开展治理工作。

6. 协助做好辖区内低保、空巢、残疾、统战人士等群体的服务工作；协助做好就业帮扶、公共卫生、公共安全教育等的相关工作。

四、城市管理网格员的薪酬福利待遇

平均薪酬水平。城市管理网格员的工资构成主要分为基本工资和绩效工资。目前，全国城市管理网格员的工资水平差异比较大，与当地社会的经济发展水平和学历要求两个要素密切相关。以大专学历的城市管理网格员岗位为例，广东深圳、山西太原、内蒙古通辽的平均工资分别为 7000 元 / 月、2600 元 / 月、2000 元 / 月。对比三地统计局发布的 2020 年社会平均工资，深圳为 11620 元 / 月，太原为 6447 元 / 月，通辽为 3420 元 / 月，发现城市管理网格员的平均工资约为当地社会平均工资的 0.4~0.6 倍。（数据来自中国通信工业协会网格化分会《网格化模式发展报告 2021》）

与类似职业对比。根据职友集网 2021 年数据，该职业岗位的薪酬一般要高于保安等的薪酬，略低于社区工作者的薪酬，见表 1。

表 1　类似职业薪酬水平

职业名称	薪酬水平（元 / 月）
城市管理网格员	3400~12000
保安	3000~5000
社区工作者	4000~8000

五、从事城市管理网格员工作需要哪些本领

该职业从业人员需具备的知识和技能有：基本的信息采集与上报的能力、处

置一般事件的能力、组织开展工作的能力等。核心技能是沟通与服务的能力。

根据《城市管理网格员国家职业技能标准》，该职业需具备的知识和技能见表2。

表2 城市管理网格员需具备的知识和技能

职业功能	工作内容	知识和技能要求
信息采集	现场信息采集	能使用自行车等巡查交通工具巡查信息采集地点、查找问题，能辨别或核实需要采集的信息，能使用移动信息采集器记录和上报信息
	线上信息受理	能判断线上信息受理范围并做出响应，能使用线上信息受理设备记录和上报信息
信息处理	案件签收	能判断网格平台推送的案件工单的归属，能签收或回退上级平台推送的案件工单
	案件推送	能确认案件工单的权属，能将案件工单推送到网格信息服务平台
问题处置与社会服务	问题处置	能对环境卫生、设施移位等即时处理问题进行处置，能跟踪突发事件处置的全过程
	社会服务	能收集、整理服务信息需求，能将服务信息传递给需要的群众

六、城市管理网格员的专业教育现状

（一）相关专业

目前已有较多院校开设了与该职业相关的专业，涉及本科院校、高职院校及中职学校等。本科院校专业有社会学、公共事业管理、社会工作等。职业院校相关专业有社区管理与服务、民政服务与管理、社区公共事务管理、社区法律服务、社会保障事务等。

（二）开设相关专业的院校（排名不分先后）

1. 本科院校：北京大学、清华大学、南开大学、山西大学、内蒙古大学、中国人民大学、哈尔滨工程大学、复旦大学、华东理工大学、南京师范大学等。

2. 高职院校：北京市经贸高级技术学校网格培训学院、长沙民政职业技术学院、山东商业职业技术学院、兰州职业技术学院、重庆城市管理职业学院、四川建筑职业技术学院、陕西职业技术学院、济宁职业技术学院、南京城市职业学院、山西管理职业学院等。

3. 中职学校：龙山县诚信职业技术学校、山西省司法学校、海南（海口）特殊教育学校、重庆市万州现代信息工程学校、伊犁州财贸学校、合肥商贸科技学校、广州市司法职业学校、桃源县职业中等专业学校、广州市番禺区工商职业技术学校、福建省民政学校等。

七、城市管理网格员的就业创业信息

该职业从业人员遍布全国各地。

吸纳城市管理网格员就业较多的用人单位主要有：

1. 网格中心：如全国各市、县、镇（街道）、村居级的网格中心等。

2. 劳务派遣公司：如博银网格（北京）人力资源有限公司、北京网汇智城科技有限公司、吕梁市兴业劳务派遣有限公司、洛阳市都朋劳务有限公司、希斯教育（深圳）有限公司等。

注：以上机构排名不分先后，不代表相关实力排名。

八、城市管理网格员的职业贯通发展

该职业的发展路径主要有四条：管理路线，即从网格信息采集员晋升至网格管理员/网格长/网格站站长，甚至各级网格中心主任、社区两委干部。专家路线，即不断提高技能水平，在职业等级上不断晋升，成为网格化管理专家。复合人才路线，即向其他行业跨越或进行职业转型，如通过学习相关知识和技能转型为行政办事员、社区事务员、统计调查员等。创业路线，即基于个人兴趣爱好进行创新创业。城市管理网格员的职业贯通发展如图 1 所示。

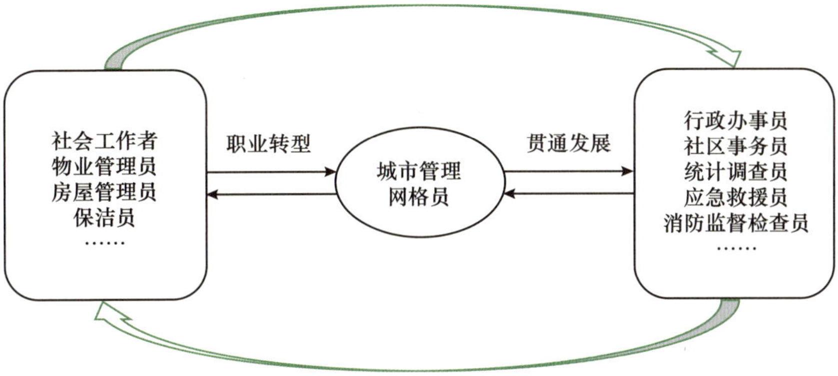

图 1　城市管理网格员职业贯通发展图

九、城市管理网格员的发展前景

从市场供需看。我国城市管理网格员存在巨大的缺口，各地网格中心迫切需要专职网格员。依照每 300~500 户设置 1 名网格员的国家标准计算，目前其从业人员在 450 万人左右。通过大数据平台全网监测，2020 年网格员相关招聘信息共有 11.8 万条；2021 年 1 月到 10 月，网格员相关招聘信息共有 21.8 万条，已远超 2020 年全年总量，从侧面反映出网格员招聘需求不断增加。（数据来自中国通信工业协会网格化分会《网格化模式发展报告 2021》）

从行业发展看。《2020 联合国电子政务调查报告》显示，2019 年我国电子政务发展指数为 0.7948，排名从 2018 年的第 65 位提升至第 45 位，为历史新高，达到全球电子政务发展非常高的水平，其中，在线服务指数由全球第 34 位跃升至第 9 位，迈入全球领先行列。各类政府机构积极推进政务服务线上化，服务种类及人次均有显著增加。在国家的大力支持和推动下，电子政务取得了较大进展。根据中研普华《2021—2025 年中国智慧政务行业发展分析与前景展望研究报告》，在国家的大力支持和推动下，2020 年智慧政务取得了较大进展，增速再创新高，2020 年我国智慧政务市场规模达到 3326 亿元，同比增长 5.86%。

从政策红利看。2013 年，党的十八届三中全会通过的《中共中央关于全面深化改革若干重大问题的决定》（以下简称《决定》）提出，要“创新社会治理……提高社会治理水平……以网格化管理、社会化服务为方向，健全基层综合服务管理平台”。这表明网格化管理从政策层面正式被升级为国家战略。2015 年，中共中央办公厅、国务院办公厅印发的《关于加强社会治安防控体系建设的意见》中明确，“把网格化管理列入城乡规划”“到 2020 年，实现全国各县（市、区、旗）的中心城区网格化管理全覆盖”。2020 年，党的十九届五中全会提出，“构建网格化管理、精细化服务、信息化支撑、开放共享的基层管理服务平台”。这明确了网格化管理是提升基层治理水平的重要路径。全国各地区纷纷出台推进网格化发展和网格员队伍建设的相关政策：江苏省出台《江苏省城乡网格化服务管理办法》，推进城乡网格化服务管理工作；北京市出台《北京市接诉即办工作条例》，进一步规范接诉即办工作。

十、相关内容链接

国家职业标准： 扫码即可查看 ☞

相关政策文件： 本书附录序号 8、65

供稿：博银网格（北京）教育科技有限公司　朱宇欣

出生缺陷防控咨询师

职业编码：4-14-02-04

我国是出生缺陷高发国家，面临巨大的出生缺陷人口压力。据统计，近20年来由于环境污染及基因变异等因素，新生儿出生缺陷防控面临严峻挑战。依靠现有的专业医疗机构和医生，很难满足如此庞大的防控需求。需设置专门的出生缺陷防控咨询师扮演前沿“守门员”和准“全科医生”的角色，以减轻医疗资源负担，补充医疗体系未涉及领域的防控，遏制出生缺陷发生率逐年升高的趋势。应鼓励和支持更多的职业人员从事出生缺陷防控工作，提升相关从业人员的归属感，壮大人才队伍，促进我国出生缺陷防控工作的全面发展。出生缺陷防控咨询师将为此发挥重要作用。

一、出生缺陷防控咨询师的一天

记录时间：2021年11月23日　　　　记录人：王某红

上午工作情况

8点：

出生缺陷防控门诊，王某红与产科医生/遗传优生科医生共同接诊。协助产科医生/遗传优生科医生接诊，完成记录病史及辅助检查报告收集，绘制家系图。对于孕期超声异常的、高龄妊娠的、产筛高风险的、无创产前基因检测（NIPT）阳性的、有不良妊娠史或遗传病家族史的孕妇，医生开具相关的产前检查单，王某红做信息登记，并在检测前与孕妇进一步谈话。（协助医生接诊）

9点：

接诊一例孕24周、孕期超声显示胎儿偏小4周的孕妇，医生告知胎儿生长受限的病因、可能的后果及诊断方法，建议孕妇进行羊水穿刺胎儿染色体核型分析和基因芯片检测。王某红完成记录病史及辅助检查报告收集，绘制家系图，告知孕妇及其家人关于羊水穿刺术的风险，胎儿染色体核型分析的检测范围和技术局限性，基因芯片检测的范围、技术局限性、报告形式、报告的时限、可能的结果、后续可能需要配合的随访和进一步检测。孕妇和家人理解后，转医生开检测申请单及签署知情同意书。（参与报告分析、开展咨询服务）

10点30分：

接诊一例36岁、NIPT显示21三体综合征高风险的孕妇，医生告知21三体综合征患儿出生后的可能临床表现，NIPT方法为筛查技术，有假阳性和假阴性的可能，需要孕妇进行羊水穿刺胎儿染色体核型分析确诊，告知孕妇及其家人关于羊水穿刺术的风险，胎儿染色体核型分析的检测范围和技术局限性，拷贝数变异检测的范围、技术局限性、报告形式、报告的时限、可能的结果、后续可能需要配合的随访和进一步检测。孕妇和家人理解后，转医生开检测申请单及签署知情同意书。（参与报告分析、开展咨询服务）

下午工作情况

14点30分：

1. 整理门诊患者登记信息及产前诊断的资料信息。（整理更新档案）
2. 对产前诊断胎儿妊娠结果进行电话随访。（整理更新档案）
3. 在转诊微信群内进行信息回复。（健康咨询）

16点：

在孕妇学校进行健康宣教，主题为“产前筛查与产前诊断知多少”。（健康宣教）

二、什么是出生缺陷防控咨询师

职业定义。出生缺陷防控咨询师是从事出生缺陷防控宣传、教育、咨询、指导，提供出生缺陷发生风险的循证信息、遗传咨询、防控管理服务和康复咨询工作的人员。

定义解读。出生缺陷是指婴儿出生前发生的身体结构、功能或代谢异常。预防是指预先做好事物发展过程中可能出现的偏离主观预期轨道或偏离客观普遍规律的应对措施。控制是指为了确保组织内各项计划按规定完成而进行的监督和纠偏的过程。咨询师是指运用专业知识、技能和经验，通过咨询技术与方法，帮助个人或组织解决问题或提供方案的专业人员。

关联职业。密切相关的职业有医学遗传科医师和生殖健康咨询师。与医学遗传科医师的区别是：医学遗传科医师为从事遗传病、遗传相关疾病诊断、治疗、预防、风险评估和咨询的专业人员，医学遗传科医师的主要任务是诊断和治疗，所涉管理、服务和教育的内容较少，且资源有限。与生殖健康咨询师的区别是：生殖健康咨询师以政策宣传、性健康教育、计划生育等与生殖系统健康相关的内容为主要任务，以妇科、男科为主要领域，主要讲“怎么生”，所涉出生缺陷综合防治的内容极少，对出生缺陷防控发挥的作用有限。

相应岗位。医学遗传科医师、临床医师、中医医师、中西医结合医师、医疗卫生技术人员、护理人员、药学技术人员、公共卫生与健康医师、医疗临床辅助服务员、公共营养师、生殖健康咨询师、健康管理师、社会工作专业人员等。

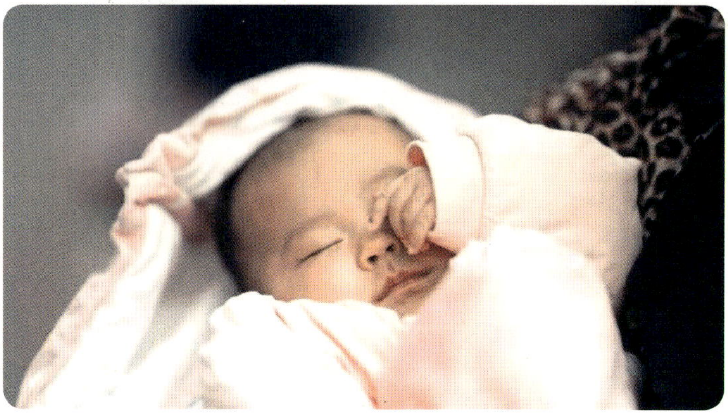

三、出生缺陷防控咨询师的主要工作职责

1. 负责询问、了解，并根据咨询者的年龄、性别、种族、家史、健康史、生育史等提供个性化咨询。

2. 在临床评估及诊断的基础上为孕妇建议合适的基因检测项目，协助解释说明检测的技术有效性、局限性和临床功效性。

3. 参与分析确定遗传模式，评估疾病或症状的发生风险与再发风险。

4. 负责为临床医生及孕妇就基因检测报告提供针对性的诠释及咨询，包括对下一步处理的建议。

5. 负责解释遗传疾病的发生原因、疾病自然发展史、临床表现与可能的干预及治疗措施、预后情况。

6. 承担促进服务对象在充分了解情况的基础上做出有关检测、临床干预、生育以及与家庭成员进行沟通的决策。

7. 能够收集相关信息，评测服务对象和 / 或家庭对出现疾病或存在病发风险的理解及反应程度。

8. 参与充分了解并为孕妇及其家属提供有效的医学、教育、经济及心理等社会互助信息，包括专家、互助组织等信息。

出生缺陷防控咨询师的主要工作职责如图 1 所示。

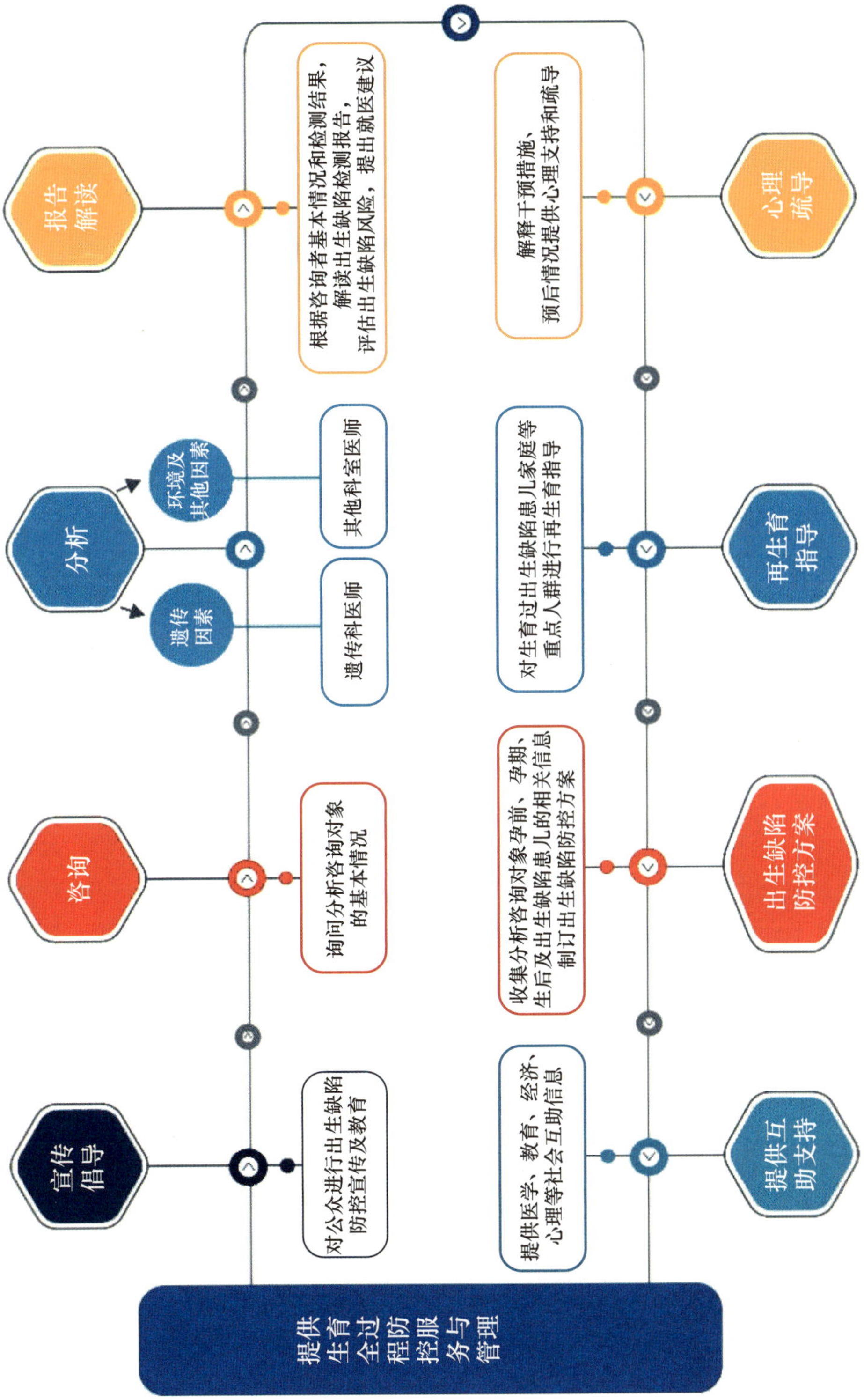

图 1　出生缺陷防控咨询师的主要工作职责

四、出生缺陷防控咨询师的薪酬福利待遇

平均薪酬水平。根据国家统计局2020年数据，卫生和社会工作行业年平均工资增长速度，在全部的19个行业中排第7~8位。按照专业职称或职业技能等级确定。五级、四级出生缺陷防控咨询师属于社区医疗服务人员，平均工资为4000~8000元/月；三级出生缺陷防控咨询师属于二级医疗机构服务人员，平均工资为10000~15000元/月；二级、一级出生缺陷防控咨询师属于三级医疗机构服务人员，平均工资为20000~50000元/月。

与类似职业对比。根据智联招聘网2021年10月数据，在北京地区，该职业的薪酬一般要高于公共营养师、生殖健康咨询师、健康管理师、社会工作专业人员等的薪酬，略低于医护人员的薪酬，见表1。

表1　类似职业薪酬水平

职业名称	薪酬水平（元/月）
出生缺陷防控咨询师	4000~50000
公共营养师	8000~10000
健康管理师	8000~10000
社会工作项目主管	6000~8000
医学遗传科医师	14000~28000

五、从事出生缺陷防控咨询师工作需要哪些本领

该职业从业人员需具备的知识和技能有：基本的寻医问诊及医药知识，信息采集与处理、出生缺陷防控宣教、出生缺陷防控咨询、出生缺陷防控评估等技能，社会学、环境学、营养学、出生缺陷防治、遗传学等知识，医学检验检查等技术及咨询技巧。核心技能是咨询、沟通、理解、判断、组织协调及管理的能力。

根据《出生缺陷防控咨询师国家职业技能标准》，该职业需具备的知识和技能见表2。

表 2 出生缺陷防控咨询师需具备的知识和技能

职业功能	工作内容	知识和技能要求
信息采集处理	信息采集	能采集和记录咨询者的相关信息并建立档案，能掌握咨询者信息表填写、档案整理的知识及方法
	信息处理	能将咨询者的信息进行归类、归档、查询、汇总，能掌握信息归类、档案信息查询的方法
出生缺陷防控宣教	知识宣传	能介绍环境、营养、生活方式对出生缺陷的影响，能开展出生缺陷防治宣传活动，能介绍影响出生缺陷的因素、出生缺陷常见疾病概要
	科普教育	能介绍出生缺陷三级预防基础知识，能介绍我国惠民政策内容
出生缺陷防控咨询	优生咨询	能讲解和介绍孕前产前优生健康检查的意义和内容，能介绍儿童健康发育的常识
	再生育遗传咨询	能介绍常见的出生缺陷疾病，能介绍出生缺陷常见病因，能收集不良孕产史，能介绍常见遗传疾病的遗传方式、常见出生缺陷疾病分类、遗传学基础知识
出生缺陷防控评估	疾病防控评估	能介绍疾病的防治基本信息、疾病主要表现，能介绍疾病发现途径，能介绍疾病筛查流程、方法
	结构异常防控评估	能介绍儿童行为及技能等方面的发育标准，能介绍常见结构异常的筛查流程、常见出生缺陷结构异常的类型
	常见染色体病防控评估	能解释国家要求筛查的染色体病的定义，能介绍国家要求筛查的染色体病的筛查方法
	风险评估	能识别重要的或可优先改善的出生缺陷危险因素，能评估个体出生缺陷风险程度，能准确评估家系中各成员的患病风险，能通过风险评估为家庭中有生育需求的成员进行咨询
	孕期异常	能准确识别出生缺陷高危人群并指导产前诊断，为异常胎儿影像学报告进一步处理给出指导建议

续表

职业功能	工作内容	知识和技能要求
培训指导与管理	专业培训	能制订培训计划、培训方案、培训的基本方法、培训方案的编写方法、撰写论文的基本方法、孕前产前咨询原则及要点
	技术管理	能制定出生缺陷防控咨询师培训的基本方法，能掌握咨询师工作相关知识的新进展，能发现咨询者在咨询过程中存在的不足并给予指导，能给出出生缺陷防控咨询效果评价等

六、出生缺陷防控咨询师的专业教育现状

（一）相关专业

目前已有较多院校开设了与该职业相关的专业，涉及本科院校、高职院校及中职学校等。本科院校专业有基础医学、临床医学、公共卫生与预防医学、中医学、中西医结合、药学、中药学、医学技术、护理学、生物科学、心理学等。职业院校专业有护理、公共卫生管理、心理咨询、康复工程技术、医学生物技术等。

（二）开设相关专业的院校（排名不分先后）

1. 本科院校：北京大学、复旦大学、四川大学、中南大学等。

2. 高职院校：北京卫生职业学院、北京现代职业学校、唐山职业技术学院、承德护理职业学院、运城护理职业学院、山东协和学院、长沙医学院、齐鲁医药学院、贵阳护理职业学院等。

3. 中职学校：重庆公共卫生学校、重庆市南丁卫生职业学校、长春市博泰医药中等职业学校、石家庄北方医学中专学校、湖南护理学校、石家庄天使护士学校、石家庄协和医学中等专业学校、武汉市卫生学校、广州卫生职业学校等。

七、出生缺陷防控咨询师的就业创业信息

出生缺陷防控涉及领域广，出生缺陷防控咨询师既可就业于各类医疗机构，

还可就业于第三方检测机构、康复机构、心理咨询机构等医疗机构外的与出生缺陷防控相关的专业机构。

吸纳出生缺陷防控咨询师就业较多的用人单位主要有：

1. 医疗机构：如解放军总医院、浙江大学医学院附属儿童医院、湖南省儿童医院、广西妇幼保健院、北京市妇产医院、首都医科大学附属北京儿童医院、上海市第一妇婴保健院、广东省妇幼保健院、河南省妇幼保健院、湖北省妇幼保健院、湖南省妇幼保健院、北京博爱医院、华西第二医院等。

2. 其他机构：如华大基因公司、博奥生物集团有限公司、浙江博圣生物技术股份有限公司、各级妇联机构等。

注：以上地区及机构排名不分先后，不代表相关实力排名。

八、出生缺陷防控咨询师的职业贯通发展

该职业的发展路径主要有四条：管理路线，即从员工晋升到主管 / 单位中层，再晋升到经理 / 单位领导层，甚至往更高的高级领导职务发展。专家路线，即不断提高技能水平，在职业等级上不断晋升，成为出生缺陷防控领域专家。复合人才路线，即向其他行业跨越或职业转型，如通过学习相关知识和技能从检验员、护理人员、销售员等转型为出生缺陷防控咨询师，与专业技术岗位横向贯通。创业路线，即基于个人兴趣爱好进行创新创业。出生缺陷防控咨询师的职业贯通发展如图 2 所示。

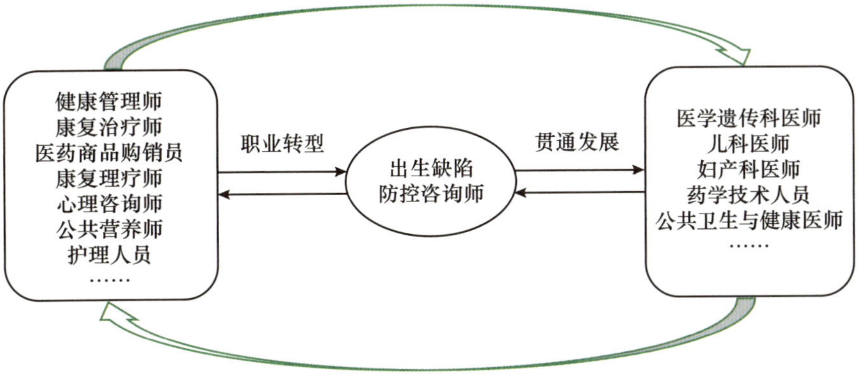

图 2　出生缺陷防控咨询师职业贯通发展图

九、出生缺陷防控咨询师的发展前景

从市场供需看。由于一直缺乏规范的职业途径，现有专、兼职从事出生缺陷咨询工作的人员不到 3 万人，该职业人力资源在全社会极度匮乏，与中国每年近 1200 万新生儿、约 1300 万对计划怀孕夫妇的实际需求缺口很大。据《中国卫生健康统计年鉴（2018）》数据测算，各级政府机构、妇产医院、儿童医院、专业公共卫生机构（包括健康教育所、妇幼保健院、疾病预防控制中心、计划生育指导站等）约有 1.5 万个；医学在职培训机构、临床检验机构有 600 个；社区卫生服务中心和乡镇卫生院约有 7 万个；残联康复机构有 2622 个；村卫生室和社区卫生服务站约 60 万个，服务人口较多的村（社区）按 10 万个计算：每个单位都需要配备 1~2 名出生缺陷防控咨询师。预计 5 年共需相关从业人员最少 100 万人。

从产业发展看。根据 2016 年 10 月国务院发布的《"健康中国 2030"规划纲要》，到 2020 年我国健康服务业总规模达到 8 万亿元以上，2030 年将达到 16 万亿元，产业发展空间巨大，从而推动了我国出生缺陷综合防控体系的全面发展。

从政策红利看。近年来，国家出台了一系列文件，如《"健康中国 2030"规划纲要》《健康中国行动（2019—2030 年）》《中国妇女发展纲要（2021—2030 年）》《中国儿童发展纲要（2021—2030 年）》和《中国出生缺陷防治报告（2012 年）》等，其中，《"健康中国 2030"规划纲要》明确了我国在卫生健康方面的宏伟蓝图和行动纲领，以共建共享、全民健康为目标，以普及健康生活方式、优化健康服务、完善健康保障、建设健康环境、发展健康产业为重点，全方位、全生命周期维护和保障人民的健康。同时，各地也越来越重视出生缺陷防控工作：湖南省 2015 年出台了《湖南省出生缺陷防治办法》，将出生缺陷防治工作纳入法治化轨道，是率先出台出生缺陷防治规章的省份；甘肃省、广东省、江苏省等省份的出生缺陷防治办法也陆续出台。以中国出生缺陷干预救助基金会为代表的社会组织，现已举办出生缺陷防控咨询相关培训班、学术会议、研讨会等，为出生缺陷防控人才队伍建设贡献力量。

十、相关内容链接

国家职业标准： 扫码即可查看☞

相关政策文件： 本书附录序号 3。

供稿：中南大学　邬玲仟

电气电子产品环保检测员

职业编码：4-08-05-07

在被称为“数字填埋场”的阿博布罗西（加纳），当地鸡蛋的有毒物质含量超过正常量的220倍。在这里，有一群人永远过不了25岁生日，因为他们从14岁起就靠焚烧废弃电气电子产品回收金属赚钱。高温和浓浓黑烟下的电子垃圾释放出大量有毒有害物质，对他们的健康造成严重损害。例如电气电子产品中的铅具有很强的神经毒性，会导致接触者产生头痛和胃痉挛。这些有毒有害物质不仅危害人类健康，而且会污染自然环境、破坏食物链。面对大量的电气电子产品垃圾，如何呵护人们的健康，保护好身边的绿水青山？如何管控电气电子产品中有毒有害物质的使用？电气电子产品环保检测员将担此重任。

一、电气电子产品环保检测员的一天

记录时间：2021年6月18日 **记录人：曹某鑫**

上午工作情况

8点：

1. 查看公司ERP及GPM系统，分析统计报表，发现物料异常风险提示。（分析、监测）

2. 查看甲方最新技术法规通报文件、检测记录及报告文件。（检验、检测、监测、分析）

10点：

进入实验室查看设备完好度，开始检查样品拆解、前处理等准备工作。（检测方法、设备装置）

12点：

使用设备对检测样品进行验证检测分析，并对数据文件进行汇总分析，形成报告文件。（设备评估、校准、维护）

下午工作情况

13点：

召开检测分析报告会议，分析物料性质并与供应商进行技术分析洽谈。（供应链环保溯源）

15点：

召开与甲方的异常分析会议，分析异常技术问题情况并提出改善意见、应对方案。（样品分析、判定）

16点：

召集工程师在线研讨关于检测实验室能力验证及测量审核。（能力验证、测量审核）

17点：

1. 撰写供应物料及风险分析报告，记录在ERP及GPM系统。（风险评估）
2. 在GPM系统发布通告，提醒供应链成员企业，并做实验室下班安全检查。

二、什么是电气电子产品环保检测员

职业定义。电气电子产品环保检测员是使用检测仪器或设备，进行电子电气产品整机、部件和材料检验检测，并提出改进产品和工艺建议以及检验检测方法的技术服务人员。

定义解读。电气电子产品是指空调、热水器、电视机等家用电器，手机、计算机等 IT 设备，也指工业用非大型电气电子设备等。环保检测是指依据环保法规和标准，从整机、元器件、材料的有害物质检测入手，利用检测结果改进产品环保设计、生产工艺、供应链环保溯源管理，以及开发环保检测新方法等，确保产品环保的合规性。该职业的特点是承担主导性、管理性服务工作。

关联职业。密切相关的职业有化学检验员、质检员、检验工程师、化学测试工程师。电气电子产品环保检测员虽然与其他检测、检验类的职业一样，都通过物理或化学的分析方法对特定对象进行检测并给出结果，但与其他检测、检验类职业的最大区别在于该职业还需要承担利用检测结果改进产品环保设计、生产工艺、供应链环保溯源管理，以及开发环保检测新方法等工作，以实现产品环保合规性的最终目的。

相应岗位。检验工程师、化学检测员、化学测试工程师、质量工程师、品质工程师等。

三、电气电子产品环保检测员的主要工作职责

1. 根据实验场所环境管理要求、实验室化学品安全管理要求、危险化学品管理要求等，建立并实施实验室安全管理制度。

2. 综合运用市场业务需求、项目管理要求与技术人员评价方法，建立培训体系，组织人员培训。

3. 跟踪国内外电气电子产品环保管控法规、标准的趋势，研究、开发检测领域新技术、新方法，并研究主流及新型检测仪器设备装置的发展应用。

4. 制定仪器设备期间核查方案，判断仪器设备产生故障的原因，并评估制定设备校准、维护保养方案。

5. 运用产能评估方法，根据市场业务需求制订仪器设备配置及实验室设计与规划方案。

6. 根据业务性质、经营模式和检测技术，有效、准确地识别自身风险责任，制定风险管控及投诉应对策略。

7. 根据预定评价准则，组织实验室之间的比对、能力验证、测量审核，运用产品环保设计概念与方法，制订产品环保设计改进方案，并根据不合格样品产生原因分析结果，对生产工艺及供应链环保溯源管理提出改善建议。

8. 根据产品环保管控要求，制定并实施质量控制计划、检测技术方案，建立绿色环保管理体系。

电气电子产品环保检测员的主要工作职责如图 1 所示。

图 1　电气电子产品环保检测员的主要工作职责

四、电气电子产品环保检测员的薪酬福利待遇

平均薪酬水平。薪酬网 2021 年检验检测行业薪酬报告数据显示，全国检验检测行业从业者人均收入达 7199 元 / 月，高于全国 2021 年的平均工资 6848 元 / 月。智联

招聘网站招聘薪酬显示，有 1~3 年工作经验的电气电子产品环保检测员，在一线城市和经济发展快的城市如北京、上海、广州、深圳等地的薪酬为 6000~12000 元 / 月（部分拥有 13 薪、14 薪），略高于其他城市（如郑州为 5000~8000 元 / 月，苏州为 5000~9000 元 / 月等）。应届及毕业 1~2 年的从业者多为初级电气电子产品环保检测员，其薪酬为 3500~6000 元 / 月；有 3~5 年工作经验的从业者通常具备中级电气电子产品环保检测员技能水平，其薪酬为 7000~10000 元 / 月；高级电气电子产品环保检测员的薪酬可达 10000~15000 元 / 月。

与类似职业对比。根据相关数据，该职业的薪酬一般要高于电子产品制造人员、检验试验人员（化学检验员、质检员、试验员）、家用电气电子产品维修人员（家用电气产品维修工、家用电子产品维修工）的薪酬，低于质量管理工程技术人员、质量认证认可工程技术人员的薪酬，见表 1。

表 1　类似职业薪酬水平

职业名称	薪酬水平（元 / 月）
电气电子产品环保检测员	7199
电子产品制造人员	4500
检验试验人员（化学检验员、质检员、试验员）	5500
家用电气电子产品维修人员（家用电气产品维修工、家用电子产品维修工）	6500
质量管理工程技术人员	8100
质量认证认可工程技术人员	9200

五、从事电气电子产品环保检测员工作需要哪些本领

该职业从业人员需具备的知识和技能有：全球电气电子产品环保法规与技术标准，分析化学、实验室安全、材料风险评估、供应链管理知识等。核心技能是检测、分析与管理。

根据《电气电子产品环保检测员国家职业技能标准》，该职业需具备的知识和技能见表 2。

表 2　电气电子产品环保检测员需具备的知识和技能

职业功能	工作内容	知识和技能要求
样品准备及处理	抽样	能按抽样规范、规程或标准进行抽样，能填写样品标签和记录样品信息，能根据样品特性运送样品
	样品接收和管理	能按样品接收规范、规程或标准进行样品确认，能填写样品登记表和记录样品信息，能对样品进行分类，能对样品进行保存
	检测后样品处理	能对检测后样品进行分类，能对检测后样品进行标识
样品检测	试剂配制	能识别、选用化学药品和试剂，能按照操作规程选用量器和容器，能选用天平进行称量，能配制及保存试剂
	检测样品	能按操作规程使用 XRF 对样品进行金属元素快速检测，能按操作规程使用 XRF 对样品进行溴元素快速检测
结果记录及数据处理	原始数据读取	能使用容量瓶、游标卡尺、移液枪等量具、容器读取原始数据，能从 XRF 等仪器仪表设备中读取原始数据
	原始数据记录	能按有效数字运算规则记录原始数据，能按操作规程完成原始数据记录表填写
实验室及仪器设备管理	实验室安全管理	能对实验场所废弃物进行分类及保管，能按防护用品管理规定使用个人防护用具，能按消防安全管理规定使用安全防护设施及消防器材，能按实验场所安全管理规定使用水、电、气，能按实验室化学品安全管理要求存放和使用化学品
	仪器设备维护	能建立仪器设备档案，能对样品拆分工具、天平、烘箱、量具等仪器设备进行日常维护，能填写样品拆分工具、天平、烘箱、量具等仪器设备的维护记录

六、电气电子产品环保检测员的专业教育现状

（一）相关专业

目前已有较多院校开设了与该职业相关的专业，涉及本科院校、高职院校、中职学校及技工院校等。本科院校专业有应用化学、材料化学、环保设备工程、电子信息科学与技术、精密仪器等。高职院校专业有电子产品检测技术、分析检

验技术、理化测试与质检技术、工业产品质量检测技术、计量测试与应用技术、工业分析技术等。中职学校专业有工业产品质量检测技术、分析检验技术、计量测试与应用技术、电子材料与元器件制造、电子技术应用、高分子材料加工工艺、微电子技术与器件制造等。技工院校专业有产品测试与质量控制、金属材料分析与检测、化工分析与检验、机电产品检测技术应用、高分子材料加工等。

（二）开设相关专业的院校（排名不分先后）

1. 本科院校：北京航空航天大学、北京化工大学、天津大学、天津工业大学、太原理工大学、华东理工大学、吉林大学、电子科技大学、浙江工业大学、哈尔滨工业大学、成都电子科技大学等。

2. 高职院校：广东松山职业技术学院、顺德职业技术学院、南京信息职业技术学院、南京科技职业学院、扬州工业职业技术学院、苏州健雄职业技术学院、四川化工职业技术学院、绵阳职业技术学院、宁波职业技术学院、抚顺职业技术学院等。

3. 中职学校：天津市化学工业学校、山东省淄博市工业学校、贵州工业职业技术学院、云南省化工学校、攀枝花市华森职业学校、四川省江安县职业技术学校、集美工业学校、广东省石油化工职业技术学校等。

4. 技工院校：广州公用事业技师学院、深圳鹏城技师学院、广东省技师学院、广东省南方技师学院、湛江市商业技工学校、南京技师学院、南京化工技师学院、江苏省常州技师学院、江苏省扬州技师学院、四川理工技师学院、核工业成都机电学校等。

七、电气电子产品环保检测员的就业创业信息

该职业从业人员主要集中在长三角、珠三角、京津冀等电气电子产业密集地区，如广东、江苏、浙江、安徽等省份。

吸纳电气电子产品环保检测员就业较多的用人单位主要有：

1. 整机品牌及供应链企业：如华为、富士康、小米、美的、联想、京东方、中兴通讯、TCL 科技、OPPO（欧珀）、海信、施耐德、海尔、比亚迪、长虹电子等企业及其供应链企业。

2. 第三方检测机构：如华测检测、虹彩检测、广电计量、通标标准技术服务有限公司、必维国际检测、中宏检验认证等。

3. 研究机构：如中国电子技术标准化研究院、工业和信息化部电子第五研究所、中国家用电器研究院、中国计量科学研究院、中国信息通信研究院等。

4. 实验室设备厂商：如安捷伦、岛津、赛默飞世尔、天瑞、钢研纳克等。

5. 技术服务商：如格林梅德（北京）科技有限公司、深圳绿径科技有限公司、国家标准物质资源共享平台等。

注：以上地区及机构排名不分先后，不代表相关实力排名。

八、电气电子产品环保检测员的职业贯通发展

该职业的发展路径主要有四条：管理路线，即从员工晋升到组长、主任、部长等单位中层，再晋升到总监、首席质量官等单位领导层，甚至往高级领导职务发展。专家路线，即不断提高技能水平，在职业等级上不断晋升，从检测员（初、中、高级），到工程师（助理、高级），再到技术专家、技术总监、首席技术官，成为电气电子产品环保检测领域专家。复合人才路线，即向其他行业跨越或职业转型，如通过学习相关知识和技能转型为产品认证工程师、质量管理内审员、供应链管理师、安全评价工程师、品质工程师等，与专业技术岗位横向贯通。创业路线，即基于个人资源能力进行创新创业。电气电子产品环保检测员的职业贯通发展如图 2 所示。

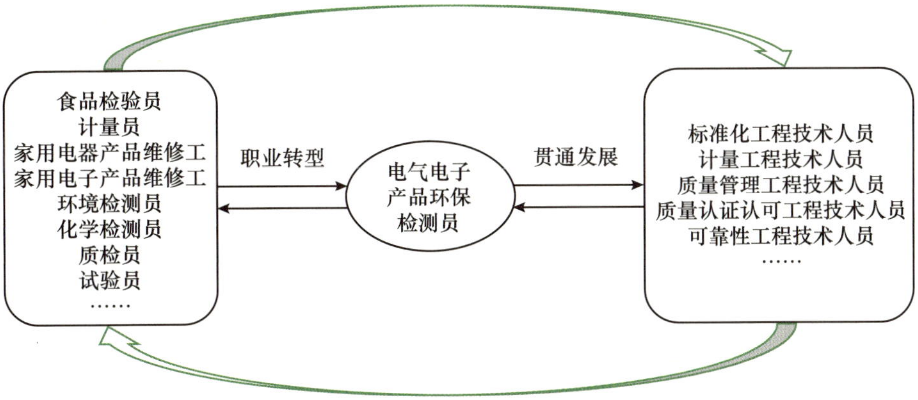

图 2　电气电子产品环保检测员职业贯通发展图

九、电气电子产品环保检测员的发展前景

从市场供需看。国家统计局通报数据显示，2020 年规模以上电气机械和器材制造企业与计算机通信及电子设备企业共 47811 家。2021 年 11 月 CNAS 认证机构通报、检验机构认可通报数据显示第三方检测机构有 13675 家。按每家制造企业及其供应链平均增加 50 名电气电子产品环保检测员、每家第三方检测机构平均增加 5 名电气电子产品环保检测员测算，该职业人才缺口就高达 240 多万人。

从产业发展看。随着国家推进绿色低碳循环发展战略，环保要求产品品类和禁限用物质种类不断增加，环保检测专业人员的需求呈现快速增长趋势。国家市场监督管理总局发布的统计数据显示，检测行业 2019 年市场规模达 3225.09 亿元，2020 年达 3585.92 亿元，分别比上年增长 14.75%、11.19%，预计至 2026 年我国检验检测产业规模将突破 7500 亿元。

从政策红利看。工业和信息化部 2021 年发布的《“十四五”工业绿色发展规划》明确提出“健全绿色设计推行机制”“减少有害物质源头使用”。2019 年 5 月，国务院办公厅印发《职业技能提升行动方案（2019—2021 年）》后，各省市陆续发布实施方案，释放了一系列政策红利。例如，北京市将个人技能提升补贴标准按照取得证书的等级分为五档：初级工（五级）补贴标准为 1000 元，中级工（四级）补贴标准为 1500 元，高级工（三级）补贴标准为 2000 元，技师（二级）补贴标准为 2500 元，高级技师（一级）补贴标准为 3000 元。

十、相关内容链接

国家职业标准：扫码即可查看 ☞

相关政策文件：本书附录序号 54、56、60。

供稿：中国电子节能技术协会　王锦兵

电子竞技员

职业编码：4-14-05-07

2021 年，电子竞技（以下简称电竞）赛事相关大新闻很多：2022 年杭州亚运会新增 8 个电竞项目，实现了电竞在国际性体育赛事平台零的突破；国内数个电竞新游戏上线，与官方赛事同步启动；中国电竞战队在世界比赛中夺冠登上热搜……电竞行业的蓬勃发展吸引了越来越多人群的关注：电子竞技员是如何练习电竞技巧的？电子竞技员是如何通过团队合作赢得比赛的？如何才能成为电子竞技员？如何形成个人电竞直播特色？等等。在电竞一天天演变成年轻人社交、娱乐和消费习惯的今天，电子竞技员这个新职业走进了普通大众的视野。

一、电子竞技员的一天

记录时间：2021 年 8 月 13 日 **记录人：姜某华**

上午工作情况

11 点：

1. 与电竞俱乐部教练组其他成员一同进行电竞战术分析。（电竞数据分析）

2. 为团队的电竞选手制订个人和团队的一日训练计划。（电竞战术实施）

3. 了解团队与其他战队的训练赛邀约情况，确保相关事宜的进一步落实。（外部洽谈）

下午工作情况

13点：

1. 监督电竞选手的训练，关注电竞团队的训练表现，并进行相关数据总结。（电竞战术实施）

2. 协调电竞俱乐部商业活动、比赛与训练的日程安排，参与电竞选手的选拔、团队管理、规章的制定等工作。（管理与沟通）

3. 与电竞团队成员共同测试、评估电竞企业产品，并给出反馈建议。（电竞项目开发）

17点：

1. 在电子竞技比赛中担任嘉宾或解说员，参与实况节目的录制。（活动表演）

2. 回到训练基地，组织电竞团队成员参加健身理疗、团队心理辅导、户外娱乐等活动。（团队活动组织）

3. 在直播平台进行电竞项目直播，向观众演示电竞项目操作技巧或讲解电竞相关战术。（活动表演）

21点：

1. 与电竞团队成员共同完成晚间的战术训练，进行战术交流。（电竞战术实施）

2. 关注电竞团队成员的晚间自主训练与作息，检查其是否遵守职业规范。（管理）

3. 总结一天工作内容，记录阶段性工作完成进度，并制定团队目标规划。（工作记录）

二、什么是电子竞技员

职业定义。电子竞技员是从事不同类型电子竞技项目比赛、陪练、体验及活动表演的人员。

定义解读。电子竞技是指电子游戏比赛达到竞技水平的体育项目，是以电子设备作为运动器械进行的人与人之间的智力和体力结合的比拼。电竞比赛是指在电竞活动中，双方或多方较量战术、操作技巧等方面水平的高低。电竞陪练是指向有运动和社交需求的电竞用户提供陪同练习服务，实现他们在战术、操作技巧上的提升。电竞体验是指对新电竞项目或电竞项目更新内容进行测试，并对项目的设计理念、数据模型、操作方式等进行总结。电竞活动表演是指作为参赛者或赛事解说员，为观赛者展示电竞比赛或比赛解说。

关联职业。密切相关的职业有电子竞技运营师、社会体育指导员、体育场地工。电子竞技运营师是指在电竞行业中从事活动组织及内容运营的人员，主要对赛事的各方面进行策划、安排、组织实施。社会体育指导员主要对竞技体育、学校体育、部队体育以外的群众性体育活动中的参与者进行技能传授、锻炼指导以及组织管理。体育场地工主要对运动场地和配套器材进行布置、安装、调试、维护、清洁和监管。而电子竞技员主要参与赛事及相关表演，通过精准的数据分析、高效的计划制订，提高竞赛水平，保障电竞团队成员的身心健康。

相应岗位。有电竞选手、电竞教练、电竞解说员、电竞数据分析师、电竞裁判员、电竞主播、电竞经纪人、电竞战队领队、电竞俱乐部经理、电竞项目策划等。

三、电子竞技员的主要工作职责

1. 参与日常训练并参加电竞赛事。
2. 对电竞项目、电竞比赛进行数据及战术分析，并与电竞选手进行交流。
3. 制定电竞项目战术，并安排电竞选手进行战术演练。
4. 根据电竞项目规则、选手个人实力情况，安排专项训练计划。
5. 参与电竞项目测试，并分析电竞项目的优势和劣势，评估其发展潜力。
6. 进行电竞直播，并优化电竞用户的观看体验。
7. 参与电竞赛事解说、节目录制等。
8. 管理与运营电竞俱乐部，确保电竞选手保持良好的身心状态。

四、电子竞技员的薪酬福利待遇

平均薪酬水平。电子竞技员的薪酬构成主要有以下几部分：一是基本工资收入，取决于个人实力、比赛成绩等，并根据所属电竞俱乐部级别呈现梯度差异，其中三线及以下电竞俱乐部为 4000~8000 元 / 月，二线电竞俱乐部为 8000~14000 元 / 月，一线职业电竞俱乐部（国内外知名）为 15000~24000 元 / 月。二是奖金收入，受参与比赛的奖金与名次、俱乐部绩效规定影响显著，如“2021《英雄联盟》全球总决赛”冠军奖金为 321 万元，电子竞技员可参与奖金分成。三是商业活动收入，包括代言广告、线下商演、赛事解说、直播收入等，其受个人及所属电竞俱乐部、经纪公司的商业价值影响，这部分收入将与电竞俱乐部、经纪公司按照一定比例进行分成，如“腾讯电竞运动会”赛事解说 2 局的薪酬为 1500 元，5 局为 3000 元；展览活动现场解说工作时长多为 2 小时，薪酬为 1000 元。

猎聘大数据研究院《2021 电竞领域中高端人才就业大数据报告》显示，在 2021 年 1—8 月电竞领域中高端人才排名前十的城市中，电竞人才的薪酬总体上均高于本地中高端人才平均薪酬，前者 2021 年 1—8 月总薪资比后者高出 3.47 万元。由此可见，电竞人才的薪酬优势、发展潜力较为突出。

与类似职业对比。根据 BOSS 直聘网 2021 年 11 月数据，在上海地区，该职业的薪酬一般要高于体育场地工、体育数据运营、体育赛事执行等的薪酬，初入行业的电子竞技员收入与体育老师的中段薪酬持平，略低于健身教练的平均收入；在从业 1~2 年，个人在实力和比赛上表现突出后，薪酬有望超过同期工作年限的健身教练，且整体薪酬上限较高，见表 1。

表 1　类似职业薪酬水平

职业名称	薪酬水平（元 / 月）
电子竞技员	15000~24000
体育老师	6500~12000
健身教练	9000~16500
体育场地工	7000~9000
体育数据运营	6000~8500
体育赛事执行	5000~8000

五、从事电子竞技员工作需要哪些本领

该职业从业人员需具备的知识和技能有：电竞项目操作、电竞战术实施、电竞数据分析、电竞活动表演、电竞项目开发、管理与培训。核心技能是电竞项目操作、电竞战术分析。

根据《电子竞技员国家职业技能标准》，该职业需具备的知识和技能见表2。

表2　电子竞技员需具备的知识和技能

职业功能	工作内容	知识和技能要求
电竞项目操作	个人操作训练	能分析、遵守电竞项目操作规则，并根据规则进行人机操作的各项技巧练习
	参与电竞实战	能根据电竞项目要求建立竞技状态，并根据内容进行团队配合训练，能判断对战局势，调整竞技状态
电竞战术实施	电竞战术规划	能根据电竞项目内容确认竞技目标与规则，并制定相关战术，能提升成员的对战心理素质，提高其体能水平
	电竞战术执行	能在竞技过程中沟通并执行电竞战术，能根据比赛检验训练成果，总结战术效果
电竞数据分析	电竞数据采集	能识别电竞平台及媒体渠道展示的电竞数据项，并进行数据的采集、分类、录入
	电竞数据呈现	能针对电竞数据进行格式处理、统计处理，能根据需求给出电竞数据分析图表及分析结果
电竞活动表演	电竞直播演示	能演示电竞项目人机操作流程与技巧，并进行表演准备
	电竞解说	能收集并整理电竞赛事、电竞战队与选手的资料，调动电竞观众观赛热情
电竞项目开发	电竞项目测试与评估	能组织电竞项目测试或体验，并提出反馈意见，能对电竞项目内容与价值进行评估
	电竞项目策划	能进行电竞项目的内容设计，能策划电竞赛事的赛程赛制

续表

职业功能	工作内容	知识和技能要求
管理与培训	电竞团队组织	能根据员工特点，对管辖范围内低级别岗位人员的工作进行统筹安排 能根据业务要求，对管辖范围内低级别岗位人员的工作进行指导
	团队规章落实	能根据业务管理规章的要求，在管辖范围内落实规章，能根据技术管理规章的要求，在管辖范围内落实规章

六、电子竞技员的专业教育现状

（一）相关专业

目前已有较多院校开设了与该职业相关的专业，涉及本科院校、高职院校及中职学校等。本科院校专业有艺术与科技（电子竞技分析方向）、数字媒体艺术（数字娱乐方向）等，职业院校专业有电子竞技运动与管理等。

（二）开设相关专业的院校（排名不分先后）

1. 本科院校：中国传媒大学、南京传媒学院、河北传媒学院、四川电影电视学院、吉利学院、上海体育学院、上海戏剧学院继续教育学院、山东体育学院、天津体育学院、首都体育学院、四川传媒学院等。

2. 高职院校：湖南体育职业学院、广东轻工职业技术学院、北京京北职业技术学院、昆明艺术职业学院、河北软件职业技术学院、山西信息职业技术学院、山西体育职业学院、锡林郭勒职业学院、苏州工业园区职业技术学院等。

3. 中职学校：北京市求实职业学校、保定华中技工学校、九江市理工职业技术学校、长沙银河中等职业学校、南京金陵中等专业学校、江苏省涟水中等专业学校、江苏省淮阴商业学校、江苏省南京工程高等职业学校、河南省工业学校、西安现代电子职业学校等。

七、电子竞技员的就业创业信息

该职业从业人员遍布全国各地，主要集中在北京、上海、广州、深圳等一线城市，以及经济发展较快或人口较多的地区，如江苏、浙江、重庆等省级行政区以及成都、西安、长沙、佛山等市。

吸纳电子竞技员就业较多的用人单位主要有：

1. 电竞俱乐部：如广州 EDG 电子竞技俱乐部、杭州 LGD 电子竞技俱乐部、西安 WE 电子竞技俱乐部、成都 AG 电子竞技俱乐部、成都 OMG 电子竞技俱乐部等。

2. 电竞项目开发公司：如腾讯、网易、三七互娱、世纪华通、完美世界、电魂、莉莉丝、米哈游等。

3. 赛事公司：如 VSPN 英雄体育、IMBATV 英雄传媒、腾竞体育、阿里体育、华奥电竞等。

4. 直播平台：如斗鱼直播、虎牙直播、企鹅电竞、哔哩哔哩、战旗直播等。

5. 经纪公司：如香蕉娱乐、上海七煌、苏州天霸等。

注：以上地区及机构排名不分先后，不代表相关实力排名。

八、电子竞技员的职业贯通发展

该职业的发展路径主要有四条：管理路线，包括体育经纪人、文化经纪人，主要在电子竞技俱乐部、电竞赛事中担任职业经理人、赛训总监等职务。专家路线，即既可以长期以运动员身份活跃在电竞比赛场中，也可以以教练员身份退居幕后并帮助更年青一代电子竞技员规划职业道路。复合人才路线，即在职业电竞运动生涯受限后的选择，凭借优秀的谈吐、出色的沟通与互动能力兼任解说员或主播。创业路线，即个人在实现自我价值后，基于兴趣爱好和对行业关切进行的创新创业，选择方向有电竞媒介传播、电竞人才培养、电竞科技应用等。电子竞技员的职业贯通发展如图 1 所示。

九、电子竞技员的发展前景

从市场供需看。根据前瞻产业研究院《中国电子竞技行业市场前景预测与投资战略规划分析报告》，2016—2019 年电竞行业注册资本在 500 万元以上的新注册企业数量逐年增长，截至 2021 年 7 月，注册资本在 500 万元以上的新注册电

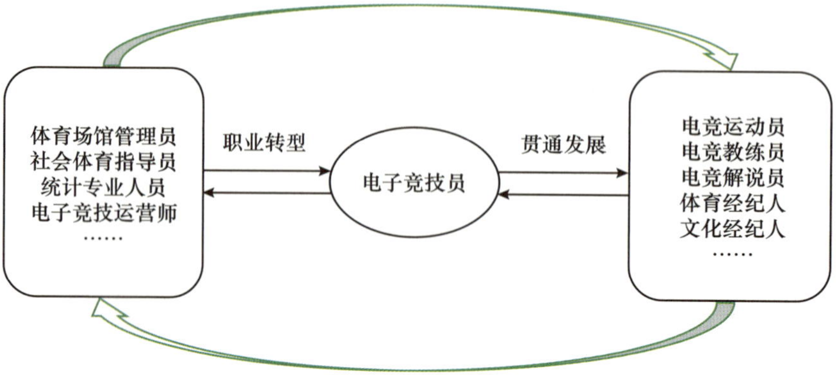

图 1 电子竞技员职业贯通发展图

竞企业数量为 13826 家。这说明电竞与文化、房地产、旅游、教育等产业的结合，将为市场提供活力与创新，激活更多的电竞类岗位。

从产业发展看。从全球来看，2021 年全球电竞观众数增至 4.74 亿人次，同比增长 8.7%。一个月观看一次以上电竞比赛的核心电竞爱好者占观众总人数的近一半，达到 2.34 亿人次，年同比增长 8.7%。到 2021 年年底，全球电竞产业收入接近 11 亿美元，同比增长 14.5%。其中，我国电竞市场在 2021 年凭借 3.601 亿美元的总收入成为全球收入最高的电竞市场，年同比增长 14%，且预计未来还会持续增长。（数据来自 Newzoo《2021 全球电子竞技市场报告》）

从政策红利看。2020—2121 年，全国各地区纷纷出台电竞产业扶持政策。例如，北京市出台《石景山区促进游戏产业发展实施办法》《北京经济技术开发区电竞游戏产业政策》，设立每年 6000 万元游戏产业发展专项资金，引进游戏及电竞企业，吸引游戏及电竞人才，支持电竞赛事和电竞俱乐部落地发展，鼓励游戏创新研发和内容创作。成都市人民政府办公厅印发《关于推进“电竞 +”产业发展的实施意见》，提出完善产业生态建设、打造多层次赛事体系、建强产业发展载体、积极推动融合发展、加强人才队伍建设、优化产业发展环境六大措施。上海市发布《上海市电子竞技运动员注册管理办法（试行）》，四川省发布《四川省电子竞技运动员注册管理办法（修订版）》，推行电子竞技运动员注册制。西安市发布《西安曲江新区关于支持电竞游戏产业发展的若干政策》，补贴电竞企业用房、开发经费，并对电竞人才进行公寓租赁、购房、个人所得税、宽带资费等补贴。

十、相关内容链接

国家职业标准：扫码即可查看 ☞

相关政策文件：本书附录序号 68、75、76。

供稿：中国互联网上网服务行业协会　袁军

电子竞技运营师

职业编码：4-14-05-06

走进电竞比赛现场，当震撼的开幕式表演让你眼前一亮时，当精彩的角逐让你大呼过瘾、心情久久不能平复时，你有没有想过：这样一场节奏紧凑、制作精良的盛大电竞比赛是怎样诞生的呢？从赛前宣传、赛事流程安排，到比赛时的现场管理、进度把控，这些工作谁来承担？随着电子竞技行业进入黄金发展期，各类电竞赛事越来越多，设计粗糙、观赛体验差的电竞比赛将会失去大部分观众。保障电竞比赛的高质量，需要电子竞技运营师精心策划与安排，合格的电子竞技运营师是电竞活动成功举办的重要保障。

一、电子竞技运营师的一天

记录时间：2021 年 11 月 22 日 **记录人：谢某成**

上午工作情况

9 点：

1. 在办公室分析总结调研报告，编制电竞赛事活动战略规划及总体方案。（整体策划）

2. 制定电竞赛事活动整体流程方案，准备赛事活动报批材料。（实施方案策划）

3. 编写活动计划书、赛事规程、各类具体实施方案及新闻稿。（文案写作）

4. 制定营销计划，拟定招商代理商、游戏厂商、直播平台相关合同。（活动营销）

下午工作情况

14点：

1. 在赛事官方网站、微博、微信公众号、抖音、B站等平台发布赛事相关信息。（线上宣传）

2. 与团队展开线下推广活动，在适当场所发放赛事活动宣传单、宣传手册等。（线下宣传）

16点：

1. 检测现场设施及电竞设备是否正常。（设备管理）

2. 维持观众进场秩序、观看秩序，听取观众、来宾意见并帮助其解决问题。（观众、来宾管理）

18点：

1. 将赛事活动资料及视频进行有序归档。（资料归档）

2. 总结分析本次赛事活动，制定总结方案，并提出优化建议。（活动总结、优化）

二、什么是电子竞技运营师

职业定义。电子竞技运营师是从事电子竞技组织活动及内容运营的人员。

定义解读。电子竞技是指电子游戏比赛达到竞技水平的体育项目，是以电子设备作为运动器械进行的人与人之间的智力和体力结合的比拼。活动组织是指组织成员、任务及各项电竞活动之间的关系，对电竞活动资源进行合理配置的过程。内容运营是指对电竞活动的文体娱乐类产品进行策划、营销、推广、合作、优化、维护等市场活动，提升各类电竞产品或服务的综合影响力和品牌价值的活动。

关联职业。密切相关的职业有电子竞技员和全媒体运营师。电子竞技员是从事不同类型电子竞技项目比赛、陪练、体验及活动表演的人员。全媒体运营师是综合利用各种媒介技术和渠道，采用数据分析、创意策划等方式，从事对信息进行加工、匹配、分发传播、反馈等工作，协同运营全媒体传播矩阵的人员。而电子竞技运营师是负责电竞活动整体策划、宣传推广、赞助商确定、组织活动以及制作、发布活动视频和管理相关活动档案的工作人员。

相应岗位。赛事策划、电竞媒体与运营、电竞商务专员、赛事执行、电竞场馆运营、赛事推广。

三、电子竞技运营师的主要工作职责

1. 组织筛选有关行业的资料，收集、整理和分析赛事及活动相关信息。

2. 策划全年赛事及活动方案，规划电竞赛事规模、比赛项目、赛程赛制，制定现场执行规范，设计赛事盈利模式。

3. 参与策划电竞赛事及活动内容的直播、转播方案。

4. 策划电竞赛事主题推广宣传活动，协调和监督活动现场运营情况。

5. 根据商业价值评估，设计赛事及活动赞助权益，并制定赛事及活动招商方案，进行招商谈判，签署赞助协议。

6. 协调并监督电竞赛事及活动现场的执行情况，并对突发事情进行处理。

7. 电竞赛事及活动音视频内容的制作与发布。

8. 撰写电竞活动总结报告，建立并管理活动档案。

四、电子竞技运营师的薪酬福利待遇

平均薪酬水平。电子竞技运营师的薪酬根据其职能而定：负责某一部分或某一环节的，如调研、宣传、执行等，其薪酬在三线及以下城市为 3000~6000 元 / 月，在一、二线城市为 6000~10000 元 / 月；负责电竞项目整体运营的，如整体策划、战略规划等，其薪酬在三线及以下城市为 6000~11000 元 / 月，在一、二线城市为 8000~15000 元 / 月。

与类似职业对比。根据智联招聘网 2021 年 10 月数据，在北京地区，该职业的薪酬一般高于会展设计师、会展策划专员的薪酬，与全媒体运营师、物联网营销师薪酬标准相近，见表 1。

表 1　类似职业薪酬水平

职业名称	薪酬水平（元 / 月）
电子竞技运营师	8000~15000
会展设计师	4000~7000
会展策划专员	5000~10000
全媒体运营师	7000~12000
物联网营销师	8000~15000

五、从事电子竞技运营师工作需要哪些本领

该职业从业人员需具备的知识和技能有：电竞赛事活动方案策划、相关文案写作、营销准备与实施、线上线下推广、现场管理等。核心技能是策划与管理。

根据《电子竞技运营师国家职业技能标准》，该职业需具备的知识和技能见表 2。

表 2　电子竞技运营师需具备的知识和技能

职业功能	工作内容	知识和技能要求
活动策划	活动方案调研	能识读调研计划、设计调查问卷，能收集、分类调研资料
	实施方案策划	能准备活动所需材料、记录活动要点，能编写、存档会议纪要，能申报赛事活动
	相关文案写作	能编写电竞活动文案，能制作 PPT 汇报文件
活动营销	营销准备	能收集、分类、录入目标客户群信息
	营销实施	能使用现代社交宣传媒体平台工具
宣传推广	执行计划分析	能归纳、总结宣传推广执行计划
	官方平台宣传	能创建现代主流社交媒体官方平台账号，能使用社交媒体客户端发布宣传文案，能收集、归纳官方平台宣传配图相关素材，能日常维护官方平台

续表

职业功能	工作内容	知识和技能要求
宣传推广	媒体渠道宣传	能收集、归纳、发布赛事活动媒体渠道相关宣传文案、材料及音视频内容，能日常维护媒体渠道
	线下活动推广	能准备线下推广活动现场使用的宣传推广物料，能组织执行线下推广活动
活动执行	现场观众管理	能维持现场观众进场秩序、观看秩序，能接受现场观众咨询与投诉
	现场来宾管理	能登记、接待现场选手及嘉宾，能引导选手、嘉宾就位，能接受选手及嘉宾的投诉
	现场设备管理	能准备、检查现场设施和电竞设备
	现场后勤管理	能协调后勤保障相关事宜，能处理现场安全事故，能疏散现场人员

六、电子竞技运营师的专业教育现状

（一）相关专业

目前已有较多院校开设了与该职业相关的专业，涉及本科院校、高职院校及中职学校等。本科院校专业有艺术与科技（电子竞技分析方向）、数字媒体艺术（数字娱乐方向）等。职业院校专业有电子竞技运动与管理等。

（二）开设相关专业的院校（排名不分先后）

1. 本科院校：中国传媒大学、南京传媒学院、四川电影电视学院、吉利学院、上海体育学院、山东体育学院、天津体育学院、首都体育学院、河北传媒学院等。

2. 高职院校：湖南体育职业学院、广东轻工职业技术学院、北京京北职业技术学院、昆明艺术职业学院、河北软件职业技术学院、山西信息职业技术学院、山西体育职业学院、锡林郭勒职业学院、苏州工业园区职业技术学院、四川传媒学院等。

3. 中职学校：北京市求实职业学校、保定华中技工学校、九江市理工职业技术学校、长沙银河中等职业学校、南京金陵中等专业学校、江苏省涟水中等专业学校、江苏省淮阴商业学校、江苏省南京工程高等职业学校、西安现代电子职业学校、河南省工业学校等。

七、电子竞技运营师的就业创业信息

该职业从业人员遍布全国各地，北京、上海、重庆、江苏等省级行政区，西安、广州、成都等城市为该职业从业人员高密度聚集区。

吸纳电子竞技运营师就业较多的用人单位主要有：

1. 游戏公司：如腾讯、网易、三七互娱、世纪华通、完美世界等。

2. 电竞赛事公司：VSPN 英雄体育、IMBATV 英雄传媒、腾竞体育、阿里体育、蓝游文化、彼尔传播、耀石科技、旋风比赛、竞府体育、比赛帮、创意电竞等。

3. 直播平台：如虎牙直播、斗鱼直播、企鹅电竞、哔哩哔哩直播、CC 直播、YY 等。

4. 电竞俱乐部：如广州 EDG 电子竞技俱乐部、杭州 LGD 电子竞技俱乐部、西安 WE 电子竞技俱乐部、成都 AG 电子竞技俱乐部、成都 OMG 电子竞技俱乐部等。

5. 广告公司：东道、麦肯光明、阳狮、蓝狮问道、蓝色光标、奥美等。

注：以上地区及机构排名不分先后，不代表相关实力排名。

八、电子竞技运营师的职业贯通发展

该职业的发展路径主要有四条：管理路线，即从员工晋升到主管 / 单位中层，再晋升到经理 / 单位领导层，甚至往高级领导职务发展。专家路线，即不断提高运营技术水平，在职业等级上不断晋升，成为电竞行业运营专家。复合人才路线，即向其他行业跨越或职业转型，如通过学习相关知识和技能转型为市场营销专业人员、商务策划专业人员、品牌运营人员等，与专业技术岗位横向贯通。创业路线，即基于个人兴趣爱好进行创新创业。电子竞技运营师的职业贯通发展如图 1 所示。

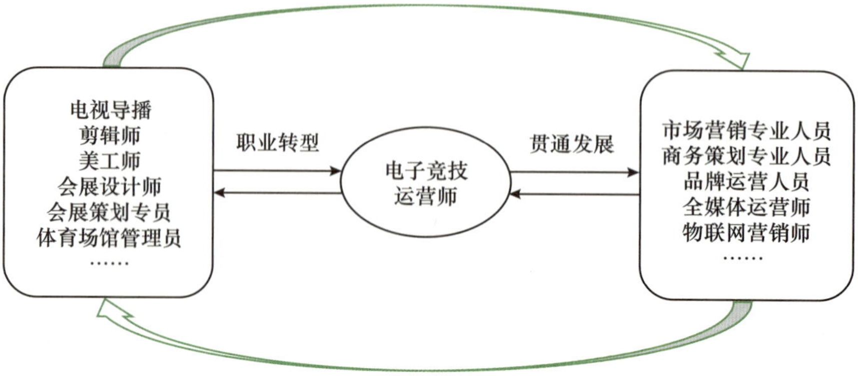

图 1　电子竞技运营师职业贯通发展图

九、电子竞技运营师的发展前景

从市场供需看。目前，除电竞赛事相关企业外，电竞产品运营企业、赞助商、直播平台、电竞俱乐部、广告公司等企业均对电子竞技运营师岗位有需求。目前电竞专业在国内本科设立得较少，大多数仍分布在专科专业，并且招生规模远比人才需求少，人才缺口明显。2021 年 7 月 16 日，新华网报道称 2020 年我国电竞行业人才缺口达到了 50 万人，2021 年第一批电竞专业本科毕业生供不应求。可以看出，电竞行业人才十分稀缺，人才市场基本处于空白状态。电子竞技产业的快速持续发展，需要高层次的人才作为支撑。尽管国内电竞产业链已经初步形成，但相比发达国家的电竞市场，国内电竞产业发展时间尚短，运营人才较缺乏。

从产业发展看。从全球来看，2021 年全球电竞观众数增至 4.74 亿人次，同比增长 8.7%。一个月观看一次以上电竞比赛的核心电竞爱好者占总观众数的近一半，达到 2.34 亿人次，同比增长 8.7%。到 2021 年年底全球电竞产业收入接近 11 亿美元，同比增长 14.5%；到 2024 年总收入有望超过 16 亿美元，年复合增长率达 11.1%。而到 2024 年，全球电竞观众将突破 5.77 亿人次，年复合增长率为 7.7%。其中，我国在 2021 年凭借 3.601 亿美元的总收入成为全球收入最高的电竞市场，同比增长 14%，且预计未来还会持续增长。（数据来自 Newzoo《2021 全球电子竞技市场报告》）

从政策红利看。2021 年，上海市静安区发布《静安区关于促进影视、电竞产业发展的实施意见》，支持举办或参与重大活动，积极鼓励影视、电竞企业和机构举办或参与国内外知名的行业性节庆、赛事、会展、论坛等重大活动，并根据活动和奖项给予不超过 300 万元的一次性奖励。深圳市南山区发布《深圳市南山区关于支持电竞产业发展的实施意见》《深圳市南山区关于支持电竞产业发展的若干措施》，支持举办具有国际影响力的顶级电竞赛事，给予不超过 300 万元的资助等。广州市天河区发布《广州市天河区关于扶持游戏产业健康发展的实施意见》，对在天河区辖区内举办的奖金总额超过 100 万元的国际性顶级赛事、国际 / 洲际 / 全国大型赛事、全国中大型赛事的主办方，按照奖金总额度的 30％给予支持。西安市发布《西安曲江新区关于支持电竞游戏产业发展的若干政策》，补贴电竞企业用房、开发经费，并对电竞人才进行公寓租赁、购房、个人所得税、宽带资费等进行补贴。

十、相关内容链接

国家职业标准： 扫码即可查看 ☞

相关政策文件： 本书附录序号 68、75、76。

供稿：北京君通电子竞技有限公司　张强

电子数据取证分析师

职业编码：4-04-05-08

网购时遇到商品与描述不符如何进行取证和申诉？聊天记录是否能作为证据？随着信息技术空前迅速发展，网络犯罪及侵害他人权益的行为日益猖獗且不断升级，使用电子形式的数据和记录进行维权和起诉的情况时有发生。电子数据的收集提取、恢复及取证作为网络安全保障的重要手段，在获取犯罪证据、保障个人合法权益方面起到了不可替代的作用。电子数据已经被《中华人民共和国刑事诉讼法》和《中华人民共和国民事诉讼法》明确作为证据类型之一，是新的“证据之王”。电子数据收集提取、恢复及取证分析在公安、海关、工商等执法部门已经成为重要的专业技术。电子数据取证分析师对于网络安全及个人合法权益保障具有重要意义。

一、电子数据取证分析师的一天

记录时间：2020 年 3 月 15 日 **记录人：张某芳**

上午工作情况

9 点：

1. 根据案件受理单，了解案件情况，记录涉及设备、数据类型与数量等内容。（受理案件）

2. 对案件进行初步分析，确定工作分工及要求、取证方向、范围及方法。（确定方法）

3. 与用户进行沟通，了解案件详情，制订取证计划。（制订计划）

4. 明确取证涉及电子设备、网站及页面，准备取证工具及分析环境。（取证准备）

11点：

1. 现场勘查，获取用户手机及计算机进行封存，查看电子数据保存情况、数据类型，对设备及数据情况进行拍照，使用取证工具对数据进行现场提取，获得重要数据及镜像。（现场提取）

2. 登录案件涉及网络平台及系统，使用在线取证工具固定相关证据，确定数据有效性。（在线提取）

下午工作情况

14点：

1. 利用数据恢复工具针对用户手机已删除数据进行恢复、保存。（本地数据恢复）

2. 通过技术手段恢复商家已删除页面信息，对页面进行保存。（线上数据恢复）

3. 记录涉及设备的基本信息、收集提取过程，由相关人员签字确认，防止证据和线索丢失，对手机设备进行信号屏蔽处理，进行证据固定。（证据固定保全）

16点：

1. 对用户手机及在线获取的电子数据与信息进行梳理，使用分析工具对取证固定的数据进行分析。（分析）

2. 对数据分析情况进行总结梳理，得出取证分析结论。（结论）

3. 编写取证分析报告，确保记录事项的合法性、可采性，通过完整的证据链对报告结论进行印证和说明。（报告）

二、什么是电子数据取证分析师

职业定义。电子数据取证分析师是从事电子数据提取、固定、恢复及分析等工作的人员。

定义解读。电子数据是指以数字化形式存储、处理、传输的数据。电子数据取证是指对电子数据源里的电子数据证据进行发现、固定、提取、分析、检验、鉴定、出示、存档的全过程。

关联职业。密切相关的职业有数据分析处理工程技术人员、物证鉴定人员、行政执法员。数据分析处理工程技术人员，即从事信息系统数据规划、采集、管理、分析及数据库设计与优化、数据资源整合、数据挖掘、数据分析等工作的工程技术人员。物证鉴定人员，即从事案件、事件相关物证检验、鉴定等司法活动的专业人员。行政执法员，即在工商、税务、海关、食品药品、劳动保障、环保等特定国家机关依法从事行政监督和行政处罚工作的人员。

相应岗位。数据分析处理工程技术人员、物证鉴定员、行政执法员、仲裁员等。

三、电子数据取证分析师的主要工作职责

1. 在进行电子数据取证之前，负责制订计划，确定取证范围、分工、设备及方法等内容。

2. 负责对取证现场通过适当方式进行记录并保存。

3. 负责对电子设备及存储介质进行封存。

4. 负责电子数据的动态获取。

5. 负责电子数据的固定保全。

6. 负责电子数据取证过程的记录。

7. 负责所提取电子数据的分析。

8. 负责电子数据取证分析报告的编写。

9. 负责电子数据取证分析结果的呈堂出示。

10. 负责电子数据取证分析活动过程文档的归档。

电子数据取证分析师的主要工作职责如图 1 所示。

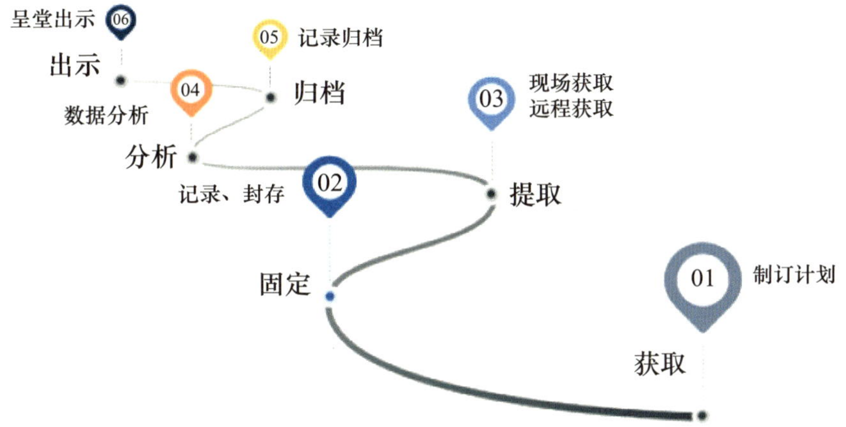

图 1　电子数据取证分析师的主要工作职责

四、电子数据取证分析师的薪酬福利待遇

平均薪酬水平。根据人力资源社会保障部对电子数据取证分析师的职业分类，该职业属于软件和信息技术服务人员。国家统计局 2021 年数据显示，分行业分岗位看，软件和信息技术服务人员的平均薪酬为 13000 元 / 月左右，在统计的 18 个行业中排名第三。从区域看，一线城市和其他经济发展快的地区，如北京、广东、江苏等地区的软件和信息技术服务人员收入最高，平均薪酬水平为 6000~22000 元 / 月，高于其他地区（如青海为 4000~10000 元 / 月，黑龙江为 4000~7000 元 / 月等）。

与类似职业对比。根据智联招聘网 2021 年 11 月数据，在北京地区，该职业的薪酬与 IT 运维技术员的薪酬相当，一般略低于网络信息安全工程师、数据分析处理工程技术人员等职业的薪酬，见表 1。

表 1　类似职业薪酬水平

职业名称	薪酬水平（元 / 月）
电子数据取证分析师	4000~22000
电子数据司法鉴定	4500~15000
信息安全工程师	5000~25000
数据分析处理工程技术人员	6000~30000

五、从事电子数据取证分析师工作需要哪些本领

该职业从业人员需具备的知识和技能有：了解和掌握电子数据取证的基础技术知识，主要包括电子数据取证的概念、属性、发展、模型、法律法规、技术规范、相关标准、职业道德等。核心技能是能够正确、熟练地运用以上知识完成电子数据取证的基本工作，了解最新的电子数据取证技术，跟踪最新的电子数据取证动态，在真实的取证环境中发现问题和解决问题。

根据《电子数据取证分析师国家职业技能标准》的有关要求，该职业需具备的知识和技能见表 2。

表 2　电子数据取证分析师需具备的知识和技能

职业功能	工作内容	知识和技能要求
电子数据提取与固定	掌握相关法律法规	能够遵守《最高人民法院　最高人民检察院　公安部关于办理刑事案件收集提取和审查判断电子数据若干问题的规定》等电子数据取证相关法律文件，开展电子数据取证工作
	掌握相关技术标准	能够按照相关技术标准的要求，开展电子取证工作
	实施电子数据提取	能够使用取证工具（软件、硬件），实施电子数据提取
电子数据恢复	实施电子数据恢复	能够掌握分析基于物理修复或数据特征的电子数据恢复技术
	恢复不同存储介质中的电子数据	能够恢复不同存储介质中的电子数据
电子数据分析	分析不同智能终端电子数据	能够分析各类智能终端（如手机、计算机等）的电子数据，封存手机等具有无线通信功能的存储介质，采取信号屏蔽、信号阻断或者切断电源等措施
	提取分析服务器电子数据	能够分析各类服务器的电子数据，必要时开展网络远程勘验
	提取分析数据库电子数据	能够分析各类数据库的电子数据，并形成提取记录与佐证文件

续表

职业功能	工作内容	知识和技能要求
电子数据分析	提取分析公有云电子数据	能够分析公有云的电子数据，必要时开展网络远程勘验
	设计可视化分析模型	能够设计并建立电子数据取证可视化分析模型，更加直观地显示电子数据取证结果
	分析各类应用程序功能	能够分析各类应用程序的功能，提取并分析潜在的电子数据信息
培训与指导	电子数据取证法律与标准培训	能够开展电子数据取证法律、技术标准等方面的培训工作，规范电子数据的收集提取和审查判断，提高刑事案件办理质量
	电子数据取证技术培训	能够开展电子数据取证技术培训工作，提升电子数据的收集提取和审查判断水平
	电子数据取证工作流程培训	能够开展电子数据取证流程培训工作，提高电子数据的收集提取工作效率

六、电子数据取证分析师的专业教育现状

（一）相关专业

目前已有较多院校开设了与该职业相关的专业，涉及本科院校、高职院校及中职学校等。本科院校专业有网络安全与执法、数据警务技术、信息安全、网络空间安全、计算机与科学技术等。职业院校专业有信息安全与管理、信息安全技术应用、网络安全与执法、司法信息安全、计算机应用等。

（二）开设相关专业的院校（排名不分先后）

1. 本科院校：山东大学、中国人民公安大学、山东警察学院、北京邮电大学、哈尔滨工业大学、长春工业大学、南京航空航天大学、中国刑事警察学院、北京工业大学、上海交通大学等。

2. 高职院校：山东电子职业技术学院、山东司法警官职业学院、深圳职业技术学院、山东信息职业技术学院、北京信息职业技术学院、重庆电子工程职业技

术学院、四川司法警官职业学院、广州番禺职业技术学院、淮北职业技术学院、陕西电子科技职业学院等。

3. 中职学校：济南电子信息工程学校、山东省轻工工程学校、烟台船舶工业学校、滨州市中等职业学校、济南市历城职业中等专业学校、胶州市职业教育中心学校、海南省工业学校、安徽建工技师学院、厦门工商旅游学校、红河州财经学校、广州技师学院等。

七、电子数据取证分析师的就业创业信息

该职业从业人员主要集中在各级法院、检察院、公安机关与市场监管、环保、税务、海关等具有行政执法职能的机构，以及为行政执法机构提供技术服务的鉴定、检测机构。该职业从业人员可从事如下工作岗位：

1. 各级法院、检察院、公安机关的司法鉴定人员、司法鉴定助理。

2. 环保、文化、公路、市场监管、税务等政府机关行政执法部门的执法人员。

3. 第三方司法鉴定机构的技术人员：司法鉴定科学技术研究所司法鉴定中心、中山大学法医鉴定中心、西南政法大学司法鉴定中心、北京博大司法鉴定所、上海上信计算机司法鉴定所、陕西西安知识产权司法鉴定中心等。

4. 电子取证培训人员：中国信息安全测评中心 CISP-F（注册电子数据取证人员）和 CISM-F（注册电子数据取证专业人员）培训师，人力资源社会保障部电子数据调查分析师培训师，工业和信息化部教育与考试中心电子数据取证分析员培训师。

注：以上地区及机构排名不分先后，不代表相关实力排名。

八、电子数据取证分析师的职业贯通发展

该职业的发展路径主要有四条：管理路线，即从员工晋升到主管 / 单位中层，再晋升到经理 / 单位领导层，甚至往更高的高级领导职务发展。专家路线，即不断提高技能水平，在职业等级上不断晋升，成为电子数据取证管理领域专家。复合人才路线，即向其他行业跨越或职业转型，如通过学习相关知识和技能转型为数据分析师、行政执法员、物证鉴定人员、法律顾问、法官、审判辅助人员、检

察官、公证员等，与专业技术岗位横向贯通。创业路线，即基于个人兴趣爱好进行创新创业。电子数据取证分析师的职业贯通发展如图 2 所示。

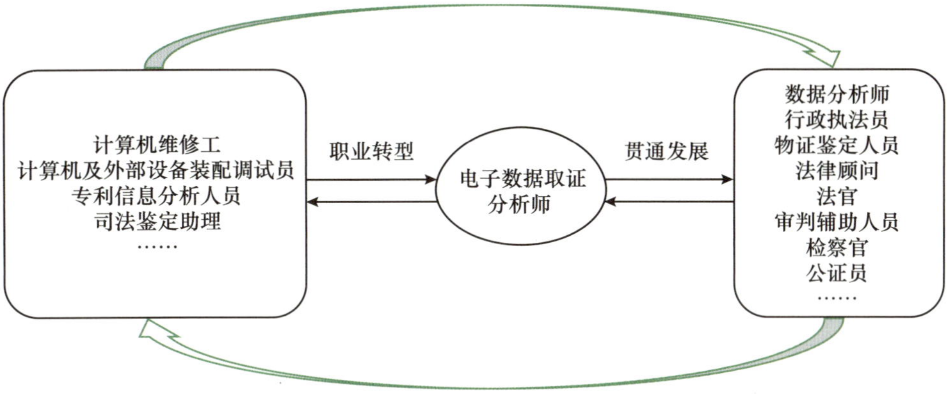

图 2　电子数据取证分析师职业贯通发展图

九、电子数据取证分析师的发展前景

从市场供需看。根据国际数据公司（IDC）产业发展研究报告的调查，电子数据取证分析师存在巨大的人才缺口。我国电子数据总量 2025 年有望跃居世界第一，未来针对网络、云计算、大数据、区块链等领域的电子取证需求旺盛。在民商事案件中，几乎每一个案件都涉及微信交流记录、邮件等证据，电子数据取证的重要性日趋凸显，对相关职业的需求远大于供给，市场人才缺口将达到 100 万人。

从产业发展看。信息产业已成为世界第一大产业，信息科学与技术正处于空前繁荣的阶段。各种涉及 IT 的高科技犯罪不断升级，但全国专业从事电子数据取证工作的公司大概不到 10 家，既有产品又有技术服务，同时做培训认证的公司就更少了。该职业相关的企事业单位市场缺口巨大，包括相关的培训机构、咨询机构及各类技术企业等，当前刚好处在产业发展的战略机遇期。中国信息技术市场已连续 10 年成为全球最大和增速最快的信息技术市场。

从政策红利看。《中华人民共和国网络安全法》第三条提出："国家坚持网络安全与信息化发展并重，遵循积极利用、科学发展、依法管理、确保安全的方针，推进网络基础设施建设和互联互通，鼓励网络技术创新和应用，支持培养网络安全人才，建立健全网络安全保障体系，提高网络安全保护能力。”在网络安全生态保护中，作为事后追责的电子数据取证人才极其缺乏，培养高素质的电子数据取证和信息化人才队伍的工作刻不容缓。部分地区对于在电子数据取证技术领域做出突出贡献的组织和个人，给予奖励或补贴。

十、相关内容链接

国家职业标准：扫码即可查看 ☞

相关政策文件：本书附录序号 61。

供稿：山东电子职业技术学院　刘学

服务机器人应用技术员

职业编码：4-04-05-07

说起服务机器人，大家一定不会陌生，在不少商场、宾馆、饭店里都能见到它们。别看它们的外表是冷冰冰的，但服务起来一点都不比人类差。服务机器人正在人做不到的事和人不愿意做的事两个方面大显身手。在新冠肺炎疫情下，服务机器人的需求被迅速激发，在医疗、配送、巡检、家用等领域，服务机器人走上了防疫一线。服务机器人之所以灵巧、服务能力高，离不开背后赋予它们“生命”的技术人员，也就是服务机器人应用技术员。

一、服务机器人应用技术员的一天

记录时间：2021 年 8 月 13 日 **记录人：张某华**

上午工作情况

9 点：

1. 与零部件企业的人员一同进行服务机器人传感器的测试、标定。（方案规划）

2. 测试完成后进行服务机器人各部件的组装和集成。（功能调试）

3. 确保每个功能模块的正常运行。（安装部署）

下午工作情况

13 点：

1. 与集成方案企业进行方案设计沟通。（方案规划）

2. 参与集成方案企业服务机器人的软件集成，各部分的功能调试。（功能调试）

3. 完成服务机器人的安装和调试并提供技术服务。（安装部署）

17 点：

1. 与终端使用企业沟通方案设计情况及是否需要改进和优化。（方案规划）

2. 培训和指导终端使用企业关于服务机器人各个功能模块的调试及服务机器人整机的正常运行。（功能调试）

3. 对于已经在使用的服务机器人，监测其正常运行，定期进行维护和保养。（运营维护）

21 点：

1. 与运营服务企业进行方案设计方面的交流。（技术服务）

2. 关注服务机器人的维护和保养时间。（运营维护）

3. 总结一天的工作内容，记录阶段性工作的完成进度，并制定目标规划。（方案规划）

二、什么是服务机器人应用技术员

职业定义。服务机器人应用技术员是在家用服务、医疗服务和公共服务等领域，从事服务机器人的集成、实施、优化、维护和管理的人员。

定义解读。服务机器人主要包括家用服务机器人、医疗服务机器人和公共服务机器人。其中，公共服务机器人指在农业、金融、物流、教育等除医学领域外的公共场合为人类提供一般服务的机器人。

关联职业。密切相关的职业有工业机器人系统运维员、人工智能训练师。根据岗位工作对象和工作任务不同，机器人分为工业机器人和服务机器人。工业机器人多用于制造业环境，服务机器人多用于非制造业环境。工业机器人，指面向工业领域的多关节机械手或多自由度机器人，在工业生产加工过程中通过自动控制来代替人类执行某些单调、频繁和重复的长时间作业。服务机器人是人工智能技术与机电硬件系统融合的代表产品。服务机器人应用技术员针对服务机器人及其周边软硬件设备的集成应用开发，需要具备“软硬”结合的能力；而人工智能训练师主要是对图片、文字、语音等进行数据标注、算法训练等，侧重“软”的能力。

相应岗位。机器人交付工程师、运营交付工程师、导航与位置服务工程技术人员、自动控制工程技术人员、运动控制算法工程师、人工智能训练师等。

三、服务机器人应用技术员的主要工作职责

1. 在零部件企业负责传感器的测试、标定、组装和集成等。

2. 在集成方案企业负责方案设计、软件集成、功能测试、设备安装与调试和技术服务等。

3. 在终端使用企业负责运营和维护保养等。

4. 在运营服务企业负责技术服务等。

四、服务机器人应用技术员的薪酬福利待遇

平均薪酬水平。服务机器人应用技术员的薪酬主要由以下两部分构成。一是基本工资收入，取决于个人能力、相关工作经验等，并根据公司所在地和公司类型呈现梯度差异，其中较低的为3000~8000元/月，中等的为7000~14000元/月，较高的为15000~24000元/月。二是奖金收入，受工作量和绩效影响显著。

与类似职业对比。猎聘大数据研究院数据显示，该职业的薪酬一般要高于机械工程师、电气工程师等职位的薪酬，初入行业的服务机器人应用技术员的薪酬略低于机械工程师的平均薪酬，在入行1~2年后，个人在能力和经验上表现突出后，薪酬有望超过同期工作年限的电气工程师，且整体薪酬上限较高。类似职业薪酬水平见表1。

表1 类似职业薪酬水平

职业名称	薪酬水平（元/月）
服务机器人应用技术员	3000~24000
机械工程师	7000~10000
电气工程师	9000~11000

五、从事服务机器人应用技术员工作需要哪些本领

该职业从业人员需具备的知识和技能有：除了需要掌握传感器、人机交互设备适配安装、环境搭建等“硬”应用技能，还需要掌握语音识别、机器学习等人工智能与新一代信息技术相关的“软”应用技能。核心技能是安装调试设备能力和沟通交流能力。

根据《服务机器人应用技术员国家职业技能标准》，该职业需具备的知识和技能见表2。

表 2　服务机器人应用技术员需具备的知识和技能

职业功能	工作内容	知识和技能要求
装配调适	服务机器人装配	能识读服务机器人整机装配图，能按装配图装配服务机器人整机
	服务机器人调试	能根据说明书调试服务机器人整机性能
	系统连接	能识读系统布局图，能根据系统布局图连接服务机器人与电梯、门禁、闸机、显示终端等系统模块
	系统调试	能使用调试软件调试系统模块基础功能
部署	内容配置	能上传文字、语音、图片、视频等交互内容，能根据应用场景配置文字、语音、图片、视频等交互内容
	管理平台部署	能安装服务机器人管理平台数据库，能搭建服务机器人系统运行环境，能安装服务机器人管理平台软件
运维	系统运维	能维护电梯、门禁、闸机、显示终端等运营内容
	故障维修	能通过升级、重启、重装服务机器人软件修复软件故障
	管理平台维护	能升级、重装服务机器人管理平台软件，能备份 / 恢复服务机器人管理平台数据
应用测试	系统测试	能根据测试用例测试电梯、门禁、闸机、显示终端等系统模块
	测试规划	能根据应用需求规划测试计划，能根据测试计划编写测试任务文档
	集成测试	能根据测试结果编写测试报告
设计规划	方案设计	能根据家用服务、医疗服务和公共服务等应用场景规划服务机器人需求方案
	核心模块选型	能根据服务机器人解决方案设计系统架构，能根据服务机器人解决方案提出系统技术参数
	方案升级规划	能根据新需求提出服务机器人结构、功能、性能等升级方案

六、服务机器人应用技术员的专业教育现状

（一）相关专业

目前已有较多院校开设了与该职业相关的专业，涉及本科院校、高职院校及中职学校等。本科院校专业有机器人技术、人工智能工程技术、智能控制技术等。职业院校专业有服务机器人应用与维护、智能机器人技术、服务机器人装配与维护等。

（二）开设相关专业的院校（排名不分先后）

1. 本科院校：东南大学、北京航空航天大学、湖南大学、东北大学、西安交通大学、北京理工大学、浙江大学、上海交通大学、哈尔滨工业大学、天津大学等。

2. 高职院校：营口职业技术学院、长沙民政职业技术学院、湖南工业职业技术学院、广东轻工职业技术学院、三门峡职业技术学院、江苏建筑职业技术学院、上海工商职业技术学院、湖南信息职业技术学院、广西机电职业技术学院、河北工业职业技术大学等。

3. 中职学校：北京自动化工程学校、广东信息职业技术学校、文山市职业高级中学、衡阳交通工程学校、六盘水市知易职业技术学校、重庆市工贸高级技工学校、南海理工学校、福建经济学校、珠海市第一中等职业学校、贵阳航洋职业学校等。

七、服务机器人应用技术员的就业创业信息

该职业从业人员遍布全国各地，主要集中在珠三角、长三角、京津冀地区。

吸纳服务机器人应用技术员就业较多的用人单位主要有：

1. 服务机器人生产制造机构：如北京华航唯实机器人科技股份有限公司、北京猎户星空科技有限公司、青岛进化者小胖机器人科技有限公司、珞石（山东）智能科技有限公司、珠海创智科技有限公司、遨博（北京）智能科技有限公司等。

2. 医疗机构：如各级各类医院、基层卫生服务机构等。

3. 餐饮机构：如餐厅、饭店等。

4. 行政机构：如公安局、检察院、工商局、税务局、司法机构等。

5. 金融机构：如银行、金融机构等。

6. 公共机构：如展览馆、科技馆、博物馆等。

7. 教育机构：如学校、培训机构等。

注：以上地区及机构排名不分先后，不代表相关实力排名。

八、服务机器人应用技术员的职业贯通发展

该职业的发展路径主要有四条：管理路线，即从普通员工晋升到主管 / 单位中层，再晋升到经理 / 单位领导层，甚至向高级领导职务发展。专家路线，即不断提高技能水平，在职业等级上不断晋升，成为服务机器人领域专家。复合人才路线，即向其他行业跨越或职业转型，如通过学习相关知识和技能转型为机械设计工程技术人员、仪器仪表工程技术人员、自动控制工程技术人员等，与专业技术岗位横向贯通。创业路线，即基于个人兴趣爱好进行创新创业。服务机器人应用技术员的职业贯通发展如图 1 所示。

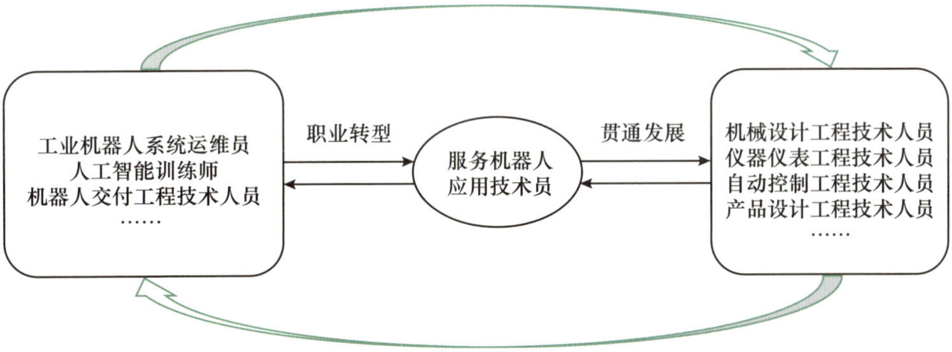

图 1 服务机器人应用技术员职业贯通发展图

九、服务机器人应用技术员的发展前景

从市场供需看。我国服务机器人应用技术员存在巨大的人才缺口，据人力资源社会保障部不完全统计，2019 年我国服务机器人应用技术员约有 30 万人。当前每部署 1 台服务机器人，就能够间接带动 3.6 个人就业。智联招聘网数据显示，2021 年第 1 季度，相关岗位发布职位数同比增速高达 45.1%，人才需求扩张，仍存在较大缺口。由此可见，服务机器人专业人才十分稀缺，人才市场需求旺盛。

由于服务机器人应用技术员具有广阔就业前景，其市场需求量和从业数量将呈现井喷式增长，未来将会遍布全国一、二、三线城市，遍布服务机器人产业链各个环节的核心岗位。

从产业发展看。波士顿咨询报告称，2020 年全球机器人的市场规模约 250 亿美元。该报告同时预测，全球机器人的市场规模在 2030 年将达到 1600 亿 ~2600 亿美元。到 2030 年，全球服务机器人的市场规模将达到 900 亿 ~1700 亿美元。赛迪顾问发布报告称，2020 年中国服务机器人的市场需求爆发式增长，市场规模达到 283.8 亿元，同比增长 37.4%。

从政策红利看。2016 年 3 月，国家发布的《中华人民共和国国民经济和社会发展第十三个五年规划纲要》提出，要大力推进机器人等新兴前沿领域创新和产业化，形成一批新增长点。大量服务机器人相关政策的陆续出台，为我国服务机器人产业发展提供了强有力的支持和引导。在国家政策对服务机器人产业发展的大力助推下，各地结合当地优势产业，纷纷发布服务机器人产业的扶持和引导政策。北京市先后发布了《关于促进北京市智能机器人科技创新与成果转化工作的意见》《关于促进中关村智能机器人产业创新发展的若干措施》《北京市机器人产业创新发展路线图》《北京市机器人产业创新发展行动方案（2019—2022）》来引导当地服务机器人产业的发展；河南省对购置服务机器人投资额超过 300 万元的企业，将按不高于投资额 30%，最高不超过 300 万元的标准予以补助。其他各地也陆续出台了补贴服务机器人企业用房、开发经费等政策，并对服务机器人人才进行公寓租赁、购房、个人所得税、宽带资费等补贴。

十、相关内容链接

国家职业标准：扫码即可查看☞

相关政策文件：本书附录序号 20、47、77。

供稿：中国仪器仪表学会　张建

公司金融顾问

职业编码：2-06-09-06

无论居家过日子还是经营企业，都离不开钱。个人可以通过努力工作或者投资股票等理财产品来赚钱。那么企业去哪里找钱呢？企业怎样才能找银行贷到钱？除了银行还有谁会借给企业钱？有银行贷款就能解决企业所有的问题吗？企业股东投资的钱或企业借到的钱是不是越多越好呢？一家企业怎么能做大，怎样可以上市？别急，企业与钱有关的事都可以找他——公司金融顾问。公司金融顾问是为企业提供金融服务、帮助企业解决“钱”的问题的专业人员，他们的服务质量和效率在很大程度上决定了企业的生死存亡。无论是初创企业还是全球500强企业，都离不开金融。如果说金融是药，那么公司金融顾问就是医生，公司金融顾问将为社会稳定、经济发展发挥重要作用。

一、公司金融顾问的一天

记录时间：2020 年 5 月 9 日 **记录人：叶某红**

上午工作情况

9 点：

1. 联系拟拜访企业，确定拜访的时间、对接人员等。（帮助企业）
2. 收集该企业所属行业资料、产业政策、科技情报。（宏观分析）
3. 查询、收集该企业近期资料。（需求分析）
4. 分析该企业近期财务等状况。（需求分析）
5. 分析、了解该企业金融需求。（需求分析）

6. 梳理本机构与该企业需求相对应的可能涉及的金融产品和金融工具。（拓宽渠道）

7. 熟悉前期准备的该企业综合金融服务方案（草稿）。（拓宽渠道）

8. 准备洽谈的其他资料。（帮助企业）

下午工作情况

14 点：

1. 携带准备好的资料到企业拜访。（帮助企业）

2. 听取企业财务（资金）部门、企业分管领导对有关情况的介绍及诉求。（帮助企业）

3. 向企业说明作为公司金融顾问对企业、行业、风险、金融需求匹配等方面的分析结论，介绍本机构产品以及为该企业草拟的综合金融服务方案。（拓宽渠道）

4. 回答企业提出的有关金融方面的问题。（帮助企业）

5. 确认企业金融需求以及对综合金融服务方案（草稿）的意见。（优化结构）

17 点：

1. 返回办公地点，梳理、录入拜访资料。

2. 召集金融顾问小组其他成员复盘，进行内部沟通、讨论。（优化结构）

3. 根据企业的诉求、问题，修改综合金融服务方案（草稿），确定下次会面时间。

4. 做好顾问团讨论的时间安排。

二、什么是公司金融顾问

职业定义。公司金融顾问是在银行及相关金融机构中，为企业等实体经济机构客户提供金融规划、投融资筹划、资本结构管理、金融风险防控和金融信息咨

询等综合性咨询服务的专业人员。

定义解读。公司金融顾问作为金融机构与实体经济机构之间的桥梁，帮助企业解决金融问题、提供解决方案。该职业的特点是专业性强、知识面广，要求掌握金融知识，熟悉金融行业各类产品及提供商情况，同时能深度分析、了解企业经营情况，诊断企业金融需求的真实性、必要性、可获得性以及可承受能力，对综合分析和业务沟通能力要求高。

关联职业。密切相关的职业有律师、会计师、税务师等服务于企业的职业。

相应岗位。商业银行等金融机构对公业务部门的客户经理、投资银行业务部门的投资顾问、财务顾问、分支机构负责人以及咨询顾问、律师、企业顾问等。

三、公司金融顾问的主要工作职责

1. 负责研究宏观经济形势、产业发展趋势，研究分析国家相关行业、产业政策，调研同业开展情况，及时了解宏观经济开展情况及调控政策的动态变化。

2. 负责了解本机构发展规划、信贷、投行等金融业务，并进行产品研究，负责了解银行、保险、证券、信托等同业金融机构业务和产品。

3. 负责了解所服务客户的发展战略，指导客户制定中长期金融发展规划，协助客户分析资产、投融资需求，帮助客户拓宽投融资渠道，建立、完善投融资决

策体系。

4. 负责构建客户金融业务渠道信息网络，衔接沟通相关政府管理部门及监管部门，采集、挖掘、分析企业和行业信息资料。

5. 负责协助客户对投融资项目进行初步审核，进行客户关系建设、管理、运行，维护客户关系管理系统，制定统一的标准。

6. 负责指导客户识别、评估、分析金融风险，提供金融风险防控和处置建议。

7. 负责提供金融信息分析、咨询服务，指导客户与银行等金融机构接洽，帮助客户解决信息不对称问题。

公司金融顾问工作职责如图 1 所示。

四、公司金融顾问的薪酬福利待遇

平均薪酬水平。国家统计局数据显示，2020 年金融业年平均薪酬为 13.34 万元。公司金融顾问作为金融业的高端人才，是复合型、紧缺型人才，其薪酬水平远高于金融业从业人员的平均薪酬水平。不同的细分行业如银行、保险、证券、信托、期货、基金等领域的机构，其薪酬差异也不小；不同地区的薪酬差异也较大。

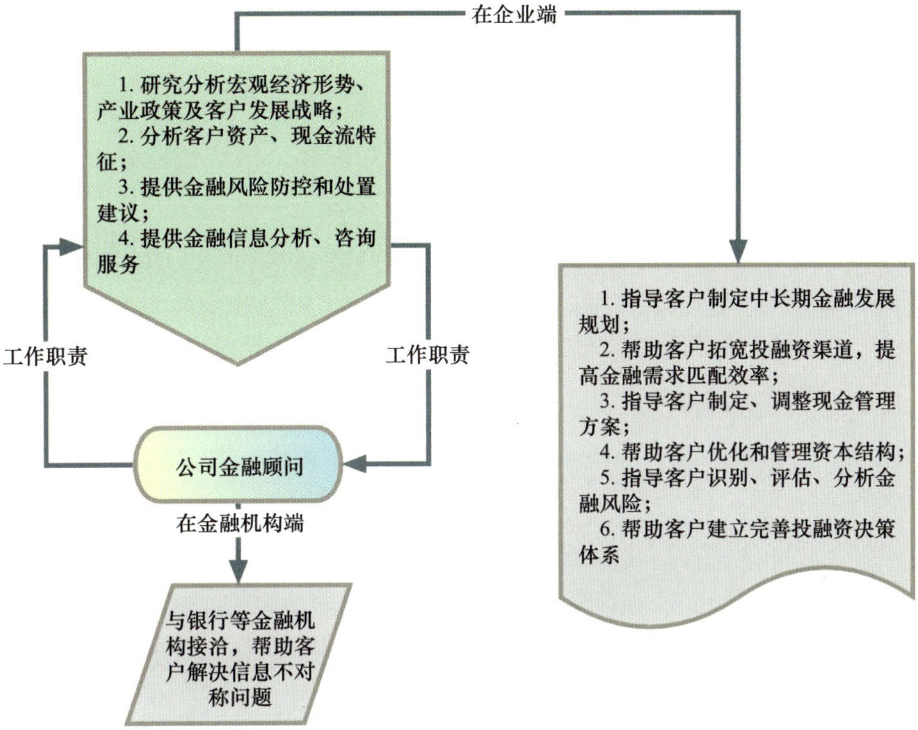

图 1　公司金融顾问工作职责

与类似职业对比。智联招聘网 2021 年 10 月数据显示，在北京地区，该职业的薪酬为 20 万 ~25 万元 / 年，高于银行客户经理、银行柜员、保险销售顾问等职业的薪酬，略低于投资顾问的薪酬。类似职业薪酬水平见表 1。

表 1　类似职业薪酬水平

职业名称	薪酬水平（万元 / 年）
公司金融顾问	20~25
银行柜员	8~11
银行综合柜员	10~15
银行客户经理	10~20
银行会计	12~20
保险销售顾问	6~12
投资顾问	20~30

五、从事公司金融顾问工作需要哪些本领

该职业从业人员需具备的知识和技能有：公司金融知识、企业财务分析、税收筹划知识、企业金融风险管理和企业投融资知识等。核心技能是宏观分析、行业分析、企业投融资筹划、金融风险防控等。

根据《公司金融顾问金融行业标准》，该职业需具备的知识和技能见表 2。

表 2　公司金融顾问需具备的知识和技能

职业功能	工作内容	知识和技能要求
合规审查	依法合规	能够掌握金融相关政策、法规，并严格执行
金融服务	业务推荐	能够通过各种渠道宣传和推广公司金融顾问服务业务；能够通过对社会经济发展趋势的把握，为客户提供有针对性的金融信息
	分析判断	能够运用与企业客户会谈的技巧，清晰有序地介绍服务内容，并表达自己的思考、建议等；能够对企业客户的资产负债表、现金流量表、利润表和投融资情况进行分析，能够对企业发展趋势加以判断和预测
	沟通协调	能够协助企业客户与其他专业的金融机构及其工作人员进行沟通；能够针对企业客户认知或期望存在的误区，与其进行沟通，帮助其进行调整
	收集整理	能够归纳、整理企业客户的事实性信息与判断性信息，能够明确企业客户的金融规划目标
	计算	能够进行财务指标、财务比率、资本成本及其他相关计算
	文字表达	能够运用文字阐明观点、意见，将自己的建议与规划、实践经验和决策思想，运用文字表达方式，系统化、科学化、条理化地表达出来
金融管理	公司金融综合知识	掌握公司金融基础知识，包括但不限于宏观分析、行业分析、财务分析、相关法律法规等，具备为企业提供宏观分析、行业分析及具体企业分析的能力
	企业税收筹划	掌握企业税收基础知识，具备为企业客户提供税收现状分析和税收筹划的能力

续表

职业功能	工作内容	知识和技能要求
金融管理	企业风险管理	掌握企业金融风险特征、类别与风险管理的要求，具有识别企业金融风险的能力，能够为企业客户提出风险防控措施
	企业融资筹划	掌握金融市场与金融工具，具备为企业客户提供多渠道融资方式、设计融资方案的能力
	企业投资筹划	掌握金融市场与金融工具，具备为企业客户提供多渠道投资方式、设计投资方案的能力

六、公司金融顾问的专业教育现状

（一）相关专业

目前已有较多院校开设了与该职业相关的专业，涉及硕士研究生教育、本科院校、高职院校等。本科院校专业有金融学、公司金融、国际金融、证券投资、金融投资学、金融投资与金融市场、金融投资实务与管理、企业经济管理、金融工程、数量经济学、保险精算、金融工程和信用管理等。职业院校专业有金融学、会计学、财政学、产业经济学、国际贸易学、保险、银行与国际金融等。

（二）开设相关专业的院校（排名不分先后）

1. 本科院校：清华大学、中国人民大学、对外经济贸易大学、中央财经大学、首都经贸大学、江西财经大学、厦门大学、安徽财经学院、吉林财经学院、华侨大学等。

2. 高职院校：北京经贸职业学院、北京经济管理职业学院、苏州农业职业技术学院、浙江金融职业学院、浙江工贸职业技术学院、浙江经济职业技术学院、广州工商学院、义乌工商职业技术学院、台州科技职业学院、河南海诺理财职业培训学校等。

七、公司金融顾问的就业创业信息

该职业从业人员在北京、上海、浙江等规模以上金融机构和经济较活跃的地区相对集中。从区域看，除一线城市外，四川、山东等省，苏州、武汉、杭州、郑州、青岛、合肥、烟台等市，这些经济较发达地区对该职业的需求也在激增。

吸纳公司金融顾问就业较多的用人单位主要有：

1. 工商银行、农业银行、中国银行、建设银行、邮政储蓄银行等商业银行。

2. 中国人民保险集团、财通证券股份有限公司等保险、证券、信托类非银行金融机构。

3. 各类企业的财务、投融资部门。

4. 政府资产管理、投资公司等相关机构。

5. 金融顾问事务所。

注：以上地区及机构排名不分先后，不代表相关实力排名。

八、公司金融顾问的职业贯通发展

该职业的发展路径主要有四条：专家路线，即不断提高技能水平，在职业等级上不断晋升，成为公司金融顾问领域专家。管理路线，即从员工晋升到主管 / 单位中层，再晋升到经理 / 单位领导层，甚至往更高的高级领导职务发展。复合人才路线，即向其他行业跨越或职业转型，如通过学习相关知识和技能转型等，与专业技术岗位横向贯通。创业路线，即基于个人兴趣爱好进行创新创业，如浙江省等地方已经立法可以开设金融顾问事务所。公司金融顾问职业贯通发展如图 2 所示。

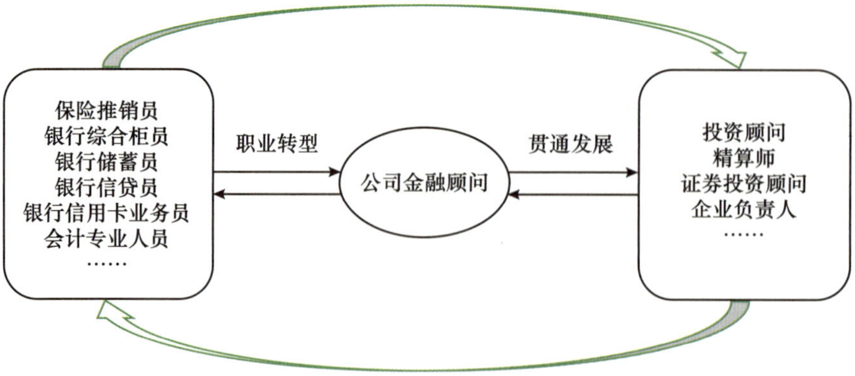

图 2　公司金融顾问职业贯通发展图

九、公司金融顾问的发展前景

从市场供需看。国家市场监督管理总局与工业和信息化部数据显示，截至2021年年底，全国登记在册的市场主体有1.54亿户，同比增长11.1%。其中，企业4842.3万户，个体工商户1.03亿户。这些企业尤其是中小企业，过去金融服务对其覆盖面、可获得性都非常低，急需得到银行等金融机构的精准服务。近年来，我国高校毕业生数量连创新高，2022年的高校毕业生规模高达1076万人，其中200多万财经类专业的毕业生大多都非常希望能够进入金融机构，成为企业的金融管家，为4000多万家企业提供精细化、综合化的金融服务。

从金融机构转型发展看。国家统计局数据显示，2020年我国金融机构从业人数为852万人，其中从事对公业务的相关人员约有112万人，以商业银行为主的金融机构近年来加大了对公业务转型发展力度，人工智能、金融科技、大数据等专业技术的发展，使得更多操作型岗位被取代，更多从业人员向金融服务价值链高端集中。

从政策红利看。近年来，随着国家多层资本市场建设和金融对外开放的逐步深入，以资本市场为核心的融资、投资等金融资源配置方式带来的业务模式变化，以及普惠金融、乡村振兴等国家政策的实施，导致公司金融顾问的人才需求量激增。有关地方政府、金融机构对获得公司金融顾问证书的员工给予各类奖励政策，包括：北京市、山东省、浙江省等要求建立省、市、县三级金融顾问制度，取得证书为条件之一；宁波市给予培训认证费用奖励；民生银行给予职业晋升优惠政策；中国银行给予培训认证费用全额奖励；等等。

十、相关内容链接

国家职业标准：暂缺

相关政策文件：本书附录序号11、12、71、72。

供稿：清华大学五道口金融学院　王振

工业互联网工程技术人员

职业编码：2-02-38-06

近几年，伴随着人工智能、区块链、云计算、大数据及5G等新技术的广泛应用，第四次工业革命呼啸而来。制造业与新技术交汇融合，工业互联网在此背景下应运而生，受到了世界各国高度重视。在举国抗击新冠肺炎疫情之时，方舱医院的建设、医疗防护物资的生产与供应等成为人们关注的焦点，工厂复工难、物资调配紧张、产品销售阻滞等让制造业面临巨大挑战。工业互联网作为新一代网络信息技术与制造业深度融合的产物，能快速精准对接供给侧与需求侧数据信息，极大提高紧急状况下关键物资配置效率，快速提高产量并实现物资生产、调度、分配的全局优化，从而大幅提升国家面对重大疫情及其他突发情况的应急处理能力。

一、工业互联网工程技术人员的一天

记录时间：2021年5月5日 **记录人：李某国**

上午工作情况

9点：

上班后第一件事是开会。产品经理提出开发需求，李某国与团队成员对产品的应用场景、大数据采集需求等进行分析，充分了解项目需求。该部分会议一般持续1~2个小时。（需求挖掘）

11点：

需求确定后便进入设计阶段，李某国开始制定工业互联网平台架构、网

络互联设计方案，进行标识数据采集、工业数据存储及安全防护等规划设计，然后进行开发排期。（规划设计）

下午工作情况

14点：

1. 排期后正式进入开发阶段，李某国对工业互联网平台架构、标识解析系统架构等进行研究设计，编写工业互联网平台和标识解析系统代码。（研究开发）

2. 前端、服务端、数据、算法准备就绪，进行系统运行测试，测试人员找出漏洞，提交修改方案。（提交测试）

16点：

1. 李某国参照修改方案对漏洞进行修改，然后再次进行测试，查看运行情况，由测试人员进行验收。（修改验收）

2. 后期进入工程实施、运行维护、服务应用、数据服务等阶段，这些阶段有专职人员负责，李某国仅负责平台系统的技术服务和支持等工作。（系统上线）

二、什么是工业互联网工程技术人员

职业定义。工业互联网工程技术人员是从事工业互联网规划设计、技术研发、测试验证、工程实施、运营管理和运维服务等工作的工程技术人员。

定义解读。工业互联网是指工业互联的网络，而不是工业的互联网。在企业内部，实现工业设备（生产设备、物流装备、能源计量器具、质量检测设备、车辆等）、信息系统、业务流程、企业的产品与服务、人员之间的互联，实现从车间到决策层的纵向互联。在企业间，实现上下游企业（供应商、经销商、客户、合作伙伴）之间的横向互联。在产品生命周期的维度，实现产品从设计、制造到服役，再到报废、回收、再利用整个生命周期的互联。

关联职业。工业互联网是 IT（信息技术）、OT（工业技术）、CT（通信技术）与实体经济高度融合的产物。工业互联网工程技术人员与智能制造工程技术人员、物联网工程技术人员、大数据工程技术人员、人工智能工程技术人员等相关职业在应用领域、应用场景及所用技术等方面存在本质区别。该职业涵盖制造业、建筑业、物流业、采掘业、公共服务业等，涉及数字孪生、大数据分析、人工智能应用、边缘计算和 5G 等新兴技术。

相应岗位。工业互联网网络架构工程师、工业互联网标识解析研发工程师、工业互联网平台开发工程师、工业大数据管理师、工业互联网安全运维工程师、工业互联网边缘计算实施工程师、工业互联网行业应用架构工程师、工业互联网运营管理师等。

三、工业互联网工程技术人员的主要工作职责

1. 网络与联接管理。其主要包括工厂内网络和工厂外网络、5G、工业设备、产品联网、网络设备、网络资源管理、互联互通等。

2. 标识解析。其主要包括编码与存储、标识数据采集与解析、数据交互、设备与中间件、异构标识互操作等。

3. 边缘计算。其主要包括边缘设备、边缘智能、能力开发三个部分。

4. 平台与数据管理。其主要包括数据采集、资源管理与配置、工业大数据、人工智能、智能装备、工业微服务、应用开发、平台互通适配等。

5. 工业 App 维护。其主要包括工业 App 开发、应用、运维服务等。

6. 工业互联网安全。其主要包括设备安全、控制系统安全、网络安全、数据安全、平台安全、应用程序安全、安全管理等。

7. 应用。其主要包括工业互联网应用架构的设计、开发、应用水平的评估，解决方案的规划及实施，系统集成方案的支持，系统运维等。

8. 运营。其主要包括工业互联网的平台运营、生态运营、内容运营、用户运营、场景运营、数据运营和产品运营等。

工业互联网全貌如图 1 所示。

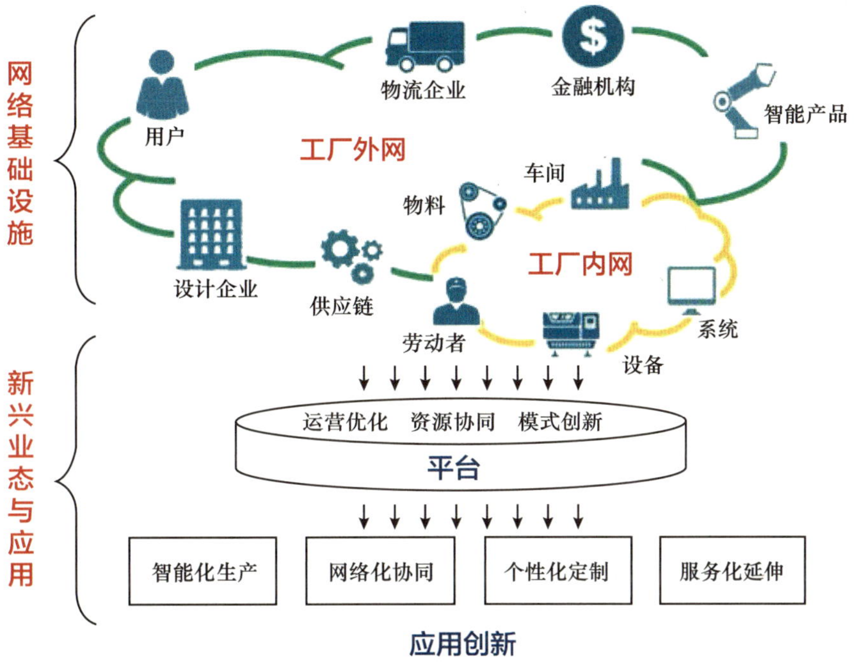

图 1 工业互联网全貌
（来源：工业互联网产业联盟资料）

四、工业互联网工程技术人员的薪酬福利待遇

平均薪酬水平。北京市人力资源社会保障局发布的《2021 年北京市人力资源市场薪酬大数据报告》显示，工业互联网工程技术人员的年薪为 128753~330986 元，平均年薪为 257035 元，比北京市年平均薪资高出 1 倍多。其他地区该职业的薪资也普遍高于平均薪资。

与类似职业对比。《2021 年北京市人力资源市场薪酬大数据报告》显示，北京市工业互联网工程技术人员的薪酬与智能制造工程技术人员、人工智能工程技术人员、大数据工程技术人员、物联网工程技术人员等类似职业的薪酬相差无几，且高于工业机器人系统运维员、工业机器人系统操作员等职业的薪酬。类似职业薪酬水平见表 1。

表 1 类似职业薪酬水平

职业名称	薪酬水平（元 / 年）
工业互联网工程技术人员	128753~330986
智能制造工程技术人员	150166~324510
人工智能工程技术人员	179954~359662
大数据工程技术人员	136250~303953
物联网工程技术人员	130516~291604

五、从事工业互联网工程技术人员工作需要哪些本领

该职业从业人员需具备的知识和技能有：基本的工程实施、运行维护、服务应用、规划设计、数据服务、研究开发能力等。

根据《工业互联网工程技术人员国家职业技术技能标准》，该职业需具备的知识和技能见表 2。

表 2 工业互联网工程技术人员需具备的知识和技能

职业功能	工作内容	知识和技能要求
工程实施	网络互联集成	网络拓扑结构、工业交换机、传感器、控制器、IP 地址、TCP/IP 协议等知识及操作技能
	工业设备数据采集	工业数据类型、工业网关、OPCUA 等基础知识和操作技能
	工业标识数据采集	条码、二维码、射频识别 RFID 等知识及操作技能
	工业数据存储规划设计	被动标识载体、主动标识载体技术知识及各类标识应用场景、标识识别设备等知识及操作技能
	安全防护实施	网络安全相关法律法规、防火墙、网闸等知识及操作技能
	工业互联网应用场景需求分析	设备上云、业务上云、生产管控、供应链等知识及操作技能

续表

职业功能	工作内容	知识和技能要求
运行维护	网络互联运行维护	常见工业网络故障类型、异常状态处理方法等知识及操作技能
	工业数据采集系统运行维护	常见工业传感器控制器故障、标识数据采集设备及系统常见故障等知识及操作技能
	标识解析系统运行维护	工业互联网标识解析系统等知识及操作技能
	工业互联网平台运行维护	云计算基础、组件、云平台管理等知识及操作技能
	安全防护运行维护	安全漏洞、安全加固技术等知识及操作技能
服务应用	工业 App 配置	工业组态界面、工业生产管理、工作流程等知识及操作技能
	工业 App 应用	设备管理、生产管理、运营管理、远程维护等知识及操作技能
	标识解析服务应用	标识解析系统使用、标识编码及解析等知识及操作技能
	工业 App 推广	自动化、信息化、数字化知识及需求分析法等知识及操作技能
	平台推广	工业互联网平台应用场景、企业业务需求、企业管理需求、企业运行维护需求等知识及操作技能
	咨询服务	工业互联网概念、内涵、体系架构，工业互联网项目需求调研、诊断评估方法，咨询报告编制方法等知识及操作技能
规划设计	网络互联规划设计	网络规划、网络架构设计、网络管理等知识及操作技能
	工业数据采集规划设计	工业设备类型、数据采集频率等知识及操作技能
	标识数据采集规划设计	各类标识应用场景、标识识别设备等知识及操作技能

续表

职业功能	工作内容	知识和技能要求
规划设计	工业数据存储规划设计	关系型数据库、非关系型数据库等知识及操作技能
	安全防护规划设计	网络安全等级保护标准和流程、加密算法等知识及操作技能
	工业互联网应用场景需求分析	设备上云、业务上云、生产管控、供应链等知识及操作技能
数据服务	工业数据处理	数据接入、数据处理、数据集成等知识及操作技能
	工业大数据分析	数据建模、数目模型测试等知识及操作技能
	工业数据管理	数据安全法律法规、数据质量控制及管理等知识及操作技能
	数据运营管理	产业链、数据运营、数据资产管理等知识及操作技能
	标识解析数据共享服务	标识数据管理、导购标识系统互操作等知识及操作技能
研究开发	工业 App 设计	面向行业应用的软件工程知识、面向对象软件设计、实体关系图、统一建模语言 UM、工业 App 研发设计流程等知识及操作技能
	工业 App 开发	Java、Python 等开发语言基础、容器引擎、微服务架构、容器管理平台、前端开发技术、工业 App 测试流程等知识及操作技能
	工业互联网平台架构研究与设计	工业互联网平台架构、机构模式、云技术等知识及操作技能
	工业互联网平台开发	工业 PaaS 平台、中间件、开发工具等知识及操作技能
	标识解析系统架构研究与设计	工业互联网标识解析系统架构、国内外主流标识解析系统等知识及操作技能

续表

职业功能	工作内容	知识和技能要求
研究开发	标识解析系统开发	标识注册业务流程、标识赋码及分码等知识及操作技能
	机理模型建模	工业机理模型、机理模型建模方法等知识及操作技能
	行业算子库研发	算子、机器学习等知识及操作技能

六、工业互联网工程技术人员的专业教育现状

（一）相关专业

目前已有较多院校开设了与该职业相关的专业，涉及本科院校、高职院校及中职学校等。本科院校专业有智能制造工程、物联网工程、数据科学与大数据技术、人工智能等。高职院校专业有智能制造、物联网应用技术、大数据技术与应用、人工智能技术服务等。中职学校专业有智能设备运行与维护、物联网技术应用、大数据技术应用等。

（二）开设相关专业的院校（排名不分先后）

1. 本科院校：清华大学、上海交通大学、哈尔滨工业大学、华中科技大学、北京理工大学、天津大学、浙江大学、西安交通大学、北京航空航天大学、北京开放大学等。

2. 高职院校：山东科技职业学院、山东理工职业学院、贵州电子科技职业学院、常州信息职业技术学院、吉林工业职业技术学院、常州机电职业技术学院、深圳职业技术学院、南京信息职业技术学院、安徽机电职业技术学院、北京信息职业技术学院等。

3. 中职学校：晋中市职业中专学校、甘肃省理工中等专业学校、中山市中等专业学校、石家庄电子信息学校、福州职业中专学校、郑州创新科技中等专业学校、重庆市轻工业学校、长沙市电子工业学校、济南信息工程学校、河北经济管理学校等。

七、工业互联网工程技术人员的就业创业信息

该职业从业人员分布较广，专业技术类人员主要分布在北京、上海、广州、深圳、杭州、成都等一、二线城市，技能操作类人员主要分布在三、四、五线城市，主要集中在广东、江苏、浙江、山东、河南、四川等工业较发达的地区。

吸纳工业互联网工程技术人员就业较多的用人单位主要有：

1. 工业互联网平台企业：海尔集团、航天云网、东方国信、用友网络、树根互联、浪潮云、华为、工业富联、阿里云、徐工信息、腾讯云、中联重科、中软国际、格力电器等。

2. 运营商：中国移动、中国联通、中国电信等。

3. 行业企业：数字化转型的中小企业，涉及工业、能源、建筑等各行业。

注：以上省市及机构排名不分先后，并不代表相关实力排名。

八、工业互联网工程技术人员的职业贯通发展

该职业的发展路径主要有四条：管理路线，即从员工晋升到主管、经理、总监、CIO/COO 等。专家路线，即不断提高技能水平，在职业等级上不断晋升。复合人才路线，即向其他行业跨越或职业转型，如智能制造工程技术人员等职业，实现跨行业、跨领域职业发展的多向贯通，包括技术、技能岗位的横向贯通以及管理、营销岗位的纵向贯通。创业路线，即基于个人兴趣进行创新创业，如技术研发、产品开发、项目咨询、教育培训等。工业互联网工程技术人员职业贯通发展如图 2 所示。

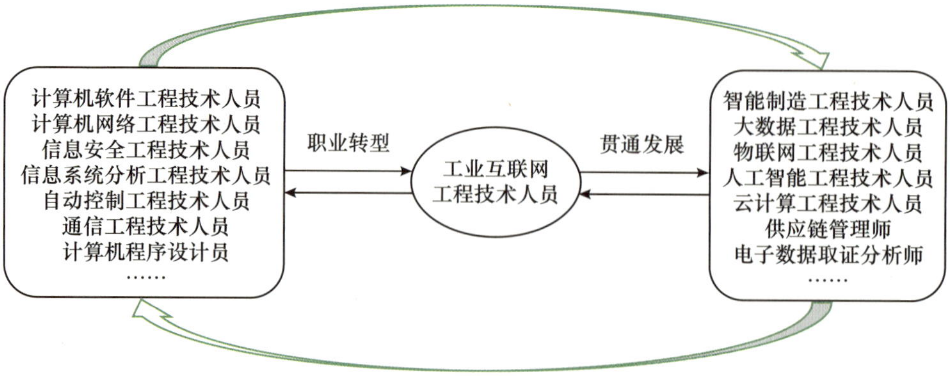

图 2　工业互联网工程技术人员职业贯通发展图

九、工业互联网工程技术人员的发展前景

从市场供需看。中国工业互联网研究院发布的《中国工业互联网产业经济发展白皮书（2020年）》显示，工业互联网产业2018年带动就业人数达到2367.41万人，占全国就业总人数的3.05%；2019年带动就业人数达到2679.61万人，新增就业人数312.20万人；2020年带动就业人数达到2810.90万人。工业互联网就业促进能力持续增强。随着工业互联网产业的快速发展，高新技术技能人才匮乏，供需关系严重失衡。人力资源社会保障部、教育部及工业和信息化部联合发布的《制造业人才发展规划指南》预测，到2025年，新一代信息技术人才缺口将高达950万人，工业互联网相关职业人才缺口巨大。

从产业发展看。中国信息通信研究院发布的《2021年中国工业互联网产业发展报告》显示，2020年我国工业互联网产业规模为9101亿元，较上年（8039亿元）增长13.2%，增速高于上年的8.1%。我国工业互联网产业发展步入快车道，在新冠肺炎疫情影响之下依然保持中高速增长，为经济高质量发展提供了有力支撑。从产业发展角度看，我国工业互联网产业发展迅猛，工业互联网人才需求旺盛，该职业发展前景广阔。

从政策红利看。从事该职业的高技术、高技能人才，等级越高，享受的福利待遇越好。同时，国家鼓励博士团队、高水平技术团队、海归人才等创新创业。国家部委、地方政府、行业协会、企业等多层面均予以高度重视，在人才培养、科技研发等方面给予支持。例如，2020年年初，青岛市提出“打造世界工业互联网之都”的宏伟目标，发布《青岛市工业互联网三年攻坚实施方案（2020—2022年）》等文件，出台“青十条”人才政策，在落户、住房补贴、安家费、就业补贴、见习补贴、创业补贴、创业担保贷款等方面给予大力支持，为该职业群体的快速发展提供了强有力的政策支持。

十、相关内容链接

国家职业标准：扫码即可查看 ☞

相关政策文件：本书附录序号20、21、25、43、49、50。

供稿：中联研究院有限公司　周云湘

工业机器人系统操作员

职业编码：6-31-07-03

机器人被誉为“制造业皇冠顶端的明珠”。随着我国制造企业数字化、智能化转型步伐加快，工业机器人市场快速发展，对工业机器人系统操作岗位的需求剧增。如何安全操作工业机器人系统？如何编程调试工业机器人系统？如何设计改造工业机器人系统？如何对现代工业生产一线人员进行技术培训？诸如此类问题的解决，将在很大程度上提高工厂的智能化生产水平。工业机器人系统操作员将在此中发挥重要作用。

一、工业机器人系统操作员的一天

记录时间：2021 年 12 月 20 日 **记录人：张某琦**

上午工作情况

8 点 30 分：

1. 按照机械装配图，拆卸旧的末端夹具，装配新的末端夹具。（机械系统装配）

2. 按照电气装配图，完成末端夹具的气路连接和传感器的电路连接。（电气系统装配）

3. 给机器人重新上电，测试末端夹具能否正常工作。（电气系统功能检查与调试）

4. 做抓取测试，根据测试数据调整传感器安装位置，确保其正常工作。（机械系统功能检查与调试）

5. 手动操纵机器人，确保机器人运行时无干涉区。（手动操纵）

6. 因工件位置发生变化，对机器人工具、工件坐标系进行重新标定。（坐标系设定）

7. 根据要求，完成机器人输入 / 输出信号配置任务。（系统操作与设定）

11 点 30 分：

1. 在设备档案中记录设备情况。（更新档案）

2. 进行小组讨论交流，汇报当前项目进度。

下午工作情况

13 点：

1. 根据生产任务要求，完成机器人码垛路径程序编写。（示教编程）

2. 调试程序，对机器人系统的动作进行重复定位精度测试、生产节拍优化、路径优化等。（调试）

3. 配置机器人与外部设备的信号交互。（通信设定）

4. 配置机器人自动运行相关参数，确保机器人能够自动运行。（系统设定）

5. 确认机器人外部设备急停信号的有效性，以及在手动和自动模式下的运行速度上限。（安全操作）

17 点：

1. 在设备档案中记录设备情况。（更新档案）

2. 编写机器人工作站生产加工工艺及其流程指导文件。（应用方案制定）

3. 进行小组讨论交流，汇报当前项目进度。

二、什么是工业机器人系统操作员

职业定义。工业机器人系统操作员是使用示教器、操作面板等人机交互设备和工具，对工业机器人、工业机器人工作站或系统进行装配、编程、调试、工艺

参数更改等作业的人员。

定义解读。工业机器人广泛应用于工业自动化领域，是自动控制的、可重复编程的、多用途的操作机。工业机器人系统是指由（多）工业机器人、（多）末端执行器和为使机器人完成任务所需的任何机械、设备、装置、外部辅助轴或传感器构成的系统。

关联职业。密切相关的职业有工业机器人系统运维员、可编程序控制系统设计师。工业机器人系统运维员使用工业检测仪器及设备，对工业机器人、工业机器人工作站或系统进行数据采集、状态监测、故障分析与诊断、维修及预防性维护与保养作业。可编程序控制系统设计师是从事可编程序控制器（PLC）选型、编程，并对应用系统进行设计、集成和运行管理的人员。

相应岗位。机器人调试员、机器视觉工程师、机器人装配工、自动化工程师、机器人系统测试员等。

三、工业机器人系统操作员的主要工作职责

1. 负责工业机器人工作站或系统的机械部件装配图和装配工艺文件的识读，并选择适合的装配工具。

2. 负责工业机器人工作站或系统的末端执行器、工装夹具、液压和气动系统、安全防护装置、机器视觉装置等的机械装配及其功能检查与调试。

3. 负责工业机器人工作站或系统的电气图的识读，以及适合的装配工具和仪器仪表的使用。

4. 负责工业机器人工作站或系统的电气柜、配电盘、安全防护回路等的电气线路连接及其功能检查与调试。

5. 负责工业机器人的示教器相关功能设定、手动操作、坐标系标定、零位校准、I/O 信号配置、报警清除、程序点示教、程序编辑与指令应用、安全防护操作等，以及机器人手动、自动运行与调试。

6. 负责工业机器人搬运、码垛、焊接、喷涂、装配、打磨等工作站或系统的参数配置、示教编程、现场调试，以及安全防护机制的设置。

7. 负责工业机器人工作站或系统的离线编程与仿真，并进行在线调整及性能优化，协助进行多机器人协同作业和共线生产。

8. 协助工业机器人工作站或系统的控制方案或升级改造方案制定、标准设备及工艺模块选型、诊断系统故障及解决方案，以及系统评估与优化。

9. 协助编制机械、电气系统装调工艺规程和生产工艺流程指导文件，参与制定机器人系统集成规划方案、程序编写规范、机器人及夹具使用规范、现场管理规范，并进行工业机器人系统质量、实施和现场人员管理。

10. 参与工业机器人工作站或系统的状况综合分析与研究，协助制定工业机器人工作站或系统的促进规划，开展专题培训与指导。

工业机器人系统操作员工作职责如图 1 所示。

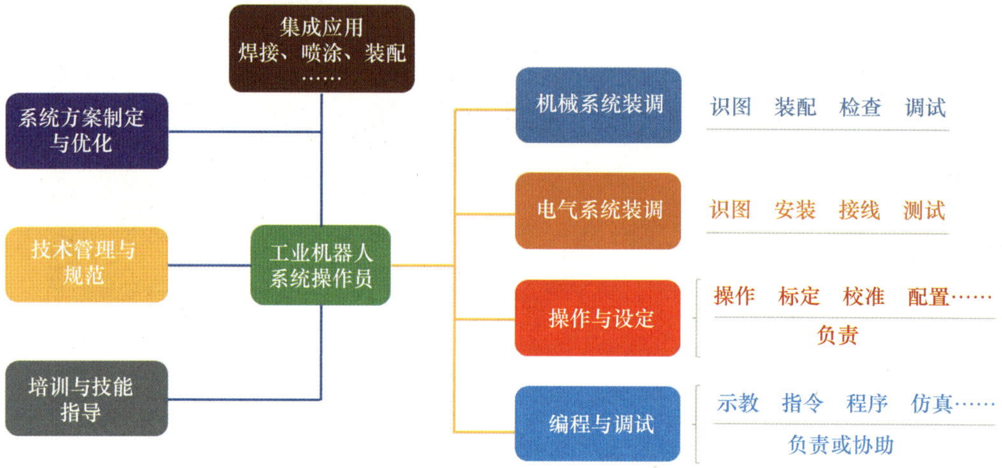

图 1　工业机器人系统操作员工作职责

四、工业机器人系统操作员的薪酬福利待遇

平均薪酬水平。国家统计局最近公布数据显示，制造行业年平均薪酬增长速度在所有行业中排名第 8 位。随着高技术制造业和装备制造业的快速发展，2020 年工业机器人系统操作员从业人员比较集中的专用设备等制造业领域平均薪酬涨幅为 7.4%。从区域看，东部地区从业人员的薪酬为 4628~15861 元 / 月（部分拥有年 13 月薪），集中在 5741~7776 元 / 月，高于其他地区（如东北地区为 4398~6421 元 / 月，四川地区为 4192~5750 元 / 月，等等）。

与类似职业对比。智联招聘网 2021 年 12 月数据显示，在江浙地区，该职业的薪酬一般高于电工、维修电工、装配电工、数控车床操作员等职业的薪酬，见表 1。

表 1　类似职业薪酬水平

职业名称	薪酬水平（元 / 月）
工业机器人系统操作员	4600~15800
装配电工	3500~8000

续表

职业名称	薪酬水平（元/月）
电工	4000~8000
维修电工	4500~9500
数控车床操作员	5000~10000

五、从事工业机器人系统操作员工作需要哪些本领

该职业从业人员需具备的知识和技能有：基本的机械和电气系统装配调试知识，工业机器人及其系统的操作、示教编程、离线编程、现场调试、基于工业机器人的典型应用等。核心技能是操作与示教编程。

根据《工业机器人系统操作员国家职业技能标准》，该职业需具备的知识和技能见表 2。

表 2　工业机器人系统操作员需具备的知识和技能

职业功能	工作内容	知识和技能要求
机械系统装调	机械系统准备	能识读机械零部件装配图和装配工艺文件，并根据装配要求准备机械零部件和选用装配工具、工装夹具
	机械系统装配	能安装机器人本体、末端执行器或末端执行器自动更换系统、液压和气动元件、工装夹具、安全防护装置等，并连接液压和气动系统
	机械系统功能检查与调试	能检查工装夹具、末端执行器等机械部件的功能，能检查与调试液压和气压回路的功能
电气系统装调	电气系统装配准备	能识读机器人工作站或系统的电气原理图、电气接线图、电器布置图等，并根据电气系统装配要求选用装配工具、仪器、仪表，能辨识电器元件、导线和电缆线的规格
	电气系统装配	能安装电器元件，并连接机器人本体、控制器、示教器、末端执行器、安全防护装置等电气线路
	电气系统功能检查与调试	能通断机器人系统的主电源及电气柜电源，并启动、停止机器人系统及周边配套设备，能检查电器元件的功能和线路连接的可靠性

续表

职业功能	工作内容	知识和技能要求
系统操作与编程调试	系统操作与设定	能使机器人系统上电、复位，并进行机器人系统相关功能设定、手动操作、零位校准、I/O 信号配置、报警清除等
	系统编程与调试	能进行程序点示教、程序编辑与指令应用等，以及机器人系统手动、自动运行与作业调试，能备份和恢复/加载机器人系统文件、程序文件等，能读取和设置机器人位置数据
	安全操作	能识读机器人系统安全标识以及安全运行机制的相关指导文件，设置机器人运行速度上限，并通过判断机器人系统危险状况，采取急停操作等安全防护措施

六、工业机器人系统操作员的专业教育现状

（一）相关专业

目前已有较多院校开设了与该职业相关的专业，涉及本科院校、高职院校及中职学校等。本科院校专业有机器人工程、电气工程及其自动化、自动化、电气工程与智能控制、机械设计制造及其自动化、智能制造工程等。高职院校专业有电气自动化技术、工业机器人技术、机电一体化技术、机械设计与制造、机械制

造与自动化、智能控制技术、自动化生产设备应用、电子信息工程技术等。中职学校专业有工业机器人技术应用、机电技术应用、机电设备安装与维修、工业自动化仪表及应用、电气运行与控制、电气技术应用、电子与信息技术、机械制造技术、电机电器制造与维修等。

（二）开设相关专业的院校（排名不分先后）

1. 本科院校：浙江大学、哈尔滨工业大学、北京航空航天大学、东南大学、华南理工大学、西北工业大学、湖南大学、东北大学、南京航空航天大学、南京信息工程大学等。

2. 高职院校：上海工程技术大学、武汉职业技术学院、长江职业学院、苏州职业大学、无锡职业技术学院、天津电子信息职业技术学院、湖北交通职业技术学院、北京吉利学院、山东科技职业学院、常州机电职业技术学院等。

3. 中职学校：福建工业学校、海南省工业学校、安徽省汽车工业学校、常州刘国钧高等职业技术学校、上海市城市科技学校、南京工业技术学校、苏州高等职业技术学校、武汉市第二轻工业学校、浙江工贸职业技术学院、珠海市第一中等职业学校、郑州时代科技中等专业学校等。

七、工业机器人系统操作员的就业创业信息

该职业从业人员主要分布在区域经济发展较快、工业发展成熟、自动化技术需求较大、用工成本较高的地区，如长三角、珠三角地区。该职业从业人员集中的领域主要有汽车行业、金属加工行业、3C 电子、仓储物流、食品、化工行业。

吸纳工业机器人系统操作员就业较多的用人单位主要有：

1. 工业机器人产业链相关企业：如绿的谐波、上海机电、中大力德、汇川技术、埃斯顿、华中数控、雷赛智能、谐波传动、广州数控等。

2. 工业机器人生产企业：如新松机器人、新时达、发那科、ABB、库卡、安川机电、埃斯顿、珞石等。

3. 工业机器人系统集成企业：如先导智能、拓斯达、埃斯顿、埃夫特、新松机器人、赛腾等。

注：以上地区及机构排名不分先后，不代表相关实力排名。

八、工业机器人系统操作员的职业贯通发展

该职业的发展路径主要有四条：管理路线，即从普通员工晋升到主管 / 中层，再晋升到经理 / 领导层，甚至高级领导职务。专家路线，即不断提高技能水平，晋升职业等级，成为领域内技术技能专家。复合人才路线，即向其他行业跨越或职业转型，如通过学习相关知识和技能转型为智能制造工程技术人员等，与专业技术岗位横向贯通。创业路线，即基于个人兴趣爱好进行创新创业。工业机器人系统操作员职业贯通发展如图 2 所示。

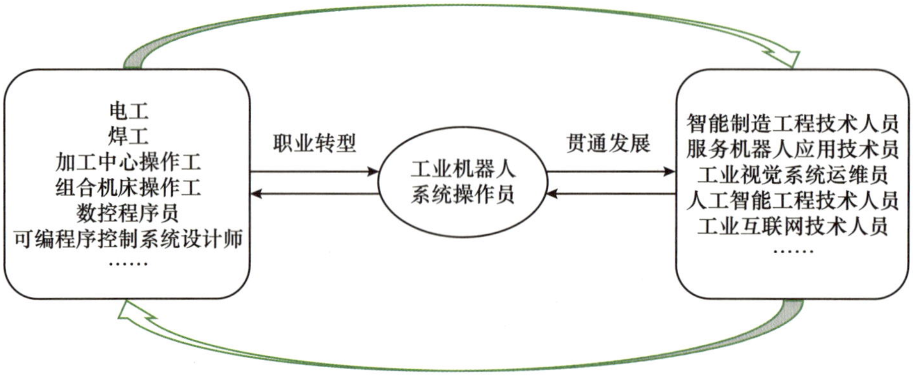

图 2　工业机器人系统操作员职业贯通发展图

九、工业机器人系统操作员的发展前景

从市场供需看。我国工业机器人系统现场调试、维护操作与运行管理等应用型人才存在巨大的缺口。根据《制造业人才发展规划指南》，到 2025 年，我国高档数控机床和机器人领域人才总需求量将达到 900 万人，缺口将达到 450 万人，供需严重失衡。

从产业发展看。2020 年国际机器人联合会（IFR）相关报告统计，中国工厂有 78.3 万台工业机器人在运行，较上年增长 21%。受新型冠状病毒肺炎疫情影响，2020 年全球工业机器人销量为 37.6 万台，同比下降 2%，而中国为 16.7 万台，增速达 19.3%。中国已连续 8 年成为全球最大和增速最快的工业机器人市场。

从政策红利看。2019 年 5 月，国务院办公厅印发《职业技能提升行动方案

（2019—2021 年）》，各地相继释放一系列政策红利。例如，2020 年 9 月，安徽省新增工业机器人系统操作员为就业技能培训工种，补贴标准为 2400 元。2021 年 5 月，江苏省苏州市实施项目制培训，将工业机器人系统操作员纳入紧缺职业，培训合格者给予一次性培训补贴 1800 元。2021 年 5 月，河南省发布全民技能振兴工程暨职业技能提升行动工作方案，推广应用职业培训券。江西省支持企业参保职工提升职业技能和职业转换能力，对取得职业技能等级证书的给予 1000 元以上补贴。

十、相关内容链接

国家职业标准： 扫码即可查看 ☞

相关政策文件： 本书附录序号 40。

供稿：江苏海渡教育科技集团有限公司　张明文

供应链管理师

职业编码：4-02-06-05

“你爱我，我爱你，×××× 甜蜜蜜……”消费者哼着欢快的小曲，喝着酸酸甜甜的柠檬水，还不忘给商家一个五星好评……这杯普普通通的柠檬水，也走完了其从原材料（柠檬、饮料杯等）采购、生产加工、销售、送达客户并被客户一饮而尽的过程。围绕客户对柠檬水的需求，柠檬水的送达、生产加工及其原辅材料采购与运输等就构成了一条供应链。那么，材料什么时候送达客户？由谁送？使用什么工具送？什么时候开始生产加工？原辅材料从哪里采购？又必须在什么时候、用什么工具运达生产现场？以上问题都需要供应链管理师予以解决。供应链管理师就是对整个供应链精确计划、周密安排，确保每个节点都实现无缝衔接，从而降低成本、提高效率、让客户满意的一项全新职业。

一、供应链管理师的一天

记录时间：2021 年 12 月 16 日 **记录人：潘某华**

上午工作情况

8 点：

1. 分析下周销售订单信息和物料库存情况，编制物料需求计划。（计划管理）

2. 查看合格供应商名册，联系合格供应商，选择最优供应商，签订采购合同。（采购管理）

3. 跟踪已采购物料的生产、发货、运输、交付和入库情况，并将有关信

息反馈给仓储、生产、销售、研发等部门。（采购管理）

4. 选择第三方物流公司，签订客户退货运输合同，并协助物流公司与客户建立联系。（逆向物流管理）

5. 与公司研发中心联系，确认其新材料需求，并做好记录。（设计协调）

6. 运用互联网等途径寻找并筛选新材料供应商，并协助其与研发中心建立联系。（供应商开发）

7. 协调处理生产计划临时变动带来的物料供应不及时问题。（生产管理）

10 点：

1. 主持召开年度供应链管理工作会议，总结年度供应链管理工作情况，听取各部门对供应链管理工作的意见与建议并做好记录。（供应链绩效与风险管理）

2. 根据会议收集的信息，制定供应链管理流程与策略优化方案，并发往各部门听取意见和建议。（供应链战略管理）

下午工作情况

14 点：

主持召开 2022 年度合格供应商评估与选择会议，建立年度合格供应商名册，制定供应商分级管理办法。（供应商评估与选择、供应商分级管理）

16 点：

1. 在公司多功能会议室开展供应链管理知识讲座，介绍供应链管理的含义与目的、国内外供应链管理的现状与发展趋势、本公司供应链管理中存在的突出问题和下一步的改进措施等。（培训指导）

2. 探讨本公司供应链改进与完善策略。（供应链创新管理）

二、什么是供应链管理师

职业定义。供应链管理师是运用供应链技术、管理方法和工具，从事产品设计、采购、生产、销售、服务等全过程协同，控制供应链系统成本的人员。

定义解读。供应链是指将供应商、制造商、分销商、零售商直到最终用户连成一个整体的功能网链，它不仅是连接供应商到用户的物料链、信息链、资金链，也是物料在网链上进行加工、包装、运输等过程从而提高价值的增值链。管理是指一定组织中的管理者，通过实施计划、组织、指挥、控制等职能来协调他人的活动，使别人同自己一起实现既定目标的活动过程。该职业的特点是承担主动性与协调性的工作。

关联职业。密切相关的职业有采购管理师、生产运作管理师和物流服务管理师。采购管理师承担的是整合供应商的资源，对采购运作系统进行规划设计、运营协调与管理等工作。生产运作管理师承担的是整合制造商的资源，对生产运作系统进行规划设计、运营协调与管理等工作。物流服务管理师承担的是整合物流供应商的资源，对物流服务运作系统进行规划设计、运营协调与管理等工作。而供应链管理师承担的是整合供应商、制造商、配送中心和渠道商的资源，对供应链系统进行整体规划设计、运营协调与管理等工作。

相应岗位。采购员、订购员、订单管理员、采购主管、采购经理、生产计划员、生产主管、生产计划经理、库管员、仓储主管、仓储经理、运输调度员、运输主管、运输经理、销售员、销售主管、销售经理、客户服务主管、客户服务经理、ERP 软件应用人员、ERP 软件应用资深顾问、供应链管理经理等。

三、供应链管理师的主要工作职责

1. 负责客户订单分析和客户需求预测，处理库存计划数据，制定供应链产销协同方案，落实销售与运营计划。

2. 负责采购订单分析，建立供应商、承运商的开发、维护、跟踪及评估体系，识别并选择关键供应商，制定采购计划和采购策略，对采购运营实施监控与管理。

3. 负责处理产能数据与物料库存数据，计算和规划产能，设计产品与生产服务流程，制定生产策略，对生产运营实施监控与管理。

4. 整合物流供应商的资源，规划设计物流网络体系，优化物流服务作业流程，制定物流服务运营方案，对物流服务运营实施监控与管理。

5. 负责供应链系统的规划设计、运营协调，运用数字化技术对客户、内部供应链、供应商及交易进行管理，制定并落实供应链战略，对供应链绩效进行评估、提出改进意见。

6. 负责开展供应链业务培训，提供供应链技术咨询服务等工作。

7. 关注供应链信息技术的发展与应用，适时引入企业供应链管理系统。

四、供应链管理师的薪酬福利待遇

平均薪酬水平。国家统计局数据显示，2020 年交通运输、仓储和邮政行业年平均工资增长速度为 3.7%。从行业看，供应链管理师属于社会生产和生活服务人员，年平均薪酬为 87085 元。从区域看，智联招聘网 2021 年 11 月数据显示，北京、上海、深圳等一线城市及其他经济发展较快的城市，供应链管理师的平均薪酬为 7000~18000 元 / 月，高于其他城市（如西安为 5000~15000 元 / 月，宁波为 4000~13000 元 / 月）。

与类似职业对比。智联招聘网 2021 年 11 月数据显示，在上海，该职业的薪酬一般要高于采购经理、生产计划经理等的薪酬，和物流服务管理师的薪酬基本相当。类似职业薪酬水平见表 1。

表 1 类似职业薪酬水平

职业名称	薪酬水平（元 / 月）
供应链管理师	7000~18000
采购经理	8000~12000
生产计划经理	7000~10000
物流服务管理师	8000~15000

五、从事供应链管理师工作需要哪些本领

该职业从业人员需具备的知识和技能有：具有供应链协同战略思维，熟悉供应链各个细分领域的知识和运作，具备丰富的实践经验和管理、沟通、执行能力。核心技能是管理、沟通和协调。

根据《供应链管理师国家职业技能标准》，该职业需具备的知识和技能见表2。

表2　供应链管理师需具备的知识和技能

职业功能	工作内容	知识和技能要求
计划管理	客户需求处理	能编制客户需求分析报告和客户需求计划
	需求预测处理	能根据采集到的数据进行需求预测并制定物料需求计划
	库存计划处理	能制定库存计划和库存控制策略
采购管理	开发与管理供应商	能制定供应商开发流程，对供应商进行管理
	供应商评估与选择	能制定供应商评估与选择策略，选择关键供应商
	采购合规管理	能分析采购合同的合规性，对供应商的合规性进行评价
生产管理	物料控制与管理	能设定物料库存控制指标，制定物料库存管理流程
	处理与调控产能	能处理产能数据，制定产能调控方案
	生产流程管理	能制定产品与服务生产流程，并进行优化设计
物流管理	仓储运营与管理	能制定仓储运营方案，进行仓储业务绩效考核
	运输与配送管理	能设计运输与配送运营方案，进行运输与配送业务绩效考核
	逆向物流运营与管理	能制定逆向物流运营方案，进行逆向物流业务绩效考核
	物流外包业务	能采集并处理外包数据，编制外包绩效考核报告

续表

职业功能	工作内容	知识和技能要求
战略管理	供应链战略制定	能制定供应链协同策略，设计产供销协同方案
	供应链规划与布局	能设计生产与服务设施选址方案和布局方案，设计供应链网络
	供应链流程管理	能制定供应链战略实施方案，设计供应链资源配置方案
	供应链绩效管理	能制定供应链绩效评估流程，制定供应链绩效管理制度
	供应链风险评估	能制定供应链风险控制方案，设计供应链风险管理策略
创新管理	供应链创新服务	能制定供应链创新方案和创新策略，开发管理供应链创新项目
	供应链金融业务管理	能规划供应链金融业务，并进行风险控制
	供应链数字化运营	能利用大数据等新技术组织供应链创新
培训指导	业务培训	能制定培训计划、编制培训讲义并实施供应链业务培训
	业务指导	能制定业务指导方案并进行业务指导

六、供应链管理师的专业教育现状

（一）相关专业

目前已有较多院校开设了与该职业相关的专业，涉及本科院校、高职院校及中职学校等。本科院校专业有物流管理、物流工程、供应链管理等。高职院校专业有现代物流管理、物流工程技术、供应链运营等。中职学校专业有物流服务与管理等。

（二）开设相关专业的院校（排名不分先后）

1. 本科院校：北京交通大学、北京邮电大学、天津大学、华北理工大学、河北科技大学、石家庄学院、邯郸学院、大连理工大学、沈阳工业大学、沈阳建筑大学等。

2. 高职院校：湖北职业技术学院、北京信息职业技术学院、沈阳城市建设学院、江苏联合职业技术学院、浙江经济职业技术学院、山西经贸职业学院、湖南现代物流职业技术学院、广东理工职业学院、云南交通职业技术学院、重庆建筑科技职业学院等。

3. 中职学校：吉林经济贸易学校、广州市番禺区新造职业技术学校、深圳第二职业技术学校、江西省信息科技学校、四川交通运输职业学校、成都市工程职业技术学校、青岛商务学校、湖北信息工程学校、宜昌市三峡中等专业学校、湖南交通职业技术学院等。

七、供应链管理师的就业创业信息

该职业从业人员主要分布在北京、上海、广州、深圳、杭州、成都等一、二线城市。华东地区的就业人数占比最高，其次为华南地区，东北地区和西北地区的就业人数最少。吸纳供应链管理师就业较多的用人单位主要有：

1. 电子商务企业：如阿里巴巴集团、京东商城、小米集团、唯品会、美团、拼多多、网易严选、湖南兴盛优选电子商务有限公司、北京十荟科技有限公司等。

2. 批发、零售企业：如上海联合利华、宝洁、苏宁、国美、沃尔玛、家乐福等。

3. 家电企业：如美的、极米科技、昕诺飞、海尔电器、格力电器等。

4. 物流、快运企业：如中国远洋海运、德邦物流、顺丰、圆通、申通、中通、韵达、中邮物流供应链管理中心等。

5. 电子科技企业：如华为、荣耀、联想、戴尔、海康威视、浙江大华、深圳市大疆创新科技有限公司、新华三集团、北京经纬恒润科技股份有限公司、富士康等。

6. 汽车企业：如上汽通用汽车有限公司、上汽大众汽车有限公司、上海蔚来汽车有限公司、长沙博世、特斯拉、丰田、沃尔沃等。

7. 医疗、食品企业：如迈瑞、拜耳、雀巢、达能等。

注：以上地区及机构排名不分先后，不代表相关实力排名。

八、供应链管理师的职业贯通发展

该职业的发展路径主要有四条：管理路线，即从员工晋升到主管（单位中层），再晋升到经理（单位领导层），甚至向高级领导职务发展。专家路线，即不断提高技能水平，从一级供应链管理师晋升到三级供应链管理师，成为供应链管理领域专家。复合人才路线，即向其他行业跨越或职业转型，如通过学习相关知识和技能转型为数字化管理师、风险管理师、管理学研究人员、国家行政机关负责人等，与专业技术岗位横向贯通。创业路线，即基于个人兴趣爱好进行创新创业，选择方向有区块链、供应链金融、第三方物流公司等。供应链管理师职业贯通发展如图 1 所示。

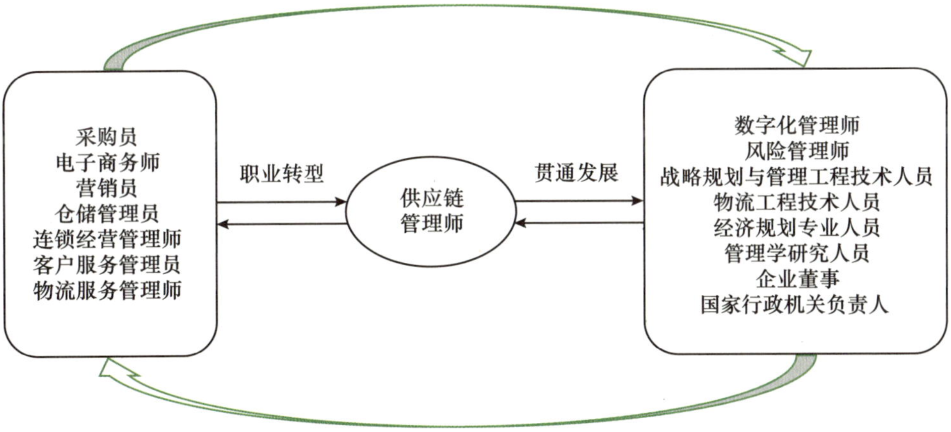

图 1　供应链管理师职业贯通发展图

九、供应链管理师的发展前景

从市场供需看。2021 年 4 月 21 日人力资源社会保障部网站发布的《新职业——供应链管理师就业景气现状分析报告》显示，供应链管理职业非常抢手，百度检索“供应链”相关结果有 8740 万条，“供应链人才”相关结果有 1730 万条，“供应链管理师”相关结果有 452 万条。近年来，中国供应链发展方兴未艾，供应链人才需求呈逐年递增态势。未来 5 年，我国对供应链管理师的需求总量将达到600万左右。

从产业发展看。在新一轮科技革命和产业互联网发展大势下，供应链已经成为企业的一项战略性资产，被称为“第四利润源”。前瞻产业研究院发布的《2018—2023年中国供应链管理服务行业市场前瞻与商业模式分析报告》显示，2018年我国供应链管理服务行业的市场规模已经超过1.6万亿美元，2018—2023年我国物流及供应链服务市场价值复合增长率将保持在10%左右，到2023年我国物流及供应链服务市场价值将在3万亿美元左右，行业市场前景欣欣向荣。

从政策红利看。人力资源社会保障部与国家市场监督管理总局、国家统计局联合向社会发布供应链管理师新职业后，各地开始逐步发布一系列的政策红利。2020年3月30日，《福建自贸试验区厦门片区促进供应链创新发展若干办法》规定：“支持引进培养供应链人才。对自贸片区企业新引进的供应链高端人才，按照目前我市及片区人才奖励办法予以个税返还。对获得当年或上一年度APICS CPIM、CSCP、CLTD、SCOR、ISM CPSM、中国物流与采购联合会SCMP等任一种认证的供应链人才，给予1.5万元/人·证的一次性奖励。”

十、相关内容链接

国家职业标准：扫码即可查看☞

相关政策文件：本书附录序号32、39。

供稿：湖北职业技术学院　徐斌华

管廊运维员

职业编码：4-28-03-05

孙子曰：“善守者，藏于九地之下。”可见地下空间在古代已被广泛利用，现代社会技术与设备的高度发达更是为地下空间的利用创造了无限可能。随着我国城市数量和城市人口快速增加，城市规模急剧扩张，城市治理问题日益突出。如何有效治理“马路拉链”现象？如何减小自然灾害带来的影响？如何保障居民用水、用电、用气的需求？如何有效利用地下空间并治理环境污染？上述问题的解决离不开城市的“地下生命线”——管廊。管廊运维员被誉为城市的“地下守护者”。

一、管廊运维员的一天

记录时间：2021 年 5 月 21 日　　　　记录人：刘某锋

上午工作情况

8 点 30 分：

1. 在监控中心会议室召开班前会，进行交班小结和安排工作。（组织与评价）

2. 登录管廊运维平台，远程测试启动设备开关。（操作平台）

3. 携带个人随身工具，与组员沿扶梯进入管廊内部，开始巡检工作。（巡检）

4. 检查设备运行状态，按顺序进行维护和保养。（运行与维护）

5. 对照设备清单，拍照、记录并同步上传至监控中心。（上报信息）

6. 发现设备运行异常，对故障进行诊断并修复。（抢修）

11 点 30 分：

1. 返回监控中心，在管廊信息系统中填报上午的工作情况记录。（更新档案）

2. 编写运维周报告，制订下周运维计划和工作安排。（制定方案）

下午工作情况

14 点：

1. 办理管线施工单位入廊手续，开展施工人员安全教育。（安全管理）

2. 带领施工人员进入指定区域，核实施工内容。（入廊施工）

3. 检查施工区域附近管线有无异常情况。（管线巡查）

16 点 40 分：

1. 对施工现场进行验收，办理管线入廊确认手续。（管线入廊）

2. 返回监控中心，在管廊信息系统中填报下午工作记录。（更新档案）

3. 组织人员在监控中心门前开展月度消防演练。（应急演练）

二、什么是管廊运维员

职业定义。管廊运维员是指在电力、通信、给排水等管线集于一体的城市综合管廊运营过程中，从事项目组织管理和设备运行与维护等技术工作的人员。

定义解读。管廊是指建于城市地下，容纳电力、通信、给排水等管线于一体的构筑物。运维员是指在管廊运营过程中，从事为构筑物及附属设施提供日常运行与维护、智能化应用的专业技术人员。

关联职业。密切相关的职业有电气工程技术人员、建筑工程技术人员。电气工程技术人员是从事与电气系统相关研究、开发、设计、制造、试验的工程技术人员。建筑工程技术人员是从事城镇规划设计以及建筑项目设计、建造与管理的工程技术人员。

相应岗位。电工、消防员、安全员、物业管理员、机修工、钳工、施工员、勘测员、设备操作员、运行值班员、管道工、管线工、监测员、仪表工、设备安装员、通信员、计算机操作员等。

三、管廊运维员的主要工作职责

1. 参与管廊运营管理，开展项目组织、绩效评价工作。
2. 负责管廊资料档案的建立和归档。
3. 制定管廊运维方案，开展技术培训和指导。
4. 负责监控中心值班，操作可视化运维平台，上报运行信息。
5. 办理管线入廊手续和监督施工作业，开展管线巡查，协助处置应急情况。
7. 负责管廊构筑物内外的巡查与检测。
8. 负责管廊附属设施的运行、维护、抢修。
9. 负责管廊的环境健康、安全管理，参与应急演练。

管廊运维员工作职责如图 1 所示。

四、管廊运维员的薪酬福利待遇

平均薪酬水平。国家统计局《2020 年规模以上企业分岗位就业人员年平均工资情况》数据显示，2020 年全国规模以上企业就业人员年平均薪酬为 79854 元，

图 1 管廊运维员工作职责

其中社会生产服务人员为 61938 元。管廊运维员属于社会生产服务人员，但需满足相关技术、技能要求。从目前各地管廊单位招聘信息中可以了解到，管廊运维员的年平均薪酬为 91200 元。

与类似职业对比。广东省人力资源社会保障厅 2020 年数据显示，在广州地区，该职业的薪酬一般要高于电工、机械维修工等的薪酬，略低于电气工程技术人员的薪酬。类似职业薪酬水平见表 1。

表 1 类似职业薪酬水平

职业名称	薪酬水平（元 / 月）
管廊运维员	7600
电工	4000~5500
机械维修工	3000~6500
电气工程技术人员	8000~12000

五、从事管廊运维员工作需要哪些本领

该职业从业人员需具备的知识和技能有：监控值班运行、数据采集分析、入廊管控、管廊运维、防疫防护、安全应急等。核心技能是巡检与维护。

根据《城市地下综合管廊运行维护及安全技术标准》，该职业需具备的知识和技能见表 2。

表 2　管廊运维员需具备的知识和技能

职业功能	工作内容	知识和技能要求
组织与评价	项目组织	能掌握项目管理要求，完成岗位职责工作
	绩效评价	能理解运维绩效评价内容，达到绩效考核要求
监控与运行	监控值班	能完成监控中心值班工作
	运维平台	能操作运维平台，完成远程可视化工作
	运行记录	能填写运行记录、工作日志、编制报表，上报信息
	数据分析	能对设备设施数据进行抄录和分析
	档案管理	能建立、更新、补充管廊档案
入廊管理	入廊监管	能办理入廊作业手续，对施工作业过程安全监管
	管线巡查	能对管线巡查，发现和排除管线异常情况
巡检与维护	构筑物巡检	能通过视觉或仪器发现管廊本体沉降、裂缝、渗水等异常情况
	设备设施巡检	能对供电、照明、通风等系统进行巡查和检验
	构筑物维护	能对管廊本体及支架、桥架构件、井盖等进行日常维护
	设备设施维护	能对供电、照明、通风等系统进行日常维护
	设备设施抢修	能对设备设施出现的异常情况进行抢修
环境与安全	防疫防护	能使用防疫防护药品和物资，开展防疫工作
	环境健康	能检测环境空气，及时发现管廊内环境污染情况
	安全防护区	能识别管廊外安全防护区，有效制止非法违规作业
	施工安全	能落实入廊施工安全措施，监管施工人员安全作业
	应急管理	能开展应急预案演练，及时处置应急事故

续表

职业功能	工作内容	知识和技能要求
培训与指导	培训管理	能参加管廊运维相关培训课程，完成培训内容
	制定方案	能编制管廊运维方案
	技术指导	能对出现的运维技术问题提出解决建议和办法

六、管廊运维员的专业教育现状

（一）相关专业

目前已有较多院校开设了与该职业相关的专业，涉及本科院校、高职院校及中职学校等。相关专业有建筑工程、土木工程、电气及自动化、市政公用、信息技术、管道施工等。

（二）开设相关专业的院校（排名不分先后）

1. 本科院校：华南理工大学、广东工业大学、华中科技大学、哈尔滨工业大学、北京理工大学、武汉理工大学、大连理工大学、浙江工业大学、湖南工程学院、安徽理工大学等。

2. 高职院校：北京劳动保障职业学院、天津机电职业技术学院、上海电子信息职业技术学院、江苏建筑职业技术学院、深圳职业技术学院、浙江建设职业技术学院、四川工程职业技术学院、广东机电职业技术学院、广西机电职业技术学院、西安城市建设职业学院等。

3. 中职学校：广州技工学校、上海市公用事业学校、北京市建筑工程学校、湛江机电学校、重庆工业管理职业学校、湖南建筑高级技工学校、龙岩华侨职业中专学校、湖北省宜昌市机电工程学校、云南建设学校、邯郸工程高级技工学校等。

七、管廊运维员的就业创业信息

该职业从业人员主要分布在北京、上海、广州、深圳等一线城市，以及经济发展较快或人口较多的省级行政区，如福建、浙江、湖北、湖南、广西等。

吸纳管廊运维员就业较多的用人单位主要有：

1. 协会机构：如各类管廊行业协会、管廊专业委员会等。

2. 中央企业：如中国建筑集团、中国交建集团、中国铁建集团、中铁隧道股份有限公司等央企及其下属企业。

3. 专业公司：如广州广钢金业集团有限公司、珠海大横琴城市综合管廊运营管理有限公司、上海电气科学研究所（集团）有限公司、广东恒建管廊投资有限公司、广州环城地下管廊投资建设有限公司、南宁城建管廊建设投资有限公司、厦门市政管廊投资管理有限公司、建元未来城市投资发展有限公司、武汉建维综合管廊有限公司等。

注：以上地区及机构排名不分先后，不代表相关实力排名。

八、管廊运维员的职业贯通发展

该职业的发展路径主要有三条：管理路线，即从普通员工晋升到项目主管 / 技术主管 / 单位中层，再晋升到项目经理 / 技术总工 / 单位领导层，甚至往更高的领导职务发展。专家路线，即不断提高技能水平，在职业等级上不断晋升，成为综合管廊领域专家。复合人才路线，即向其他行业跨越或职业转型，如通过学习相关知识和技能转型为建筑工程技术人员、电气工程技术人员、通信工程技术人员、电子工程技术人员、安全工程技术人员等，与专业技术岗位横向贯通。管廊运维员职业贯通发展如图 2 所示。

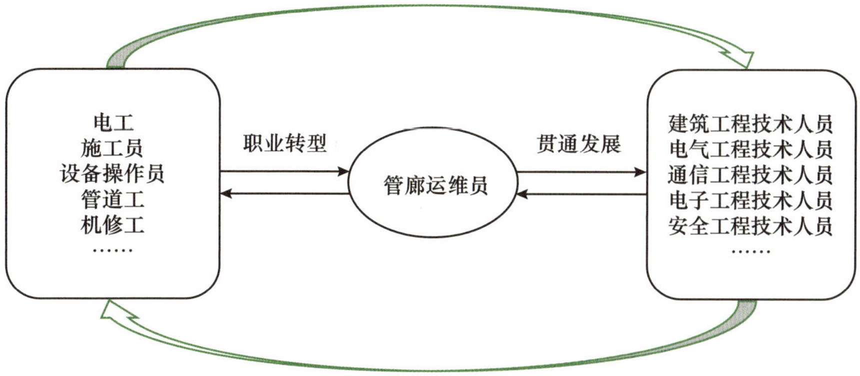

图 2　管廊运维员职业贯通发展图

九、管廊运维员的发展前景

从市场供需看。2017 年《全国城市市政基础设施建设"十三五"规划》明确提出，至 2020 年建设综合管廊 8000 千米以上。目前部分管廊已交付运营。"十四五"期间，管廊建设将再上一个规模。管廊以独立项目团队为单位开展运营工作，未来预计至少需要 120 万名管廊运维员担负起相关重任。

从产业发展看。自 2013 年以来，国务院相继发布了多个管廊建设指导意见，"十三五"规划明确提出了对其加大投资、加快建设的要求。在"十四五"规划中，管廊更是被列为国家重点基础设施、新型城镇、重要经济圈等必不可少的建设项目。管廊成为继交通、市政、桥隧、水利等基础设施类投资的又一大热点，已形成产业化、规模化。新投资、新工艺、新运营等模式和理念被广泛采用，与之相关的勘探、设计、施工、运维、信息等细分行业规模将平稳增长。

从政策红利看。2021 年，人力资源社会保障部办公厅发布《关于加强新职业培训工作的通知》，各地人力资源社会保障部门要将新职业培训评价项目纳入本地职业技能提升行动"两目录一系统"，按规定落实职业技能培训补贴和职业技能鉴定补贴等政策。

十、相关内容链接

国家职业标准：暂缺

相关政策文件：本书附录序号 1。

供稿：广州广钢金业集团有限公司　卢晔

互联网营销师

职业编码：4-01-06-02

2021 年，互联网营销行业的升温不仅掀起了全民直播浪潮，而且点燃了人才的求职热情。2021 年第三季度，直播行业招聘职位数同比增加 11.72%，大于全平台岗位增幅的 6.82%；直播岗位的求职人数同比增加 46.69%，增幅明显大于全平台岗位增幅。

一、互联网营销师的一天

记录时间：2021 年 11 月 11 日　　　　**记录人：李某蓉**

上午工作情况

9 点：

1. 到公司挑选今天直播要讲解的产品，摆放到镜头前。（选品）

2. 制定今天的直播策略，确定今天要主推的产品，进行优惠组合，选定赠品。（准备工作）

3. 开始直播前的例行准备工作，如检查直播间的所有设备是否正常运行、后台的产品链接是否设置正确等。（平台管理）

4. 基础准备工作都做好以后，账号先发布 1~2 条短视频，为稍后的直播做流量预热。（视频推广）

10 点：

准备开始直播，刚开播的前 1 小时是最关键的，首先要把直播间气氛炒起来，让粉丝参与互动，结合福利发放的形式来付费投放，以尽最大努力拉

流量。有了基础数据，接下来的直播人气才能稳定提升。（直播销售）

11 点：

1. 监控直播间流量投放的效果、当前的互动与转化数据，看是否需要加大投放或暂缓投放，要随时准备调整优化投放。（平台管理、直播销售）

2. 同时还要在另一台手机上随时关注直播间屏幕里显示的画面，要保持镜头里看到的画面是干净整洁的，摆放的产品看上去是吸引人的，人物形象也是良好的。（平台管理、选品）

下午工作情况

13—20 点：

1. 团队配合，轮换直播，保证直播间的正常运转状态。

2. 及时发现直播间的问题，进行快速调整。（平台管理数据跟踪）

3. 追踪销售数据，进行数据分析，调整营销策略。（平台管理员、直播销售员）

4. 带领团队制作脚本，拍摄第二天的预热短视频。（视频创推设计）

20 点：

1. 结束今天的直播，进行整体复盘，记录今天的直播数据，分析今天直播中的亮点和出现的问题，优化下一场直播流程及话术。（平台管理员）

2. 策划明天的直播，制定明天的 gmv 目标并拆分目标。挑选明天要直播的产品，组合有潜力成为爆款的产品，挖掘其在直播里要重点讲解的卖点。（选品员）

3. 去粉丝群里和大家聊天，解答大家的问题，帮助已购买用户催促订单发货。（平台管理员）

二、什么是互联网营销师

职业定义。互联网营销师是在数字化信息平台上，运用网络的交互性与传播

公信力，对企业产品进行营销推广的人员。本职业下设四个工种：直播销售员、商品选品员、视频创推员和平台管理员。互联网营销师四个工种及其主要工作职责如图 1 所示。

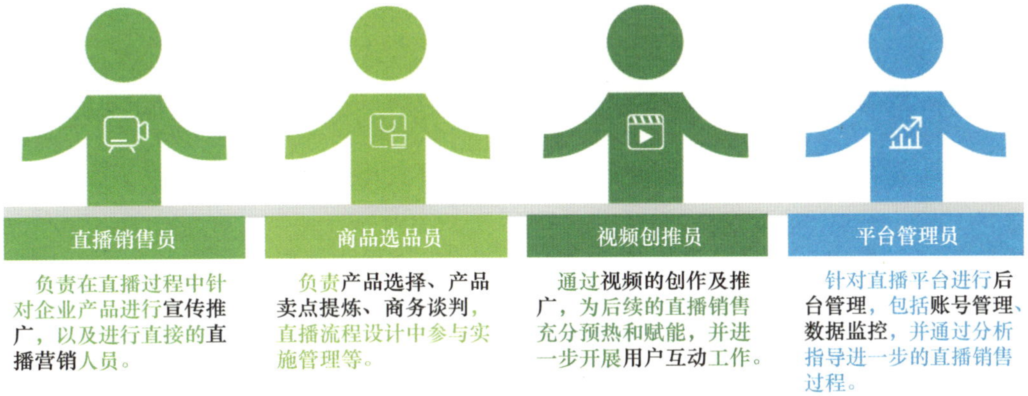

图 1　互联网营销师四个工种及其主要工作职责

定义解读。互联网营销师是指在接受企业的委托后，利用网络的交互性和传播性，通过一个或多个网络电商平台，对一家或多家企业的产品进行营销推广的人员。

关联职业。密切相关的职业有电子商务师和营销员。电子商务师、营销员等基本上是单个企业的雇员，主要工作是为所属企业服务，如所属企业网络商店的开发与维护，或在线下商场等地销售所属企业的产品等；而互联网营销师是灵活就业和自主就业的人群，在多个平台销售不同企业的产品：对企业来说，增加了多个销售人员和销售渠道；对从业人员来说，就业更加灵活、自主。

相应岗位。主播、直播运营、视频拍摄剪辑、产品招商、销售员、柜员、代理商等。

三、互联网营销师的主要工作职责

1. 负责研究各互联网平台的用户定位和各平台的运营规则。
2. 负责与企业接洽、筛选合适的营销产品。
3. 根据产品特点，负责制订营销方案、设计产品的佣金结算方式。
4. 负责搭建与产品定位相吻合的营销环境。
5. 负责烘托视频或直播的传播氛围，促进购买率。
6. 负责督促消费者支付订单款项。
7. 负责产品售后服务工作。
8. 负责收集、整理，并向企业反馈消费者对产品的意见，提出优化建议。

四、互联网营销师的薪酬福利待遇

平均薪酬水平。主播、直播运营和选品员是直播带货产业中的关键人才，主播的平均月薪为 11220 元，带货运营的平均月薪为 8825 元，选品员的平均月薪为 8815 元。

与类似职业对比。智联招聘网 2021 年 10 月数据显示，在北京地区，该职业的薪酬一般要高于电子商务师、销售员、网络营销人员、新媒体运营人员等的薪酬。类似职业薪酬水平见表 1。

表 1　类似职业薪酬水平

职业名称	薪酬水平（元 / 月）
互联网营销师	8800~12000
电子商务师	4000~10000
销售员	3000~8000
网络营销人员	4500~8000
新媒体运营人员	5000~12000

五、从事互联网营销师工作需要哪些本领

该职业从业人员需具备的知识和技能有：基本的产品合规审核知识，播音素质，产品营销策划，视频拍摄、剪辑，数据分析、处理等。核心技能是沟通与营销。

根据《互联网营销师国家职业技能标准》，该职业需具备的知识和技能见表 2。

表 2　互联网营销师需具备的知识和技能

职业功能	工作内容	知识和技能要求
工作准备	宣传准备	能搜集产品图文素材，使用网络搜索工具，发布产品图文信息
	设备、软件和材料准备	能安装调试硬件，下载安装软件，搜集直播样品，选择道具场地
	风险评估	能解决断网断电等故障，判断营销过程中涉及法律法规的风险
产品信息收集	市场调研	能掌握产品溯源方法及用户调研方法
	调研结果分析	能掌握信息分类方法和信息比对方法
	样品搜集	能对样品提出具体要求，管理样品分类，制订样品试用计划
产品确定及规划	样品试用及分析	能对样品体验进行评价，掌握平台搜索技巧
	确定营销卖点	能掌握营销定位方法，编写产品营销话术
	确定合作方式	能梳理合作主要内容，设计结算方案
直播营销	直播预演	能编写团队协作的直播脚本，测试营销流程
	直播销售	能掌握营销话术的表达技巧、介绍平台优惠及产品折扣
视频创推	视频制作	能制定拍摄方案、拍摄素材管理方法、素材剪辑方法
	视频推广	能掌握推广渠道搜集方法、推广工具使用方法

续表

职业功能	工作内容	知识和技能要求
技术支持与互动管理	技术支持	能提出设备选择的要求，排除设备故障，对直播间功能进行配置，上传产品素材
	互动管理	能制定互动管理规则，建立问题库
	舆情分类	能掌握网络舆情的分析方法，建立舆情信息库
售后与复盘	售后	能对异常数据进行分析和汇总，梳理售后标准工作流程的主要内容
	复盘	能掌握数据复核方法、优化营销方案

六、互联网营销师的专业教育现状

（一）相关专业

目前已有较多院校开设了与该职业相关的专业，涉及本科院校、高职院校和中职院校等。本科院校专业有经济信息管理、工商管理等。职业院校专业有电子商务、网络营销等。

（二）开设相关专业的院校（排名不分先后）

1. 本科院校：苏州科技大学、云南工商学院、常州大学、盐城师范学院、北京邮电大学、北京林业大学、南京财经大学、西安财经大学、湖南科技大学、北京工商大学等。

2. 高职院校：苏州高博软件技术职业学院、苏州工业职业技术学院、苏州农业职业技术学院、无锡商业职业技术学院、无锡职业技术学院、无锡技师学院、常州工业职业技术学院、常州旅游商贸高等职业技术学校、扬州工业职业技术学院、湖南商务职业技术学院等。

3. 中职学校：北京市对外贸易学校、天津市劳动经济学校、河北省信息工程学校、南京市玄武中等专业学校、四川省电子商务学校、湖南怀化商业学校、绍兴市中等专业学校、烟台电子工业学校、河南省商务中等职业学校、大连市轻工业学校等。

七、互联网营销师的就业创业信息

该职业从业人员主要集中分布在北京、上海、广州、深圳等一线城市，以及经济发展较快或人口较多的省份，如江苏、浙江、山东、河南、四川等。吸纳互联网营销师就业较多的用人单位主要有：

1. MCN 机构（经济人公司）：如美腕（上海）网络科技、焦点传媒、广州都瑞、会挑珠宝等。

2. 网络平台：如阿里巴巴淘宝联盟、淘宝直播、抖音、快手等。

3. 行业代表企业：如华为、通用汽车、康师傅、蒙牛、联合利华等。

4. 电商网红品牌：如芝洛洛、良品铺子、王饱饱等品牌。

注：以上地区及机构排名不分先后，不代表相关实力排名。

八、互联网营销师的职业贯通发展

该职业的发展路径主要有四条：管理路线，即从员工晋升到主管 / 单位中层，再晋升到经理 / 单位领导层，甚至往高级领导职务发展。专家路线，即不断提高技能水平，在职业等级上不断晋升，成为互联网营销领域专家。复合人才路线，即向其他行业跨越或职业转型，如通过学习相关知识和技能转型为电子商务师、全媒体运营师、数据分析师等，与专业技术岗位横向贯通。创业路线，即基于个人兴趣爱好进行创新创业。互联网营销师职业贯通发展如图 2 所示。

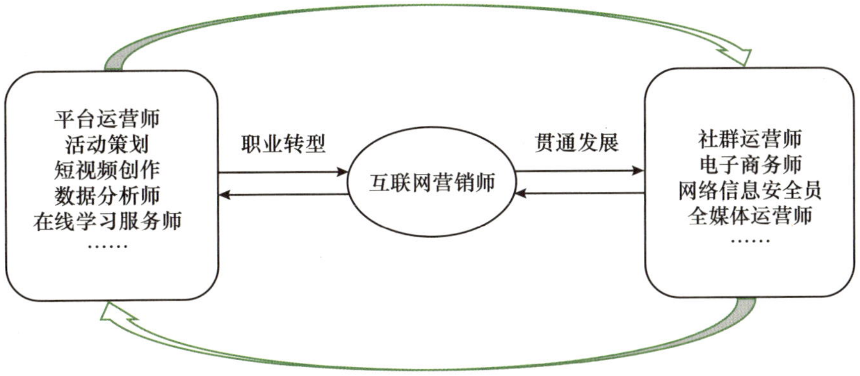

图 2　互联网营销师职业贯通发展图

九、互联网营销师的发展前景

从市场供需看。我国互联网营销师存在巨大的市场缺口，人力资源社会保障部中国就业培训技术指导中心联合阿里钉钉发布的《新职业在线学习平台发展报告》显示，新职业互联网营销师的人才缺口约为1000万人，到2025年可达4000万人。带货主播的从业者以年轻女性为主，比例达78.2%，年龄在25岁以下的占48.1%，学历在中专及以下的占31.3%。北京、上海、深圳等地经济发达，对主播的要求相对较高，因而待遇也较高。广州的带货主播职业出现时间相对较早，发展相对成熟，主播从业者较多，因而薪酬相对低于其他发达地区城市。

从产业发展看。《第48次中国互联网络发展状况统计报告》显示，截至2021年6月，我国网络直播用户规模达6.38亿人，其中电商直播用户规模为3.84亿人，同比增长7524万人，占网民总数的38%。受新冠肺炎疫情影响，2020年线下实体经济受到严重冲击，消费场景和消费需求发生颠覆性改变。近四成网民成为互联网营销的受众，庞大的用户基数与消费需求推动了视频营销、直播销售等跨越时空和地域的新型产品营销的经济形态高速增长，并在源头上解决了企业销售成本过重、账期过长、资金回笼缓慢和发展资金不足等问题；同时也释放了大量的价格红利于市场，刺激了消费购买力；对企业销售渠道的开拓、地方就业率的提升和税收的稳定均有积极作用。

从政策红利看。国家大力支持新经济新业态的发展，2020年，国家发展和改革委员会出台《关于支持新业态新模式健康发展 激活消费市场带动扩大就业的意见》，人力资源社会保障部发布《"技能中国行动"实施方案》等文件，鼓励和规范新型消费市场健康、有序发展。地方层面，如杭州、重庆、福州等地，经地方人力资源社会保障局审核的第三方机构/企业，面向社会开展互联网营销师的新职业培训班，并给予学员一定的培训补贴。

十、相关内容链接

国家职业标准：扫码即可查看 ☞

相关政策文件：本书附录序号75、76。

供稿：中国轻工企业投资发展协会　贾雅军

呼吸治疗师

职业编码：4-14-01-04

随着医学的发展，新诊疗技术及呼吸机的种类越来越多，医护人员不可能全部熟练掌握，这就需要专业人员去使用、管理、监测和维护。对于重症患者呼吸问题，应如何科学处理？如何进行气道管理？如何使用并维护保养呼吸治疗仪器设备？如何进行呼吸问题预防？呼吸治疗师在重症患者治疗中扮演什么角色？这些问题的解决，离不开一种新职业——呼吸治疗师。

一、呼吸治疗师的一天

记录时间：2021 年 5 月 18 日 **记录人：李某奇**

上午工作情况

7 点 30 分：

1. 进入 ICU 查房，分析患者生命体征。（床旁监护）

2. 分析患者当日早晨的化验结果，尤其是血气分析结果。（诊断服务）

3. 对患者进行肺部听诊，有条件的进行超声评估肺功能，查看昨日病历记载、影像学资料，结合当日的化验结果调整呼吸机参数及制定治疗策略建议。（诊断服务）

8 点：

1. 跟随医疗组进行床旁临床查房，并汇报患者呼吸治疗情况。（普通治疗服务）

2. 查房结束，与每位患者的责任护士交流当日呼吸治疗方案，并协助执

行雾化湿化方案。（普通治疗服务）

11 点：

1. 回办公室后，书写每位患者的呼吸治疗记录。（普通治疗服务）

2. 与责任医生交流患者病情及下一步诊疗方案。（诊断服务）

下午工作情况

14 点：

1. 带着氧疗工具到培训室，对新入职护理人员开展氧疗知识讲座。（教育服务）

2. 介绍新配备的呼吸机，进行设备演示及使用培训。（教育服务）

3. 回答大家提出的呼吸治疗问题。（教育服务）

4. 建立并利用微信群指导呼吸治疗等。（教育服务）

16 点：

1. 统计昨日呼吸治疗仪器设备使用中出现的问题，并制订改进方案。（支持服务）

2. 维护保养呼吸治疗仪器设备。（支持服务）

3. 对转出 ICU 的患者进行呼吸治疗随访及健康宣教。（教育服务）

4. 与呼吸治疗课题小组讨论课题进展。（科学研究）

二、什么是呼吸治疗师

职业定义。呼吸治疗师是使用呼吸机、肺功能仪、多导睡眠图仪、雾化装置等呼吸治疗设备，从事心肺和相关脏器功能的评估、诊治与康复，以及健康教育、咨询指导等工作的人员。

定义解读。呼吸治疗是一项有组织的医疗活动，经医生嘱咐，由呼吸治疗师执行与呼吸系统有关的急重症患者及心肺功能不全或异常者的治疗、康复、评估，包括重症病房、慢性病房、门诊及居家治疗项目。

关联职业。密切相关的职业有重症护士和相关专业医生。呼吸治疗师是在医生指导下进行呼吸治疗的临床、科研和教学工作，并指导护士的呼吸治疗工作。具体而言，每日参加医生查房，全面了解患者病情，参与制订呼吸治疗计划并具体执行，负责监督和指导护士吸痰等气道管理工作。

相应岗位。护士、康复治疗师、健康管理师、医生、医学工程师。

三、呼吸治疗师的主要工作职责

1. 负责有创和无创呼吸机的调配和管理。

2. 负责重症患者人工气道的维护与管理。

3. 针对呼吸机相关性肺炎的预防与控制。

4. 根据患者病情变化进行机械通气参数的设置与调整。

5. 针对病人病情需要制定呼吸康复锻炼计划、胸部物理治疗、高流量氧疗、支气管舒张试验等。

6. 协助主管医师对有创机械通气的患者进行早期撤机的评价与实施。

7. 协助主管医师和护士实施对危重症患者的转运和外出检查。

8. 负责呼吸医疗设备的日常维护与管理。

四、呼吸治疗师的薪酬福利待遇

平均薪酬水平。国家统计局数据显示，2020 年呼吸治疗师这类专业技术人员，2020 年平均年薪 89521 元，在全部 16 个行业中位列第 13。从区域看，东部地区最高，为 129052 元，中部地区最低，为 81705 元。人力资源社会保障部《2020 年企业薪酬调查信息》显示，卫生专业技术人员的年工资中位数为 5.35 万元。北京市人力资源社会保障局发布《2021 年北京市人力资源市场薪酬大数据报告》，首次公布呼吸治疗师年薪中位数为 108273 元，下四分位值为 74452 元，上四分位值为 125595 元。智联招聘显示该岗位月薪为 6000~15000 元不等。

与类似职业对比。以北京地区为例，该职业 2020 年的薪酬高于护士的薪酬，低于医生的薪酬。类似职业薪酬水平见表 1。

表 1　类似职业薪酬水平

职业名称	薪酬水平（元 / 月）
呼吸治疗师	6200~10460
康复治疗师	3000~5000
健康管理师	5000~10000
护士	5000~10000
医学工程师	6000~10000
医生	8000~18000

五、从事呼吸治疗师工作需要哪些本领

该职业从业人员需具备的知识和技能有：对急性危重病人提供各种通气治疗和氧疗、各种医疗气体使用与监测、各种雾化及气溶胶治疗与监测、心肺复苏及器具使用与维护、肺康复治疗、其他技术操作，如血气分析、肺功能监测、高压氧舱治疗等。核心技能是呼吸支持技术。

根据《呼吸治疗师国家职业技能标准》，该职业需具备的知识和技能见表 2。

表 2　呼吸治疗师需具备的知识和技能

职业功能	工作内容	知识和技能要求
诊断服务	获取和分析呼吸音、痰标本（用于细胞学和细菌学检测）、动脉血样和其他气体	利用血气分析仪分析血氧和二氧化碳浓度，测定患者的血液 pH 值以确定血液的酸碱度
	床旁监护	血氧饱和度、呼气末二氧化碳测定、呼吸暂停监测、经皮氧 / 二氧化碳监测 对患者的心肺状况进行评估、解释和参与治疗实施

续表

职业功能	工作内容	知识和技能要求
普通治疗服务	精确的管理氧疗	会使用氧和氧氦混合气，能应用和维护各种类型的仪器来管理氧气和辅助呼吸，包括氧气面罩、鼻导管、呼吸机和氧帐等，并能排除故障，在医生的指导下调整氧流量以增加患者的吸入氧浓度
	雾化湿化治疗	准确使用雾化及湿化疗法并预防和控制医院内呼吸道感染和各种交叉感染
	排痰	让患者处于特定的体位以帮助其引流痰液，敲击并振动患者的肋骨，同时指导患者咳嗽
	转运应用呼吸机依赖患者	安全完成医院内及医院间呼吸机依赖患者的运送，保证恰当的通气及气道管理
	脱机技术	与医生和护士合作，在呼吸治疗方针指导下完成快速脱机
教育服务		对患者、家属及社会公众进行宣传和教育
		对工作人员进行服务教育
		对相关专业学生的临床带教
支持服务	仪器设备维修保养技术	仪器设备的清洁、消毒或灭菌
		按既定标准定期实施全部仪器的质量控制，保持仪器性能完好、处于随时备用状态
		提供仪器设备清单和储存

六、呼吸治疗师的专业教育现状

（一）相关专业

目前已有较多院校开设了与该职业相关的专业，涉及本科院校、高职院校及中职学校等。本科院校专业有呼吸治疗学专业、康复治疗专业、护理专业、生物医学工程专业等。高职院校及中职学校专业有呼吸治疗技术专业、康复治疗专业、护理专业、医学工程专业等。

（二）开设相关专业的院校（排名不分先后）

1. 本科院校：四川大学华西临床医学院、浙江大学城市学院、西安医学院、郑州铁路医学院、华南理工大学、重庆大学、电子科技大学、河北大学、华北理工大学、河北医科大学等。

2. 高职院校：郑州铁路职业技术学院、江苏护理职业学院、江苏建康职业学院、承德护理职业学院、运城护理职业学院、济南护理职业学院、潍坊护理职业学院、济南护理职业学院、河南护理职业学院、四川护理职业学院等。

3. 中职学校：徐州卫生学校等。

七、呼吸治疗师的就业创业信息

该职业从业人员主要分布在医疗资源丰富的大中城市，如北京、成都、广州、上海、合肥、杭州、武汉等。

呼吸治疗师大部分就业于大型综合性三甲医院呼吸内科、重症医学科、急诊科，从事呼吸治疗及教学科研工作，小部分就业于呼吸设备相关厂商的技术开发/临床对接岗位。就业较多的用人单位主要有大型综合性三甲医院重症医学科、呼吸与危重症医学科、急诊科、医学工程科等，如四川大学华西医院、北京中日友好医院、北京朝阳医院、上海瑞金医院、北京空军特色医学中心、解放军总医院等。

注：以上地区及机构排名不分先后，不代表相关实力排名。

八、呼吸治疗师的职业贯通发展

该职业的发展路径主要有四条：管理路线，即从普通员工晋升到设备主管，再晋升到病房总务主管，甚至往高级领导职务如护士长发展。专家路线，即在职业等级上不断晋升，成为呼吸治疗领域或健康管理领域专家、注册呼吸治疗师、肺功能师。复合人才路线，即向其他行业跨越或职业转型，如通过学习相关知识和技能转型为护理技能与医疗专业高度结合的复合型人才，转型为技术总监或飞行呼吸治疗师。创业路线，如创办家庭护理公司、呼吸治疗规划工作室，提供设备、临床服务、呼吸系统诊断服务以及各种药物和治疗的患者教育。呼吸治疗师职业贯通发展如图 1 所示。

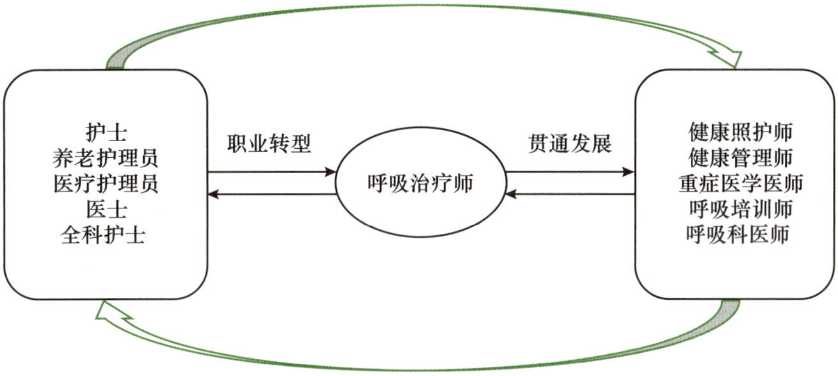

图 1　呼吸治疗师职业贯通发展图

九、呼吸治疗师的发展前景

从产业发展看。预计未来十年我国对呼吸治疗专业人才的需求将不断增加，呼吸治疗的水平与规范性将上升到新的高度，每个 ICU 至少要配备一名呼吸治疗师。国家卫生健康委员会发布的《2021 年 11 月底统计数据》显示，全国三级医院共有 3178 余家。每家三级医院都至少有一个重症医学科，大型医院往往设置呼吸 ICU、神经 ICU、急诊 ICU、儿科 ICU 等，呼吸治疗师缺口很大。尤其是呼吸治疗师，在抗击新冠肺炎疫情中发挥了巨大作用，逐渐被社会熟知和认可，发展前景光明。

从政策红利看。江苏省 2020 年发布了 100 个高技能人才紧缺职业（工种），其中就包括呼吸治疗师。一线劳动者参加培训，并获得高级工、技师、高级技师的，按照培训成本，省财政分别以不超过 1500 元 / 人、3000 元 / 人、4000 元 / 人的标准给予培训补贴。市、县财政对于参加培训且获得职业资格证书的初级工、中级工给予培训补贴，补贴范围、补贴标准由各地规定。2020 年人力资源社会保障部印发《关于做好新冠肺炎疫情防控一线专业技术人员职称工作的通知》，提出对参加疫情防控的一线专业技术人员开辟绿色通道，优先申报评审。一线专业技术人员参加职称评审时，不受本单位岗位结构比例限制，提前一年申报评审高一级职称或参加专业技术资格考试。做出突出贡献，获得省部级以上表彰奖励的，可直接申报参加高一级职称评审或考试，晋升岗位等级不受本单位岗位结构比例限制。评审通过的，用人单位将其直接聘任到相应专业技术岗位。

十、相关内容链接

国家职业标准：扫码即可查看☞

相关政策文件：本书附录序号 70。

供稿：空军特色医学中心　马宇洁

集成电路工程技术人员

职业编码：2-02-38-09

集成电路产业是信息技术产业的粮食，它就像小麦之于面包，虽然很多人可能没有见过小麦，但不影响人们享受面包的美味。从日常生活中随处可见的计算机、电视机、手机，到奔月的“嫦娥”、翱翔太空的“天宫”，都离不开集成电路。于是，部分国家为了打压我国的技术发展，持续阻碍我国集成电路技术的进步。中国集成电路产业如何破局？如何摆脱“缺芯”现状，实现困境突围，保障自己信息技术产业的“粮食”供应？集成电路工程技术人员任重道远，需要努力奋斗以实现集成电路产业的自力更生，锻造高品质“中国芯”。

一、集成电路工程技术人员的一天

记录时间：2021 年 12 月 18 日 **记录人：李某尔**

上午工作情况

8 点：

1. 在公司参加项目会议，讨论芯片功能定义、实现架构。（架构设计）

2. 编写代码、画电路图，实现电路设计。（代码编写）

3. 电路图输入。（原理图绘制）

4. 搭建仿真验证环境，进行功能验证。（功能验证）

5. 进行芯片的物理版图设计，形成能够生产制造的版图数据。（版图绘制）

下午工作情况

14 点：

1. 提交数据到代工厂，制作光刻板。（制板）

2. 工艺工程师利用无尘工厂（clean room）的专用设备按照特定的工艺步骤进行工艺加工，制作集成电路管芯。（加工）

3. 进行封装设计。（封装）

4. 把加工好的集成电路管芯进行封装、测试，获得功能良好的集成电路芯片。（测试筛选）

5. 应用集成电路芯片设计电子系统。（演示）

二、什么是集成电路工程技术人员

职业定义。集成电路工程技术人员是从事集成电路工艺、器件、电路、微系统等研究、开发、设计、制造和使用、维护的工程技术人员。

定义解读。集成电路（integrated circuit，IC）是指一种微型电子器件或部件。采用一定的工艺，把所需的晶体管、电阻器、电容器和电感器等元件及相互之间的互连线，制作在一小块或几小块半导体晶片或介质基片上，然后封装在一个管壳内，使其成为能够完成给定电路功能的微型结构。工程技术人员是指负担工程技术设计实现和工程技术管理工作，并具有工程技术能力的人员。

关联职业。密切关联的职业有电子元器件工程技术人员。电子元器件工程技术人员是从事电子元器件的研发、设计与生产的工程技术人员，主要侧重于分立元器件、电真空器件、阻容器件、敏感器件、磁性器件等方面，通常是面向简单功能的。而集成电路工程技术人员是从事中大规模电路的设计、开发、制作及应用系统开发，经常面向复杂电子系统。

相应岗位。专用集成电路工程师、硬件基础工程师、嵌入式开发工程师等。

三、集成电路工程技术人员的主要工作职责

这一行业主要从事集成电路设计、加工、封装、应用，为各类工程提供“芯

动力”。从事芯片设计与制造方向的岗位有明确的细分。专业化、精英化是集成电路工程技术人员的特点。

1. 负责集成电路的设计、开发。

2. 负责集成电路版图的绘制。

3. 负责集成电路的加工制造。

4. 负责集成电路的封装、测试。

5. 负责或者协助集成电路的应用开发。

四、集成电路工程技术人员的薪酬福利待遇

平均薪酬水平。《中国集成电路产业人才白皮书（2019—2020 年版）》数据显示，在全球芯片产能紧缺、国内半导体行业进一步发展的背景下，本行业薪酬出现一定幅度的上行。从平均薪酬看，2020 年我国半导体行业基本薪酬为 12879 元 / 月，比 2019 年提高了 9.07%。从岗位看，集成电路工程技术人员属于研发岗，2020 年薪酬为 22353 元 / 月，比 2019 年提高了 13.38%。从区域看，一线城市具有绝对优势，集成电路产业从业人员平均薪酬达到 32.31 万元 / 年；新一线城市为 27.06 万元 / 年；二线城市为 23.68 万元 / 年；三线城市为 17.26 万元 / 年。

与类似职业对比。根据锐仕方达《2022 薪酬白皮书》，该职业通常按年结算薪酬，与软件工程师、数据工程师等从业人员的薪酬相当，高于 IT 运营与维护工程师、用户体验设计师的薪酬，一般为 20 万 ~50 万元 / 年。类似职业薪酬水平见表 1。

表 1　类似职业薪酬水平

职业名称	薪酬水平（万元 / 年）
集成电路工程技术人员	20~50
软件工程师	25~45
数据工程师	30~50
IT 运营与维护工程师	15~35
用户体验设计师	20~38

五、从事集成电路工程技术人员工作需要哪些本领

该职业从业人员需具备的知识和技能有：基本的逻辑推理及物理电路知识、代码编写、仿真验证、测试筛选、应用调试等。核心技能是电路设计与分析能力。

根据《集成电路工程技术人员国家职业技术技能标准》，该职业需具备的知识和技能见表 2。

表 2 集成电路工程技术人员需具备的知识和技能

职业功能	工作内容	知识和技能要求
模拟与射频集成电路设计	模拟与射频集成电路原理设计	能根据应用需求，确定芯片的功能、接口、工艺 确定实现方法，完成电路原理图设计 能完成电路原理图的参数设计与优化 能使用电子设计自动化工具，完成电路功能仿真
	模拟与射频集成电路版图设计	能根据电路原理图特点完成电路版图规划 能完成版图设计及物理规则检查、修改 能完成版图、电路原理图的匹配检查、寄生参数提取及失效分析
数字集成电路设计	数字集成电路前端设计	能根据应用需求，确定芯片的功能、接口、工艺 能根据功能规范，采用合适的方式进行数字电路模块设计开发 能使用仿真工具对设计进行正确性验证 能使用设计工具，完成电路的网表实现与验证
	数字集成电路验证	能根据设计目标提取电路的功能，并规划验证电路正确性的方案 能使用电路验证工具，开发数字电路验证环境，并进行功能、时序验证 能使用自动化工具，进行数字电路测试设计
	数字集成电路后端设计	能根据设计要求，规划芯片版图和引脚布局 能规划数字电路后端的布局、电源、时钟树等 能实现电路版图并评估其功耗、性能、面积、可靠性等 能对数字集成电路版图进行物理检查
	可测性设计	能制定并实施测试方案 能生成测试向量 能进行可测性仿真验证的调试，并定位跟踪问题

续表

职业功能	工作内容	知识和技能要求
集成电路工艺开发与维护	工艺设备维护	能对设备进行评估，制定设备的作业流程 能完成工艺设备的日常维护保养，排除设备故障
	工艺技术开发	能建立完善工艺流程、生产流程，进行试产调优、工艺管控及生产维护 能分析工艺问题，提供解决方案 能管控元器件指标 能够完成工艺 PDK 建设
	工艺优化与整合	能完成工艺和设计方案优化 能分析和处理工艺制程中的异常情况 能进行产品的可靠性监控及数据分析
	工艺维护与改进	能进行工艺的日常维护 能及时处理产品和设备异常 能改善工艺控制，提高制程能力 能监控产品制程异常和产品缺陷
集成电路封装研发与制造	集成电路封装设计与仿真	能确定封装方案 能完成封装设计 能完成封装仿真建模与仿真分析 能完成封装仿真技术报告撰写
	集成电路封装工艺制造	能确定封装工艺制造方案 能完成封装工艺调试与设备维护 能完成封装产品生产 能完成封装新工艺的开发与导入
集成电路测试与分析	仪器设备维护	能完成日常维护保养，处理常见软硬件异常，排除一般故障 能完成测试异常数据分析及原因查找 能评估、执行和优化设备维护方案，提升仪器设备产出效能及产品质量
	测试方案设计与优化	能设计集成电路的电参数测试和可靠性试验方案 能编写和调试测试程序 能设计并调试测试电路板、探针卡等测试硬件 能分析和解决测试产品中的异常
	结果数据分析与处理	能监控和分析测试数据 能完成测试结果的统计分析和缺陷定位

续表

职业功能	工作内容	知识和技能要求
设计类电子设计自动化工具开发与测试	模拟和混合信号集成电路设计工具开发与测试	能把电路物理规律抽象成数学模型，并进行方程求解 能依据系统架构和算法流程的要求，搭建软件架构 能根据算法和流程图的要求，实现算法的软件设计与验证
	数字集成电路设计工具开发与测试	能根据数字电路仿真、综合、布局布线等需求设计相关算法 能搭建软件架构，完成算法开发 能根据算法和流程图的要求，实现算法验证测试
生产制造类电子设计自动化工具开发与测试	集成电路制造类工具开发与测试	能进行元器件建模和工艺设计库建库的工具开发 能生成元器件模型和工艺设计库并进行验证
	集成电路封测与电子系统类工具开发测试	能把集成电路封装涉及的力、热、电、磁等物理现象抽象为模型 能针对电路封装的力、热、电、磁等需求搭建软件架构，设计相关算法 能够编写算法代码，进行软件调试

六、集成电路工程技术人员的专业教育现状

（一）相关专业

目前已有较多院校开设了与该职业相关的专业，涉及本科院校、高职院校以及一些专业培训机构等。本科院校专业有集成电路设计与集成系统、微电子学、电子科学与技术、电子封装技术等。职业院校专业有集成电路工程技术、微电子工程等。

（二）开设相关专业的院校（排名不分先后）

1. 本科院校：北京大学、清华大学、复旦大学、西安电子科技大学、北京航空航天大学、东南大学、电子科技大学、合肥工业大学、西安邮电大学、广东工业大学等。

2. 高职院校：北京电子科技职业学院、陕西工业职业技术学院、深圳职业技

术学院、江苏信息职业技术学院、上海电子信息职业技术学院、山东商业职业技术学院、武汉职业技术学院、成都职业技术学院、陕西国防工业职业技术学院、郑州铁路职业技术学院等。

七、集成电路工程技术人员的就业创业信息

该职业从业人员主要分布在上海、江苏、北京等地。其中，上海是我国集成电路产业的主要聚集地之一，无论是在设计、制造和封装测试等主营产业，还是在设备和材料等支撑产业，相关企业和从业人数规模都占据优势；江苏在封装测试业上的优势最为明显；北京在设计、设备、材料领域相对突出。

吸纳集成电路工程技术人员就业较多的用人单位主要有：

1. 设计业：各类集成电路设计公司、设计服务公司等，如深圳市海思半导体、紫光展锐（上海）科技有限公司、西安微电子技术研究所、英伟达半导体科技（上海）有限公司、兆易创新科技集团股份有限公司、上海韦尔科技股份有限公司、超威半导体（中国）有限公司上海分公司等。

2. 制造业：如中芯国际集成电路制造（上海）有限公司、台积电（南京）有限公司、上海华虹宏力半导体制造有限公司、三星半导体（西安）有限公司、先进半导体（上海）有限公司、长江存储科技有限责任公司等。

3. 封装测试业：如南通富士通微电子股份有限公司、江苏长电科技股份有限公司、天水华天微电子科技有限公司、通富微电股份有限公司、华润华晶微电子有限公司、安世半导体（中国）有限公司等。

注：以上地区及机构排名不分先后，不代表相关实力排名。

八、集成电路工程技术人员的职业贯通发展

该职业的发展路径主要有四条：管理路线，即从普通员工晋升到主管/单位中层，再晋升到经理/单位领导层，甚至向高层领导职务发展，或者跨越到投资领域，从事集成电路领域投资管理。专家路线，即依托所从事集成电路的应用背景不断提高技能水平，在职业技能上持续提升，成为领域专家，如从事通信集成电路设计的人员，可以成长为通信工程技术专家。复合人才路线，即依托所从事

的集成电路应用方向背景，向其他行业跨越或职业转型，如从事处理器类集成电路设计的技术人员，通过相关知识学习，可转型为从事处理器、控制器系统应用的计算机系统分析技术人员。创业路线，即基于个人兴趣爱好进行创新创业。集成电路工程技术人员职业贯通发展如图 1 所示。

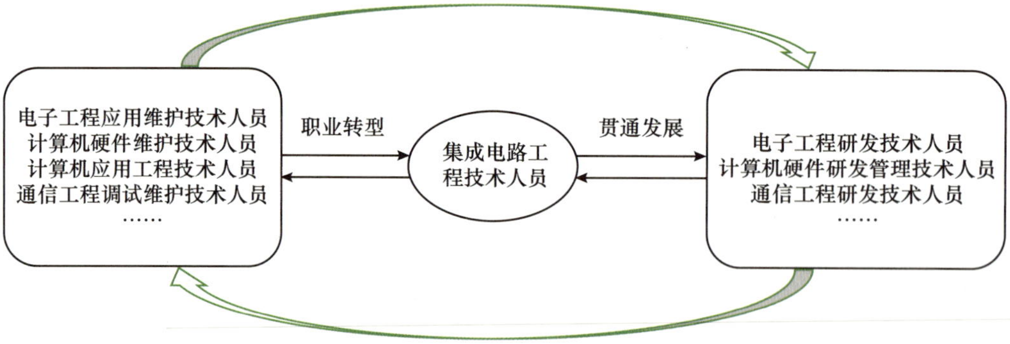

图 1　集成电路工程技术人员职业贯通发展图

九、集成电路工程技术人员的发展前景

从市场供需看。从行业从业人员数量看，从业队伍呈现增长势头且保持强劲，在 2017—2020 年，我国集成电路从业人员复合增长率为 10.59%。到 2023 年前后，全行业人才需求为 76 万人左右，其中，设计业 28.83 万人，制造人 28.27 万人，封装测试行业 19.55 万人。

从产业发展看。集成电路产业是信息产业的基石，它持续支撑并促进信息产业高速发展，是高科技的制高点之一。近年来，我国半导体行业国产化能力不断提升，国产产品比重不断增加，整个集成电路行业持续快速发展。根据《中国集成电路产业人才白皮书（2019—2020 年版）》，2019 年中国集成电路产业销售额为 7562.3 亿元，同比增长 15.8%。后续随着 5G 产业、碳中和需求、汽车电子等新兴行业的逐步发展成熟，有望持续拉动集成电路产品需求，促进行业持续高速发展。

从政策红利看。2000 年以来，国务院先后出台了一系列促进集成电路产业高质量发展的政策，各地更是争先恐后制定了一系列红利政策，如江苏南京出台江北新区（自贸试验区）集成电路人才试验区政策，给予集成电路工程技术人员落户、子女入学、现金奖励等方面的优惠政策；上海市政府出台《关于促进中国（上海）自由贸易试验区临港新片区高质量发展实施特殊支持政策若干意见》，给予集成电路工程技术人员落户、个税补贴等支持。

十、相关内容链接

国家职业标准：扫码即可查看☞

相关政策文件：本书附录序号 27。

供稿：西安电子科技大学　史江义

建筑幕墙设计师

职业编码：4-08-08-22

对人来说，衣服的作用一是保护身体，二是体现风格；对建筑来说，幕墙的作用也是如此。建筑幕墙就好比给建筑穿上“保护衣”，建筑幕墙设计师将为此发挥重要作用。建筑幕墙对不同建筑“舒适性”的实现起到了关键性作用。建筑幕墙设计师，就是要实现建筑设计所要求的外观效果，对幕墙的形式、构造和材料进行合理的选择，使建筑设计所要求的热工、水密、气密、隔声等各项性能指标得到实现，同时还要对幕墙的生产加工和现场施工安装进行技术支持和指导。

一、建筑幕墙设计师的一天

记录时间：2021 年 4 月 28 日　　记录人：晁某刚

上午工作情况

8 点：

1. 到达某建设单位或建筑设计研究院，领取建筑幕墙设计任务书，和相关技术人员探讨幕墙立面效果、幕墙形式和构造及相关技术、经济指标。（任务领取）

2. 回到单位后，熟悉建筑及结构图纸，确定幕墙立面形式、节点构造等做法，制定实现建筑效果和性能技术指标的方法与手段，然后对设计任务进行分配，确定项目组人员、工作内容及范围。（任务分配）

3. 对自身承担的幕墙工程设计任务进行设计，绘制工程图纸。（制图）

11点：

1. 对已完成初步设计的幕墙工程图纸进行审核，提出完善、修改设计的意见，反馈给项目组。（技术审核）

2. 对已完成深化设计的幕墙工程图纸进行审定，报主体建筑设计院审查。（技术审定）

3. 对正在施工的幕墙工程技术核定（变更）单进行审查，给出技术回复。（技术服务）

4. 做好下次与设计院、建设单位进行幕墙设计沟通与协调的时间安排。

下午工作情况

14点：

1. 到幕墙加工厂，对幕墙构配件（板块）在工厂的加工、制作进行技术交底。（技术交底）

2. 对复杂、特种幕墙加工构配件（板块）制定加工制作方案，或对已制定好的加工制作方案进行审核。（技术审核）

3. 解决幕墙构配件（板块）加工技术难题。（解决技术难题）

16点：

1. 到幕墙工程现场，在幕墙工程施工前对施工单位进行技术交底。（技术交底）

2. 与建设单位、监理单位、施工单位进行幕墙施工现场质量检查。（质量监督）

3. 对幕墙工程存在的危险性较大工程专项方案进行技术审查。（技术审查）

4. 编制幕墙工程施工方案，解决施工现场存在的技术难题。（解决技术难题）

5. 编制幕墙工程施工技术总结，参加幕墙工程专项工程验收。（工程验收）

二、什么是建筑幕墙设计师

职业定义。建筑幕墙设计师是从事建筑幕墙及类似幕墙的装饰表皮创造，绘制幕墙或类似幕墙的装饰表皮图纸的人员。

定义解读。建筑幕墙是指由面板与支承结构体系组成，具有规定的承载能力、变形能力和适应主体结构变形能力，不分担主体结构所受作用力的建筑外围护墙体或装饰性结构。设计师是指参与幕墙从设计、加工、安装到工程竣工全过程，使其实现建造目的的工程技术人员。

关联职业。密切相关的职业有建筑设计工程技术人员（通常称为建筑师）和土木建筑工程技术人员（通常称为结构工程师），建筑幕墙设计师从幕墙设计到建造，与其工作配合、联系颇多。建筑师是指从事建筑物、构筑物设计，绘制建筑设计图的工程技术人员。结构工程师是指从事普通工农业与民用建筑物、构筑物建造施工的设计，组织并监督施工的工程技术人员。通俗地说，建筑师确定建筑“保护衣”的样式，结构工程师确定支撑“保护衣”的骨架，建筑幕墙设计师解决如何将“保护衣”挂在骨架上。

相应岗位。幕墙施工单位技术员、幕墙设计单位技术员、幕墙加工技术员、建筑设计研究院（事务所）幕墙设计员、高校及科研单位研究人员、房地产企业专业幕墙工程师、建设单位专业幕墙工程师等。

三、建筑幕墙设计师的主要工作职责

1. 编制幕墙工程设计计划，组织进行幕墙工程方案及施工图深化设计工作，美化城市天际线。

2. 编制幕墙标准化手册，进行幕墙工程设计标准化及流程体系建设。

3. 起草与建筑幕墙行业相关的国家及行业标准，承担与建筑幕墙行业相关的国家、省、市建设系统科研课题。

4. 幕墙生产加工方案的制定、审核及幕墙构配件（板块）加工图的绘制。

5. 幕墙工程现场施工技术及管理，编制或审核（批）幕墙施工专项技术方案。

6. 深入施工现场，处理有关设计和施工方面的难题。

7. 参加幕墙工程现场验收、优质工程评定、竣工验收备案及物业移交工作。

四、建筑幕墙设计师的薪酬福利待遇

平均薪酬水平。国家统计局2020年公布数据显示，建筑行业平均年薪增长速度在全部16个行业中排第13位。从岗位看，建筑幕墙设计师属于专业技术人员，平均年薪为76892元。从区域看，一线城市和经济发展较快的区域，如长三角、粤港澳大湾区、京津冀等地区为8000~25000元/月（部分有年终奖或项目设计提成），其薪酬水平明显高于其他地区（如西安为5000~12000元/月、南宁为5500~15000元/月）。

与类似职业对比。猎聘网2021年10月数据显示，在一线城市，该职业的薪酬一般低于建筑师的薪酬，与结构工程师、注册建造师的薪酬基本持平。类似职业薪酬水平见表1。

表1 类似职业薪酬水平

职业名称	薪酬水平（元/月）
建筑幕墙设计师	5000~25000
注册建造师	10000~20000
建筑师	15000~30000
结构工程师	15000~25000

五、从事建筑幕墙设计师工作需要哪些本领

该职业从业人员需具备的知识和技能有：建筑及机械制图与识图、材料力学基本知识、理论力学基本知识、结构力学基本知识、钢筋混凝土基本知识、钢结构基本知识，还包括与建筑幕墙行业相关的现行国家、行业标准。

根据《建筑幕墙设计师职业能力水平标准》，该职业需具备的知识和技能见表2。

表 2　建筑幕墙设计师需具备的知识和技能

职业功能	工作内容	知识和技能要求
理论知识	基础知识	建筑及建筑结构知识
		材料力学、理论力学、结构力学的基本原理和方法
		幕墙及材料的基本性能和应用及其连接技术
		信息科学、计算机、工程经济知识
		与建筑相关的法律法规
		与建筑幕墙相关的标准、规范
	专业知识	幕墙基本构造
		工程结构构件的力学性能和计算原理
		幕墙工程设计的基本原理和分析方法
		幕墙构配件加工制作和组装工艺及设备
		幕墙工程施工和组织的过程，项目管理技术经济分析的基本方法
		幕墙工程现代施工技术
		幕墙工程检测、监测和测试的基本方法
		工程测量技术
	相关知识	金属材料与工艺
		流体力学、热工学、光学基础知识
		幕墙行业发展动态及新材料、新技术、新工艺和新设备
专业能力		对建筑幕墙相关的国家、行业标准的理解能力
		查询和检索文献并获取信息的能力
		结构分析技术及运用软件辅助设计、计算、分析的能力
		工程实践能力
		提出问题、发现问题、分析问题并解决问题的综合能力

续表

职业功能	工作内容	知识和技能要求
专业能力		交流、沟通、配合能力
		组织协调能力
创新能力		学习和辨别能力
		技术总结和关键技术提炼能力

六、建筑幕墙设计师的专业教育现状

（一）相关专业

目前仅有部分院校开设了与建筑幕墙相关的专业，数量不多，涉及本科院校、高职院校等。建筑幕墙设计师的学历大部分为大专及以上学历，学科门类主要是工学里的土木、机械、建筑三个专业类，相关专业名称以机械工程、土木工程等为主。

（二）开设相关专业的院校（排名不分先后）

1. 本科院校：苏州大学、山东建筑大学、清华大学、同济大学、东南大学、合肥工业大学、湖南大学、中南大学、西安建筑科技大学、哈尔滨工业大学等。

2. 高职院校：济南工程职业技术学院、长春工学院、山西经贸职业学院、南京铁道职业技术学院、北京工业职业技术学院、上海交通职业技术学院、浙江建设职业技术学院、浙江交通职业技术学院、安徽机电职业技术学院、广州工程技术职业学院等。

七、建筑幕墙设计师的就业创业信息

该职业从业人员遍布全国各地，主要集中在一线城市，以及经济发展较快或人口较多的省份，如江苏、浙江、山东等。

吸纳建筑幕墙设计师就业较多的用人单位主要有：

1. 幕墙企业：如北京江河幕墙系统工程、浙江中南建设集团、浙江亚厦幕墙、中建深圳装饰、深圳市科源建设集团、深圳市博大建设集团、深圳市方大建科集团、苏州柯利达装饰、苏州金螳螂幕墙、无锡恒尚节能科技等。

2. 建筑设计研究院：如北京市建筑设计研究院、中国建筑西南设计研究院、华东建筑设计研究院、东南大学建筑设计研究院、南京长江都市建筑设计院等。

3. 房地产公司：如银城、绿城、万科、龙湖、碧桂园、保利、中海、大悦城等。

4. 工程检测机构：如江苏省建设工程质量检测中心、广东省建设工程质量检测中心等省级及设区地级市的建设工程质量检测部门。

5. 工程质量监督机构：如北京市建设工程质量安全监督总站、南京市建设工程质量安全监督站、上海市交通建设工程安全质量监督站等。

注：以上地区及机构排名不分先后，不代表相关实力排名。

八、建筑幕墙设计师的职业贯通发展

该职业的发展路径主要有四条：管理路线，即从员工晋升到组（所）长 / 单位中层，再晋升到经理 / 单位领导层，甚至向高级领导职务发展。专家路线，即不断提高技能水平，在职业等级上不断晋升，可与工程技术人员同样进行技术职称评定，最高可评定为研究员级高级工程师，成为建筑幕墙行业领域专家。复合人才路线，即以建筑幕墙设计师所积累的技术能力为依托，向建筑幕墙行业相关岗位进行转换，如通过学习转型为注册建造师、经济师等，与专业技术岗位横向贯通。创业路线，即基于个人综合能力进行创新创业，成立幕墙设计（咨询）公司、幕墙维保公司等。建筑幕墙设计师职业贯通发展如图 1 所示。

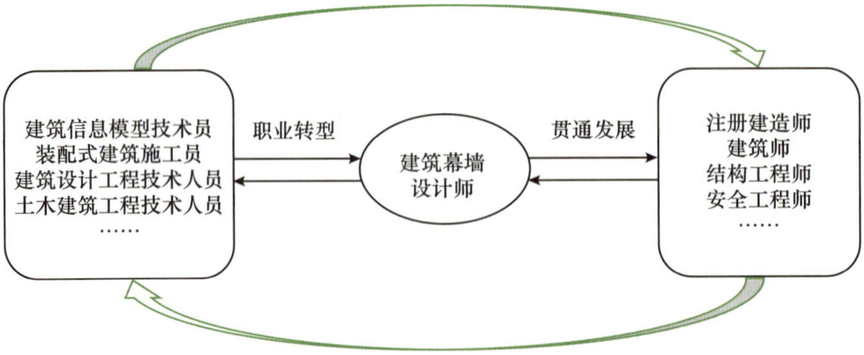

图 1　建筑幕墙设计师职业贯通发展图

九、建筑幕墙设计师的发展前景

从市场供需看。我国建筑幕墙设计师存在较大的缺口。中国建筑装饰协会相关数据显示，当前我国建筑幕墙行业技术人员存在近 10 万人的缺口，供需失衡较为严重。据江苏省装饰装修发展中心 2021 年统计，全省具备建筑幕墙施工二级及以上资质的企业有 1300 余家，按照每个幕墙企业有 5 名建筑幕墙设计师配置进行测算，仅江苏省人才缺口就高达 8500 人。

从产业发展看。房地产业在我国一直是支柱产业，是推动我国国民经济发展的主力之一。国家统计局关于 2020 年国内生产总值最终核实的公告显示，2020 年我国房地产业、建筑业规模分别为 7.3425 万亿元、7.2445 万亿元，分别比上年增长 3.5%、2.9%，预计未来将持续增长。建筑幕墙作为建筑业的较大专业项目，未来发展机会及空间巨大。

从政策红利看。2021 年 1 月、6 月，人力资源社会保障部相继发布了《"技能中国行动"实施方案》《技能人才薪酬分配指引》，各地随后也释放了一系列政策红利。例如，江苏省将职业技能等级与学历、职称评定挂钩，高级技师等同于本科学历，特级技师可直接评定为高级工程师，薪酬待遇在原有基础上可提高 800 元 / 月，并且在购房、落户等方面按人才引进相关政策享受相应的待遇。同时，国家在大力提倡装配式建筑，构件式幕墙装配化率按其面积 50% 计算，单元式幕墙装配化率按其面积 100% 计算。

十、相关内容链接

国家职业标准：暂缺

相关政策文件：本书附录序号 31。

供稿：江苏省装饰装修行业协会　刘长龙

建筑信息模型技术员

职业编码：4-08-08-23

建筑信息模型是 building information modeling（简称 BIM）的对译词，而建筑信息模型技术（BIM 技术）被认为是改变建筑业的一项新技术。有人问：运用 BIM 技术，工程师就能像搭积木一样在计算机上把房子给建出来啦？BIM 技术可以优化设计方案，减少施工过程中的错漏碰缺的说法是真的吗？上述问题的答案究竟是什么，只有对 BIM 技术有更多了解才能给出。如今，BIM 技术在工程建设中的应用不断深入与落地，建筑信息模型技术员在其中发挥着重要的作用。

一、建筑信息模型技术员的一天

记录时间：2021 年 11 月 27 日　　　　记录人：张某毅

上午工作情况

8 点：

1. 使用 BIM 建模软件进行机电专业 BIM 模型创建。（模型创建）

2. 根据设计图纸，对部分机电设备模型进行修改。（模型编辑）

3. 创建项目标准构件库中的机电专业标准构件。（创建自定义参数化图元）

10 点：

1. 根据设计变更方案对模型进行修改和完善。（模型更新）

2. 将机电专业与土建专业模型协同并整合。（模型协同）

下午工作情况

14 点：

1. 进行碰撞检查、管线综合，出净高分析报告及优化后的图纸。（设计阶段应用）

2. 对设备材料进行工程量统计。（设计阶段应用）

16 点：

1. 对机电模型进行深化设计，并进行可视化施工交底。（施工阶段应用）

2. 对机电设备安装进行施工模拟，并输出相应的模拟动画。（施工阶段应用）

3. 审核碰撞检查报告、建模及应用成果汇报资料等技术文件。（成果输出）

二、什么是建筑信息模型技术员

职业定义。建筑信息模型技术员是使用计算机软件进行工程实践过程中的模拟建造，改进其全过程中工程工序的人员。

定义解读。建筑信息模型是指在建设工程及设施全生命期内，对其物理和功能特性进行数字化表达，并依此设计、施工、运营的过程和结果的总称。由于 BIM 技术在建筑行业中的应用不断深入，从业人员不断增多，因此把在工程建设的设计、施工、运维的全生命周期中，利用 BIM 技术从事建筑虚拟建造的技术人员定义为建筑信息模型技术员。

关联职业。建筑信息模型技术员属于新职业，一般需要有相应的工程背景和专业知识，建筑设计工程技术人员、土木建筑工程技术人员属于较为密切的关联职业。建筑设计工程技术人员是从事建筑物、构筑物设计，绘制建筑设计图的工程技术人员。土木建筑工程技术人员是从事工业与民用建筑物、构筑物建造施工的设计，组织并监督施工的工程技术人员。

相应岗位。BIM 建模师、BIM 工程师、BIM 讲师、土建 BIM 工程师、机电 BIM 工程师、BIM 项目经理、BIM 项目总监等。

三、建筑信息模型技术员的主要工作职责

1. 负责土建、机电等专业 BIM 模型搭建。
2. 创建项目模型中的 BIM 标准构件库。
3. 利用 BIM 模型进行可视化碰撞检查、管线综合、深化设计等应用。
4. 编制 BIM 建模或 BIM 专业应用的相关技术文件和成果汇报资料。
5. 对相关人员进行 BIM 建模或 BIM 专业应用培训。

四、建筑信息模型技术员的薪酬福利待遇

平均薪酬水平。人力资源社会保障部网站 2019 年发布的《新职业——建筑信息模型技术员就业景气现状分析报告》显示，建筑信息模型技术员的年薪绝大多数为 6 万 ~24 万元，即 5000~20000 元 / 月。建筑信息模型技术员的工作内容一般分为现场用模、BIM 建模、BIM 专业应用、BIM 项目管理四类，对从业人员的工作经验及技能水平要求逐级提高。BIM 建模的人员薪酬一般为 4000~10000 元 / 月，BIM 专业应用的人员薪酬一般为 6000~12000 元 / 月，BIM 项目管理及高级咨询的人员薪酬一般为 15000~25000 元 / 月。

与类似职业对比。据智联招聘网 2021 年 11 月数据，在北京地区，该职业的薪酬一般高于施工员、预算员的薪酬；一般的职级薪酬略低于结构工程师，高级技能人才或比结构工程师高。类似职业薪酬水平见表 1。

表 1　类似职业薪酬水平

职业名称	薪酬水平（元 / 月）
建筑信息模型技术员	5000~20000
结构工程师	6000~20000
施工员	4000~12000
预算员	5000~15000

五、从事建筑信息模型技术员工作需要哪些本领

该职业从业人员需具备的知识和技能有：相关专业模型的创建与编辑、相关专业模型的更新与协同、利用 BIM 软件完成相关专业应用、利用协同工作平台进行项目管理等。核心技能是相关专业模型的创建和模型专业应用。

根据《建筑信息模型技术员国家职业技能标准》，该职业需具备的知识和技能见表 2。

表 2　建筑信息模型技术员需具备的知识和技能

职业功能	工作内容	知识和技能要求
模型创建与编辑	创建基准图元	能使用 BIM 建模软件创建标高、轴网等空间定位图元和参照点、参照线、参照平面等参照图元
	创建模型构件	能使用 BIM 建模软件创建建筑物、构筑物各类别模型或不同专业模型构件 能为模型构件添加材质、标识等非几何信息
	模型浏览	能在各个视图下查看模型并隐藏、隔离模型构件 能整合、查看链接的相关专业模型 能过滤、筛分查看模型构件
	创建自定义参数化图元	能创建构件连接件，并使其尺寸与构件参数关联 能在项目模型中使用自定义参数化图元
	模型编辑	能查看模型中各类图元属性，并对其属性进行编辑与修改 能对参数化图元形体进行编辑与修改
模型更新与协同	模型更新	能根据变更方案对模型进行修改和完善 能对模型进行冲突性及合规性检查，并对模型进行更新、完善
	模型协同	能通过链接方式完成专业模型的创建与修改 能对各个专业模型进行协同及整合

续表

职业功能	工作内容	知识和技能要求
专业应用	设计阶段应用	能使用 BIM 应用软件配合建筑师进行风环境模拟、日照模拟、疏散模拟等性能分析 能使用 BIM 应用软件检查各专业间碰撞 能使用 BIM 应用软件进行管线综合优化 能使用 BIM 应用软件进行可视化方案比选 能使用 BIM 应用软件估算项目工程量 能基于专业模型进行设计交底
	施工阶段应用	能使用 BIM 应用软件进行可视化施工交底 能使用 BIM 应用软件进行深化设计 能使用 BIM 应用软件进行施工场地布置 能使用 BIM 应用软件辅助统计施工工程量 能使用 BIM 应用软件进行施工工序模拟
	运维阶段应用	能创建竣工模型 能使用 BIM 应用软件添加设备采购信息、维保信息等运维信息 能向运维管理平台传输相关运维信息
	平台管理	能根据不同阶段、不同参与方的 BIM 应用要求选择合理平台，并定制平台中进度、成本、质量、安全、物资等管理流程 能建立组织架构，进行人员角色管理和用户角色分配
	平台应用	能在设计、施工、运维阶段，组织各参与方通过平台协同工作 能通过平台查看、分析项目的进度、成本、质量、安全等数据
成果输出	模型保存	能对模型文件进行保存 能在平台及软件输出不同格式模型文件
	图纸创建	能按照相关专业需求布置视图 能设置图纸的显示范围、显示内容
	效果展现	能使用 BIM 建模软件进行模型渲染及漫游 能使用 BIM 建模软件输出渲染及漫游成果
	文档输出	能编制碰撞检查报告、实施方案、建模标准等技术文件 能编制 BIM 建模、应用、实施成果汇报资料

六、建筑信息模型技术员的专业教育现状

（一）相关专业

目前已有较多院校开设了与该职业相关的专业，涉及本科院校、高职院校及中职学校等。本科院校专业有建筑学、土木工程、工程造价、工程管理、给排水科学与工程、建筑电气与智能化、智能建造、电气工程及其自动化等。职业院校专业有建筑设计、建筑装饰工程技术、建筑工程技术、智能建造技术、建设工程管理、工程造价、建筑设备工程技术、建筑电气工程技术、市政工程技术、给排水工程技术、道路与桥梁工程技术、市政工程、建筑经济信息化管理等。

（二）开设相关专业的院校（排名不分先后）

1. 本科院校：清华大学、东南大学、天津大学、同济大学、哈尔滨工业大学、华南理工大学、重庆大学、西安建筑科技大学、北京建筑大学、吉林建筑大学等。

2. 高职院校：广州城建职业学院、上海城建职业学院、江苏城乡建设职业学院、广西建设职业技术学院、江苏建筑职业技术学院、广东建设职业技术学院、陕西铁路工程职业技术学院、四川建筑职业技术学院、山东城市建设职业学院、浙江建设职业技术学院等。

3. 中职学校：上海市建筑工程学校、青岛市房地产职业中等专业学校、江苏省海门中等专业学校、山西省建筑工程技术学校、广西城市建设学校、河北城乡建设学校、江苏省南京工程高等职业学校、嘉兴市建筑工业学校、长沙建筑工程学校、重庆工商学校等。

七、建筑信息模型技术员的就业创业信息

该职业从业人员主要集中在一线城市，以及经济发展较快或人口较多的省份，如江苏、浙江、山东、河南等。

吸纳建筑信息模型技术员就业较多的用人单位主要有：

1. 施工企业：如中建三局、中建八局、中交一公局、中铁一局、浙江省建工集团、北京住总集团等。

2. 咨询企业：如中国建筑标准设计研究院、中国建筑科学研究院、中国建筑

西北设计研究院、中交第二航务工程勘察设计院等。

3. 软件企业：如欧特克软件（中国）、BENTLEY 软件（北京）、北京盈建科、达索析统（上海）、广联达、鲁班软件、福建晨曦、杭州品茗等。

4. 房地产企业：如万达、碧桂园、龙湖、万科、金地、融创、绿城、华润等。

注：以上地区及机构排名不分先后，不代表相关实力排名。

八、建筑信息模型技术员的职业贯通发展

该职业的发展路径主要有四条：管理路线，即从普通员工晋升到主管或单位中层，再晋升到经理 / 单位领导层，甚至向高层领导职务发展。专家路线，即不断提高技能水平，从 BIM 建模师不断往 BIM 应用工程师、BIM 专业负责人、BIM 项目经理、BIM 项目总监的职业等级上不断晋升，成为建筑领域的专家。复合人才路线，在掌握了 BIM 技术后，结合本身所学专业和兴趣方向，可向其他行业跨越或职业转型，如建筑设计工程技术人员、土木建筑工程技术人员、道路与桥梁工程技术人员等。创业路线，即基于个人兴趣爱好进行领域的创新创业。建筑信息模型技术员职业贯通发展如图 1 所示。

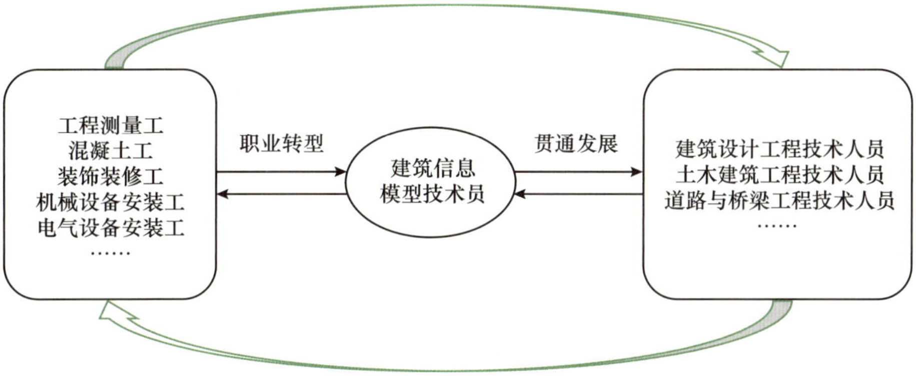

图 1　建筑信息模型技术员职业贯通发展图

九、建筑信息模型技术员的发展前景

从市场供需看。建筑信息模型技术员存在巨大的缺口，2019 年人力资源社会保障部网站发布的《新职业——建筑信息模型技术员就业景气现状分析报告》显

示，预计未来 5 年国内各类企业对 BIM 技术人才的需求总量将达到 130 万人，而经验丰富的高技能 BIM 人才在市场上更是供不应求。

从产业发展看。中国建筑业协会发布的《2020 年建筑业发展统计分析》显示，2020 年建筑业总产值持续增长，达到 26.4 万亿元，同比增长 6.2%，建筑业作为国民经济的支柱产业地位稳固，但高产值、高能耗、低经营效益，一直是建筑企业面临的普遍问题。BIM 技术可以优化设计方案，减少施工过程中的错漏碰缺，基于 BIM 模型的施工现场进度、质量、安全管理，可提高施工协调效率，降低施工成本，对提高工程质量起到关键作用，BIM 技术必将在建筑业改革上起到关键性作用。

从政策红利看。2020 年 7 月，住房和城乡建设部、国家发展和改革委员会、科学技术部等十三部门联合发布了《关于推动智能建造与建筑工业化协同发展的指导意见》，要求在项目建造全过程加大建筑信息模型（BIM）、互联网、大数据、云计算等新技术的集成与创新应用，加快建筑工业化升级。部分单位对掌握 BIM 技能的人员有相应的奖励政策，部分企业对获得 BIM 技能证书的员工一次性奖励 5000 元，另有一些企业对这类 BIM 技能人才每月补贴 500~800 元。部分地区为了提高职工的职业技能素质，对高技能 BIM 人才予以褒奖，如南京市对建筑信息模型技能大赛获奖人员授予“南京市五一劳动奖章”“南京市技术能手”“南京市五一创新能手”及“南京市青年岗位能手”等称号。

十、相关内容链接

国家职业标准：扫码即可查看☞

相关政策文件：本书附录序号 63。

供稿：中国建筑科学研究院有限公司　霍光辉

酒体设计师

职业编码：6-02-06-12

过年孝敬老人带的两瓶好酒，亲朋小聚时候的“再来一杯”，礼待外宾的国宴用酒，凯旋之时的庆功佳酿……可以说，酒和生活的方方面面有关。这些能满足消费者需求的不同价格、不同口味的美酒出自谁手？怎么保证每瓶酒的口味一样呢？根据国家统计局统计数据，2020 年全国酒类生产量达 447.649 亿升。如此巨大的产量，需要酒体设计师来保障酒产品的质量、风格与市场需求量，酒体设计师已经成为酒类产业高质量发展的核心技术力量。

一、酒体设计师的一天

记录时间：2020 年 3 月 18 日 **记录人：李某波**

上午工作情况

8 点：

1. 来到办公室，用计算机浏览酒类产业政策的变化，其他酒企的新技术、新产品，酒类消费趋势变化等信息。（信息收集分析）

2. 在办公室联系物流发货计划科，根据市场需求，从产品成本、产品口感、产品风味参数、食品安全指标、生产技术标准等方面制定产品设计方案。（产品方案设计）

10 点：

1. 来到酒库，按照设计方案，挑选各种原料酒，并送到检测部门进行酒样风味成分分析等操作。（产品设计方案实施）

2. 在实验操作室，根据产品设计方案，将不同种类的原料酒按照不同比例混合制成设计小样，送至检测部门进行风味指标、卫生安全指标检验。（产品设计方案实施）

下午工作情况

14点：

1. 在感官鉴定室，根据产品设计标准，组织对设计小样进行鉴评，包括产品成本、产品口感、产品风味指标、食品安全指标等，优选出最佳方案。（产品设计方案实施）

2. 将最终设计方案递交至勾调车间，指导车间工人进行大样调配生产。（产品设计方案实施）

16点：

1. 在感官鉴定室，参与成品酒质量鉴定，做好产品出厂前的品质验收工作。（品质管控）

2. 前往原料酒生产车间，查看工艺运行情况和原料酒质量，并现场指导生产。（生产指导）

3. 开设技能培训讲座，传授酒体设计技能。（技能培训）

二、什么是酒体设计师

职业定义。酒体设计师是运用感官鉴评、分析综合评判原酒与调味酒的组合特性，提出酒体配比方案的人员。

定义解读。酒体既指酒的物理状态与化学结构的综合体现，又指酒的色香味格的整体表现。设计师是指在特定领域提供创意工作的人员。

关联职业。密切相关的职业有品酒师、酿酒师、白酒酿造工。品酒师是指运用感觉器官品评酒体质量，指导酒类酿造、储存和勾调的人员。酿酒师是指从事酒类酿造指导及酒类新产品开发工作的人员。白酒酿造工是指以粮食或粮食代用料为原料，使用原料处理、发酵等设备和装置，将酒曲和酒母进行固态或液态发酵，蒸馏、勾调和陈化酿制白酒的人员。酒体设计师是针对白酒行业进行市场分析、产品方案设计与实施、产品品质控制及指导生产特定风格产品的人员。

相应岗位。品酒师、勾兑员、勾调工、调酒师等。

三、酒体设计师的主要工作职责

1. 关注行业动态，及时了解政策变化、技术创新、消费变化等方面的信息。

2. 收集市场酒类产品销售信息，分析酒类消费趋势，对新产品的开发提出合理建议。

3. 根据市场需求和企业技术条件，设计新产品的调配方案。

4. 负责原料酒的质量分级评判和风味成分分析工作。

5. 负责新产品的小样试制工作。

6. 组织新产品小样鉴评，确认产品设计方案。

7. 下发产品设计方案至勾调车间，指导工人进行生产。

8. 出厂酒产品感官质量鉴定。

9. 原料酒生产车间工艺指导和酒质分级指导。

10. 开展酒体设计相关的技能培训，传授技能及传承技艺。

酒体设计师主要工作职责如图 1 所示。

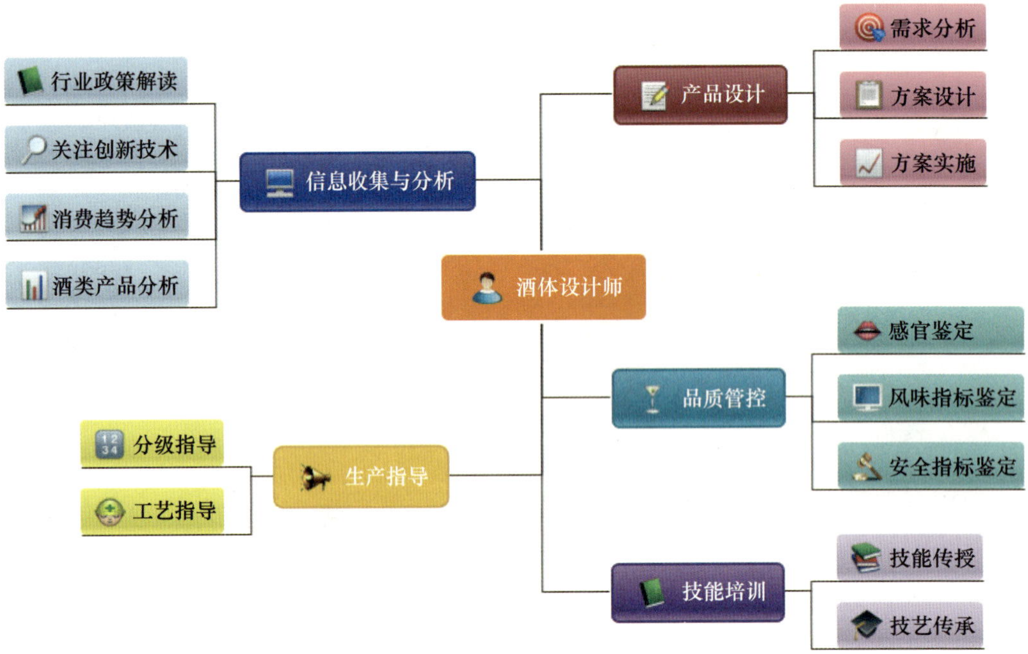

图 1　酒体设计师主要工作职责

四、酒体设计师的薪酬福利待遇

平均薪酬水平。从行业岗位看，酒体设计师属于制造业技术研发人员，平均年薪为 100000 元左右；从区域看，部分酒类生产优势产区该职业的薪酬为 10000~20000 元 / 月（如贵州仁怀为 10000~20000 元 / 月，四川宜宾为 12000~18000 元 / 月，江苏宿迁为 10000~16000 元 / 月），高于其他产区该职业的薪酬。

与类似职业对比。根据智联招聘网 2021 年 11 月数据，在贵州等地区，该职业的薪酬一般高于品酒师、酿酒师、白酒酿造工等的薪酬。类似职业薪酬水平见表 1。

表 1　类似职业薪酬水平

职业名称	薪酬水平（元 / 月）
酒体设计师	10000~20000
品酒师	8000~12000
酿酒师	6000~8000
白酒酿造工	6000~8000

五、从事酒体设计师工作需要哪些本领

该职业从业人员需具备的知识和技能有：基本的酒类生产工艺设备和酿酒微生物学知识、原料酒感官质量鉴别、酒体调配方案设计与实施、勾调车间生产调试、成品酒鉴定、色谱检测分析、产品执行标准制定、新产品开发应用等。核心技能是品评勾调与产品风格特色设计。

根据《酒体设计师国家职业技能标准（征求意见稿）》，该职业需具备的知识和技能见表 2。

表 2　酒体设计师需具备的知识和技能

职业功能	工作内容	知识和技能要求
信息收集与分析	对市场销售的酒类产品进行数据收集	能够应用各类表单工具调研收集市场酒类产品信息，并按照要求进行记录和分类整理信息，对数据收集工作提出改进意见并完善
	对市场销售的酒类产品进行数据分析	能够应用数据分析软件解读市场销售酒类产品基本分析报告，熟练应用搜索软件，根据产品设计方案进行相关报告的查询，并对完善数据分析工作提出合理建议
酒体设计	现场工作准备	能够做好酒体设计前的现场准备工作，包括设计现场的温度、湿度、灯光强度调节和控制，并按照操作要求规范摆放酒体设计使用器具

续表

职业功能	工作内容	知识和技能要求
酒体设计	基础酒的准备	能够按照产品设计方案要求，从酒库选取符合标准的基础原料酒，能够对基础酒的感官情况、理化风味数据进行识别、解读和评判
	其他原辅料准备	能够按照酒体设计方案需求，准备好露酒、特型黄酒等酒种设计需要的原辅料并按要求分类摆放，并且能够读懂原辅料的感官性状和理化分析指标检测的报告
	酒体制备	能够按照产品配方要求，遵照酒体设计操作流程，完成酒体设计小样、大样设计放样过程
酒体验证	产品感官验证	能够利用嗅觉、味觉等感官技术对产品的香气、口感与标准样进行品评对比验证，完成感官品评表的填写，能提出感官方面完善建议
	产品理化验证	能够通过对比分析方法，对样品的基础理化风味指标报告与标准样品进行对比验证，并按要求记录样品理化检测指标数值和归档工作，能指出样品理化检测指标的异常

六、酒体设计师的专业教育现状

（一）相关专业

目前已有较多院校开设了与该职业相关的专业，涉及的本科、高职相关专业有发酵工程、食品科学与工程、酿酒工程、生物工程、食品加工与检验、食品生物技术、食品质量与安全、食品营养与卫生、食品营养与检测等。

（二）开设相关专业的院校（排名不分先后）

1. 本科院校：江南大学、四川大学、四川轻化工大学、北京工商大学、天津科技大学、茅台学院、西北农林科技大学、中国农业大学、华中农业大学、扬州大学等。

2. 专科院校：江苏食品药品职业技术学院、泸州职业技术学院、宜宾职业技术学院、广东食品药品职业学院、江苏农牧科技职业学院、芜湖职业技术学院、贵州轻工职业技术学院、宝鸡职业技术学院、黑龙江职业学院、湖北轻工职业技术学院等。

七、酒体设计师的就业创业信息

该职业从业人员遍布全国各地，主要集中在白酒产业较发达的省份，如四川、贵州、江苏、山西、安徽、河南、陕西、湖北等。

吸纳酒体设计师就业较多的用人单位主要有：贵州茅台酒股份有限公司、宜宾五粮液股份有限公司、江苏洋河酒厂股份有限公司、泸州老窖股份有限公司、山西杏花村汾酒集团有限公司、四川绵竹剑南春酒厂有限公司、四川郎酒股份有限公司、舍得酒业股份有限公司、劲牌有限公司、湖北白云边股份有限公司、北京红星股份有限公司、北京顺鑫农业股份有限公司、安徽古井贡酒股份有限公司、陕西西凤酒股份有限公司、四川水井坊股份有限公司等。

注：以上地区及机构排名不分先后，不代表相关实力排名。

八、酒体设计师的职业贯通发展

该职业的发展路径主要有四条。管理路线，即从员工晋升到主管 / 单位中层，再晋升到经理 / 单位领导层，甚至向高层领导职务发展。专家路线，即不断提高技能水平，在职业等级上不断晋升，成为酒体设计领域专家。复合人才路线，即向其他行业跨越或职业转型，如通过学习相关知识和技能转型为酒类鉴定师、酒类培训师等，与专业技术岗位横向贯通。创业路线，即基于个人兴趣爱好进行创新创业，如酒类营销师、酒类文学作家等。酒体设计师职业贯通发展如图 2 所示。

九、酒体设计师的发展前景

从市场供需看。酒体设计师担负着酒企产品研发专家和质量管控的重要角色，是市场需求和技术研发的关键连接点，是每个酒企都离不开的人才，属于稀缺人才。2021 年 4 月中国酒业协会培训部行业调研报告显示，由于年龄断层和特定风

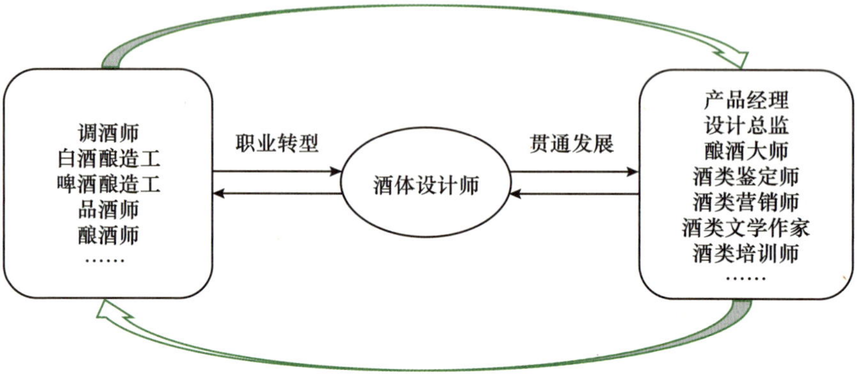

图 2　酒体设计师职业贯通发展图

味产品开发需要，且无专业特定的培训机构，酒类行业高技能的酒体设计人员相对缺乏。根据中国酒业协会第六届理事会报告，全国大约有 1887 家规模以上酒企，每家酒企一般配置酒体设计师 20~50 人；中小型酒企 28113 家，每家企业至少配备酒体设计师 5 人；预计有 17 万 ~37 万人的缺口。

从产业发展看。根据中国酒业协会发布的《中国酒业“十四五”发展指导意见》，“十四五”期间要实现酒业的高质量稳健发展。随着人民生活水平的不断提高，酒类消费市场的需求也在不断变化，消费者的个性化需求越发凸显，酒企就需要有针对性地提供产品个性定制化服务。这就要求酒体设计师能根据客户需求生产出更多有创造性的酒类产品。因此，未来酒体设计师的职业前景将十分广阔。

从政策红利看。宜宾市、宿迁市作为中国白酒之都，高度重视酒业人才的发展，将白酒勾调工、酿造工等作为高技能人才紧缺型职业（工种），并给予最高 4000 元的培训补贴标准。宿迁市将白酒品评、酒体设计人才纳入“宿迁千名拔尖人才”培养工程对象，第一、第二、第三层次培养对象每月分别享受 3000 元、1000 元、500 元的补贴。宿迁市还将白酒品评、酒体设计人员作为制造业新引进人才发放“购房券”，按全日制博士研究生 30 万元 / 人、全日制硕士研究生 15 万元 / 人、“双一流”建设高校全日制本科生及高级技师 10 万元 / 人、普通高校全日制本科生及技师 5 万元 / 人的标准发放。此外，还按上述学历或技能等级以 8 万元 / 人、6 万元 / 人、4 万元 / 人、3 万元 / 人的标准发放生活补贴。仁怀市针对工作 3 年以上的酒体设计师人才，在高等学历继续教育方面给予

50% 的学费补贴。

十、相关内容链接

国家职业标准： 暂缺

相关政策文件： 本书附录序号 41、42、43。

供稿：江苏洋河酒厂股份有限公司　赵国敢

康复辅助技术咨询师

职业编码：4-14-03-06

随着年龄的增长，我们的身体机能会逐渐衰退，出现看不明、听不清、行动不便、自理困难等状况。有没有什么产品能帮助我们看得更清楚、听得更清楚，辅助站立行走、辅助吃喝拉撒睡呢？哪里有这样的产品？又如何选择、使用这些产品呢？若出现了故障，能去哪里找谁维修呢？康复辅助技术咨询师能够帮助老年人尤其是失能老年人，选择合适的老年用品，并指导其正确使用，以提高其生活质量。

一、康复辅助技术咨询师的一天

记录时间：2021 年 12 月 6 日 **记录人：安某华**

上午工作情况

8 点：

1. 按预约信息，在接待处同王大爷及其家人交谈，了解其行动需求，建立个人服务档案信息。（需求咨询）

2. 在评估室，对王大爷的行动困难状况、居家情况、生活方式等进行评估。（功能评估）

3. 基于评估情况，与王大爷及其家人共同做出轮椅处方的决定，详细记录轮椅的类型、尺寸、特征等，以及要掌握的使用要求。（方案制定）

4. 结合目前的政策，与王大爷及其家人商谈通过购买还是租赁获取轮椅，确定支付渠道和方式。（资金来源确定）

下午工作情况

14点：

1.在产品展示体验区，根据轮椅处方为王大爷选择相应的零部件，并组装成轮椅。（产品准备）

2.让王大爷试用轮椅，并进行检查、调整。（适配调整）

3.指导王大爷及其家人安全、高效地使用和维护轮椅。（使用指导）

4.把轮椅交付王大爷及其家人，并告知其维修和保养信息，在档案中记录随访时间。（交付及随访）

二、什么是康复辅助技术咨询师

职业定义。康复辅助技术咨询师是使用康复辅助器具，为身体功能障碍者提供辅助技术咨询、转介、评估、方案设计、应用指导等服务的人员。

定义解读。康复辅助技术是指与康复辅助器具（康复辅助技术产品，简称康复辅具）、系统和服务相关的系统知识和技能的应用，旨在维持或改善个人的功能和独立性，从而促进其福祉。咨询是指根据功能障碍者的身体状况和所处的环境，为其选择合适的康复辅助器具，并指导其正确地使用操作。

关联职业。密切相关的职业有假肢师、矫形器师、听力师、假肢装配工、矫形器装配工、助听器验配师、眼镜验光员、眼镜定配工。假肢师、矫形器师、假肢装配工、矫形器装配工面向肢体功能障碍群体开展假肢矫形器类康复辅助技术服务，听力师面向听力功能障碍者开展听力类康复辅助技术服务，眼镜验光员、眼镜定配工面向视力功能障碍者开展视力类康复辅助技术服务。康复辅助技术咨询师面向所有功能障碍群体，作为这几类职业的补充，既为其他功能障碍者提供相应种类的康复辅助技术服务，又能够从事现有这几个职业中有关咨询、评估等工作。

相应岗位。社区康复协调员、康复咨询师、辅具评估员、辅具工程师、辅具销售员、康复治疗师等。

三、康复辅助技术咨询师的主要工作职责

1. 为公众开展康复辅助技术相关政策、服务路径和产品种类的科普、宣传。

2. 准确采集服务对象的基本信息、功能障碍种类、生活方式、生活工作环境、康复辅具应用情况等信息。

3. 评估服务对象的活动和参与能力，包括运动、感觉、认知等功能；评估服务对象使用康复辅助技术的物理、社会和制度环境；评估开展服务转介时机，提供转介资源和渠道。

4. 判断、识别、分析服务对象的康复辅助技术需求和使用目标，制定移动、生活自理、姿势管理、信息沟通等不同的康复辅助技术服务方案。

5. 开展移动、生活自理、姿势管理、信息沟通等康复辅具的使用操作、参数调节、维修保养指导。

6. 开展移动、生活自理、姿势管理、信息沟通等康复辅具的适合性检查、跟踪随访、应用成效和满意度评价。

7. 制订培训计划，编写培训标准，开展专题培训与专项指导。

转移康复辅具使用指导如图 1 所示。

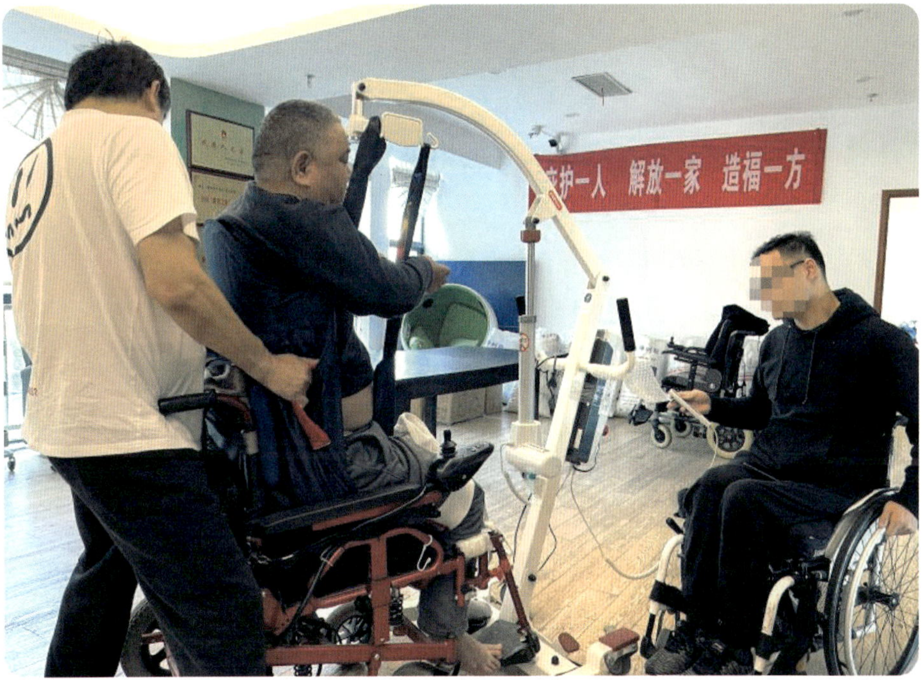

图 1　转移康复辅具使用指导

四、康复辅助技术咨询师的薪酬福利待遇

平均薪酬水平。康复辅助技术咨询师属于社会生产服务和生活服务人员。据国家统计局公布数据，2020 年全国规模以上企业就业人员年平均工资为 79854 元，其中社会生产服务和生活服务人员平均工资为 61938 元。从区域看，平均工资最高的是我国东部地区 67652 元，最低的是中部地区 50873 元；从企业登记注册类型看，平均工资最高的是外商投资企业 85165 元，最低的是集体企业 46303 元。

与类似职业对比。根据智联招聘网 2021 年 12 月数据，在北京、上海等一线城市，该职业的薪酬与假肢矫形器师、助听器验配师的薪酬接近，低于健康管理师、医疗器械销售员、康复治疗师的薪酬，见表 1。

表 1　类似职业薪酬水平

职业名称	薪酬水平（元 / 月）
康复辅助技术咨询师	5000~8000
假肢矫形器师	5000~10000
助听器验配师	5000~12000
健康管理师	6000~15000
医疗器械销售员	7000~15000
康复治疗师	6000~22000（每周休息一天）

五、从事康复辅助技术咨询师工作需要哪些本领

该职业从业人员需具备的知识和技能有：医学基础知识、工程学基础知识、社会学基础知识、康复辅助器具基础知识，功能障碍评估，康复辅助技术产品及服务推荐选择、应用指导、效果评估等。核心技能是把合适的康复辅助技术产品匹配给有需求的功能障碍者。

根据《康复辅助技术咨询师国家职业技能标准》，该职业需具备的知识和技能见表 2。

表 2　康复辅助技术咨询师需具备的知识和技能

职业功能	工作内容	知识和技能要求
需求咨询	科普宣教	能宣传科普康复辅助技术产品、政策与服务路径
	信息采集	能采集服务对象病史、障碍种类、康复辅助技术应用现状
	需求判断	能判断、识别服务对象的康复辅助技术需求和使用目标

续表

职业功能	工作内容	知识和技能要求
转介服务	转介评估	能判断转介时机，并预约同机构的转介服务
	转出服务	能判断假肢矫形器、助听器、助视器需求，并转介至相应服务机构
应用评估	活动评估	能确认服务对象活动的场所、时间、频率
	功能评估	能评估服务对象的运动、感觉、认知等功能
	情境评估	能评估服务对象使用康复辅助技术的物理、社会和制度环境
	报告撰写	能撰写康复辅助技术产品和环境改造评估报告
方案设计	目标确定	能分析服务对象的需求，确定其使用辅助技术的动机、偏好与期望
	决策制定	能确定合适的康复辅助技术产品型号、参数和配件
应用指导	使用指导	能进行常见康复辅助技术产品参数调节、使用环境调整指导
	维保指导	能进行常见康复辅助技术产品的维修、保养指导
效果评价	适合性检查	能进行常见康复辅助技术产品和活动环境改善适合性检查
	应用效果评估	能进行常见康复辅助技术产品使用效果和目标完成评价
培训与管理	业务培训	能制订培训计划、编写培训标准、落实培训开展、评价培训效果
	质量管理	能制定质量控制方案，落实安全管理，发现和整改安全隐患

六、康复辅助技术咨询师的专业教育现状

（一）相关专业

目前，教育部专业目录中设置了与该职业相关的多个专业，涉及本科院校、高职院校及中职学校等。普通本科开设有假肢矫形工程、康复工程、康复治疗学、

物理治疗、作业治疗、生物医学工程等。高职本科开设有康复辅助器具技术、康复治疗等。高职专科开设有康复辅助器具技术、康复治疗技术、康复工程技术等。中职学校开设有康复辅助器具技术与应用、康复技术、眼视光与配镜等。

（二）开设相关专业的院校（排名不分先后）

1. 本科院校：北京航空航天大学、上海理工大学、西安交通大学、四川大学、首都医科大学、广州中医药大学、昆明医学院、滨州医学院、新乡医学院、上海健康医学院等。

2. 高职院校：北京社会管理职业学院（民政部培训中心）、重庆电子工程职业学院、新乡医学院三全学院、辽宁特殊教育师范高等专科学校、四川卫生康复职业学院、长沙民政职业技术学院、天津医学高等专科学校、宁波卫生职业技术学院、东莞职业技术学院、重庆三峡医药高等专科学校等。

3. 中职学校：北京商业学校、福建省民政学校、四川省民政干部学校、山东省青岛卫生学校、河南郑州市卫生学校、四川省卫生学校、武汉卫生学校、广州卫生学校、哈尔滨市卫生学校、石家庄天使护士学校等。

七、康复辅助技术咨询师的就业创业信息

该职业从业人员主要集中在北京、上海、广州、深圳等一线城市，以及开展康复辅具产业综合创新试点和康复辅具租赁服务试点、实施辅助器具补贴制度的省市，如福建、宁夏、辽宁、浙江、江苏、青海、宁夏、河南、河北、四川等。

吸纳康复辅助技术咨询师就业较多的用人单位主要有：

1. 医疗机构：如三级医院康复科、康复工程科及二级康复医院等。

2. 事业单位：如民政系统各省级康复辅具技术中心、残联系统康复中心、各级辅助器具（资源）服务中心等。

3. 康复辅具生产企业：如江苏鱼跃医疗设备股份有限公司、上海互邦智能康复设备股份有限公司、河南翔宇医疗设备股份有限公司、康辉医疗科技（苏州）有限公司、常州市钱璟康复股份有限公司、北京大艾机器人科技有限公司等。

4. 康复辅具经销和租赁服务企业：如康复之家健康产业集团、北京鹤逸慈老年生活用品有限公司（北京鹤逸慈辅具科技有限公司）、上海奥思特康复辅具有限

公司、上海睦龄养老投资管理有限公司、上海宥成医疗器材有限公司等。

5. 养老机构：如泰康之家、长者友善、燕达、九如城、椿萱茂、亲和源、大爱天下、诚和敬、普亲养老、佰仁堂等。

注：以上地区及机构排名不分先后，不代表相关实力排名。

八、康复辅助技术咨询师的职业贯通发展

该职业的发展路径主要有四条：管理路线，即从普通员工晋升到主管 / 单位中层，再晋升到经理 / 单位领导层，甚至往更高的领导职务发展。专家路线，即不断提高技能水平，在职业等级上不断晋升，成为康复辅助技术领域专家。复合人才路线，即向其他行业跨越或职业转型，如通过学习相关知识和技能转型为健康管理师、康复治疗师等，与专业技术岗位横向贯通。创业路线，即基于个人兴趣爱好进行创新创业。康复辅助技术咨询师的职业贯通发展如图 2 所示。

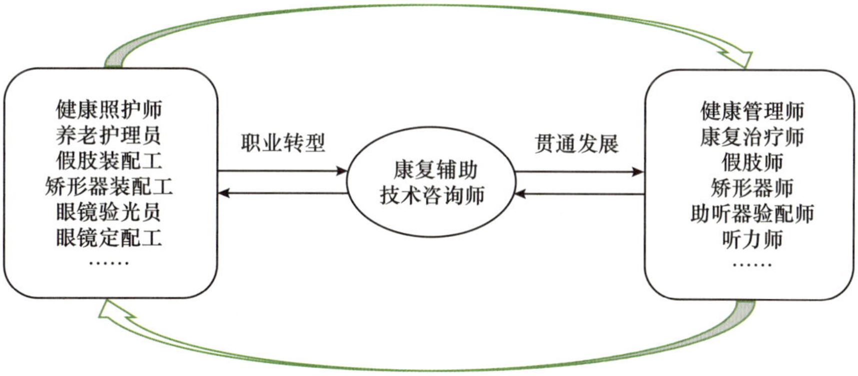

图 2　康复辅助技术咨询师职业贯通发展图

九、康复辅助技术咨询师的发展前景

从市场供需看。我国健康服务人员存在巨大的缺口，据 2020 年人力资源社会保障部不完全统计，我国康养高技能人才存在近 1000 万人的缺口，供需严重失衡。康复辅助技术咨询师是康养人才队伍中的重要力量。根据上海市“十四五”期间要培训 3000 名康复辅助技术咨询师的目标，仅按照上海市老年人和残疾人群体占比，推算未来 5 年我国至少需要 15 万名该职业人员。

从产业发展看。“健康中国”已成为国家战略，康复辅助技术是健康技术的一个重要分支。在我国，发展康复辅助器具产业有利于引导激发新消费，培育壮大新动能，加快发展新经济，推动经济转型升级；有利于积极应对人口老龄化，满足残疾人康复服务需求，推进健康中国建设，增进人民福祉。

从政策红利看。2020 年 10 月人力资源社会保障部、民政部等联合发布《关于实施康养职业技能培训计划的通知》后，各省市释放了一系列政策红利。如河南省、江苏省、重庆市等多省市，明确 2020—2022 年培养培训各类康养服务人员都在 20 万人次以上。上海市则明确建立康复辅具技术咨询师队伍，在“十四五”期间完成培训 3000 名。目前，上海市、重庆市已实施了该专业队伍的培训工作。北京市设立养老服务入职奖励，按照本科及以上 6 万元 / 人、专科（高职）5 万元 / 人、中职 4 万元 / 人的标准，分三年发放。

十、相关内容链接

国家职业标准：扫码即可查看 ☞

相关政策文件：本书附录序号 33、45、51。

供稿：北京社会管理职业学院（民政部培训中心） 李高峰

老年人能力评估师

职业编码：4-14-02-05

“奶奶您以前是做什么工作的呀？能自己洗澡吗？胃口怎么样？有没有什么娱乐活动啊？”针对小蒋的问题，今年 71 岁的张奶奶对答如流。可不要小看这些看似唠家常的对话，这实际上是老年人能力评估师获取评估信息的重要手段。判定老年人生活自理程度、腿脚、记忆、视力、听力、精神状态等能力是否完好，老年人能力评估师的评估起着至关重要的作用。

一、老年人能力评估师的一天

记录时间：2021 年 9 月 21 日 **记录人：李某华**

上午工作情况

8 点：

1. 到评估中心查阅已受理的预约评估资料，了解评估对象的基本信息。（准备资料）

2. 电话联系评估对象或其家属（监护人）、养老机构，约定评估时间。（预约时间）

3. 调试好评估系统或打印评估量表，检查评估工具箱 / 包。（准备工具）

10 点：

1. 携带全套评估用品，准时赶到评估对象家中。（上门评估）

2. 依据评估对象的健康状态，运用评估系统，因地制宜开展能力评估。（评估能力状况）

3. 将各项测评选项对应得分录入评估系统。(采集数据)

4. 根据评估结果与评估对象的家属(监护人)沟通,初步评定能力等级。(评定能力等级)

5. 观察评估对象的生活环境,提出环境适老化改造建议。(评估适老环境)

6. 对评估对象的家属(监护人)、照护人进行健康知识普及与指导。(健康教育)

7. 针对失能、失智老年人给出能力康复或医疗干预建议。(合理化建议)

8. 返回评估中心,将初评结果交由评估组组长进行审核。(评估审查)

下午工作情况

14 点:

1. 按预约时间赶到某养老院,对在院老年人进行定期评估。(定期评估)

2. 通过家属(监护人)、照护人、护士、医生了解评估对象近期生理及心理状态。(信息采集)

3. 根据评估对象的身心状况,灵活安排评估项目,并记录各项目评估中的得分。(评估能力状况)

4. 将各测评项目评分结果录入评估系统。(采集并统计数据)

5. 根据评估结果,初步判定能力等级和护理等级。(判定等级)

16 点:

1. 返回评估中心,将定期评估结果交由评估组组长进行审核。(评估审查)

2. 对经审核无异议的评估结果出具评估报告,通知评估对象的家属(监护人)或评估对象;有异议的,则通过评估对象的家属(监护人)或评估对象进行复评。(复核评估)

3. 根据评估报告结果,与家属(监护人)或养老机构人员进行沟通,提出康复建议,制订康复计划。(康复建议)

4. 对初次评估对象的家属(监护人)提出社区服务资助(或申请兜底保障)建议,根据评定结果提出相应的护理(照护)建议。(护理建议)

二、什么是老年人能力评估师

职业定义。老年人能力评估师是为有需求的老年人提供自理能力、基础运动能力、精神状态感知觉与社会参与能力测量与评估的人员。

定义解读。《中华人民共和国老年人权益保障法》第二条规定，老年人是指60周岁以上的公民。能力是指个体顺利完成某一活动所必需的身体条件，包括日常吃饭、洗澡、穿衣的自理能力，基本的运动能力等。评估是指依据评估规范，运用评估量表等工具对老年人的身体健康状况进行测量、分析和评判，得出失能、失智等级的判定结论。

关联职业。密切相关的职业有养老护理员、医疗护理员、健康照护师等。老年人能力评估师通过评估得出的结论是养老护理员、医疗护理员和健康照护师制订护理（照护）计划和开展护理（照护）工作的前置条件和重要依据。

相应岗位。老年人能力评估专员、社会工作者、健康管理员、老年人护理需求评估员、长护险需求评估员、老年人失能失智等级评估员等。

三、老年人能力评估师的主要工作职责

1. 评估准备：依据评估规范要求，准备老年人相关信息，准备评估工具，协调整理与布置评估环境。

2. 信息采集：使用评估量表、评估系统采集和记录老年人的基本信息、健康状况信息、生活环境条件信息。

3. 能力评估：依据评估规范要求，测量与评估老年人日常生活活动能力、认知功能和精神状态、感知觉与沟通能力、社会参与能力。

4. 等级评定：依据测评项目评分结果，确定老年人能力等级。

5. 出具评估报告：复核评估结果，出具老年人能力评估报告。

6. 康复建议：对老年人能力维护与康复提出建议方案。

老年人能力评估师的主要工作职责如图 1 所示。

四、老年人能力评估师的薪酬福利待遇

平均薪酬水平。从行业岗位看，老年人能力评估师属于社会生产服务和生活

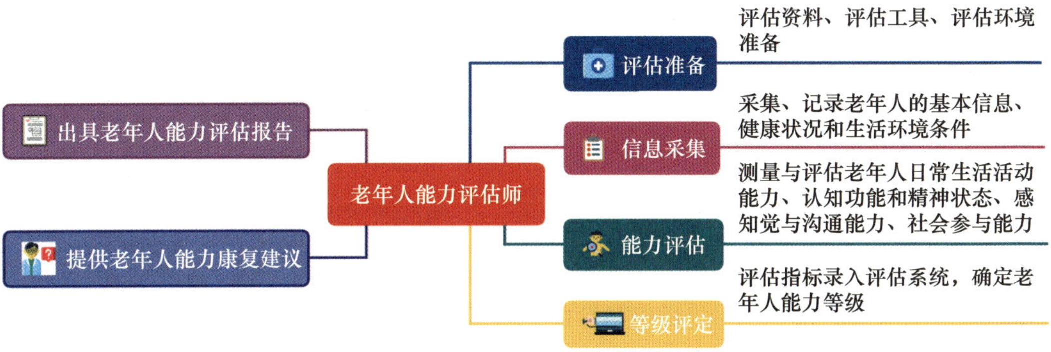

图 1　老年人能力评估师的主要工作职责

服务人员中的健康服务人员，国家统计局 2020 年数据显示，此类人员年平均工资为 56529 元。从地域看，东部地区从业人员年平均工资为 67652 元，高于其他地区，如北京、上海、广东等地为 6000~20000 元 / 月。

与类似职业对比。以北京地区为例，该职业的薪酬要高于养老护理员、健康管理师、护士及社会工作者等的薪酬，略低于保险公司核保师、核赔师的薪酬，见表 1。

表 1　类似职业薪酬水平

职业名称	薪酬水平（元 / 月）
老年人能力评估师	6000~20000
养老护理员	3000~5000
健康管理师	5000~10000
护士	5000~10000
社会工作者	4000~6000
保险公司核保师、核赔师	6000~18000

五、从事老年人能力评估师工作需要哪些本领

该职业从业人员需具备的知识和技能有：基本的老年人能力评估基础知识、老年医学基础知识、康复学基础知识。核心技能是语言表达和沟通理解能力等。

根据《老年人能力评估师国家职业技能标准》，该职业需具备的知识和技能见表2。

表2　老年人能力评估师需具备的知识和技能

职业功能	工作内容	知识和技能要求
信息采集与管理	信息采集	能采集和记录老年人身份信息、生命体征信息、生活环境条件信息、疾病诊断记录信息、近30天意外事件信息
	信息管理	能准确填写评估相关表单信息，使用评估系统记录、存储、检索、更新信息和数据，建立老年人基本信息档案
能力评估	日常生活活动能力评估	能评定进食、洗澡、修饰、穿衣、如厕、大小便控制、床椅转移、平地行走、上下楼梯等能力，能确定日常生活活动能力分级
	认知功能和精神状态评估	能评定认知功能、攻击倾向和攻击风险、抑郁症状、负性情绪和精神状态，能确定认知能力和精神状态分级
	感知觉与沟通评估	能评定意识水平、视力状况、感知声音信息能力、沟通交流能力，能确定感知觉与沟通能力分级
	社会参与能力评估	能评定生活能力、工作能力、时间和空间定向能力、人物定向能力、社会交往能力，能确定社会参与能力分级
等级评定	等级评定	能统计、分析各项能力评估得分和能力分级数据，能评定能力等级，能依据老年人能力评估特殊事项、变更条款等，对应调整能力等级
环境评估	家庭环境评估	能采集家庭成员基本情况信息，分析家庭类型和结构，分析家庭成员之间关系状况，评估家庭中主要角色作用，评估家庭成员对老年人生活和健康状况的认识程度，评估家庭支持状况
需求评估	照护服务需求	能评估失能、失智老年人基本生活服务需求，评估维护功能和促进能力康复的照护需求，评估对生活和康复辅具的需求，评估失能、失智老年人对安全防护的需求

六、老年人能力评估师的专业教育现状

（一）相关专业

目前已有较多院校开设了与该职业相关的专业，涉及本科院校、高职院校、中职学校。本科院校专业有护理、健康管理、心理咨询及老年人服务与管理等。职业院校专业有老年保健与管理、老年人服务与管理、智慧健康养老服务与管理、社区管理与服务等。

（二）开设相关专业的院校（排名不分先后）

1. 本科院校：北京大学、北京工业大学、哈尔滨工业大学、首都经济贸易大学、南京中医药大学、广州医科大学、广西医科大学、北京中医药大学、天津理工大学、湖南女子学院、玉溪师范学院等。

2. 高职院校：北京青年政治学院、北京劳动保障职业学院、北京中医药大学东方学院、河南护理职业学院、黑龙江护理高等专科学校、大连职业技术学院、潍坊护理职业学院、四川文理学院、金华职业技术学院、长白山职业技术学院等。

3. 中职学校：雄安兴达职业技工学校、重庆公共卫生学校、贵州省人民医院护士学校、绍兴护士学校、江苏省徐州医药高等职业学校、重庆光华女子职业中等专业学校、广东省食品药品职业技术学校、海宁卫生学校、浙江省永康卫生学校、甘肃卫生职业学院等。

七、老年人能力评估师的就业创业信息

老龄人口越多的省市对该职业需求越大，吸纳老年人能力评估师就业较多的用人单位主要有：

1. 养老机构：如泰康之家、光大汇晨养老、万科随园、清檬养老、诚和敬、乐成养老等。

2. 医疗服务机构：如各级各类医院、基层卫生服务机构、疗养中心、疗养院等。

3. 保险机构：如中国人寿、平安人寿、太平洋人寿、泰康人寿等。

4. 体检机构：美年大健康、爱康国宾、平安健康检测中心、慈铭体检、瑞慈

体检等。

5. 健康咨询中心：北京国合天享、健康智谷、常青藤养老服务评估、公信养老服务评估、中科护联、问医生健康平台等。

6. 康复保健用品等行业：康复保健用品开发商、制造商、销售机构等。

注：以上地区及机构排名不分先后，不代表相关实力排名。

八、老年人能力评估师的职业贯通发展

该职业的发展路径主要有四条。管理路线，即从普通员工晋升为康养机构高级职业经理人等领导职务。专家路线，即不断提升技能水平，在职业等级上不断晋升，成为老年康养服务或健康管理领域专家。复合人才路线，即向其他行业跨越或职业转型，如通过从事长护险的老年人能力评估转型为保险核保师、保险核赔师等。创业路线，即创办老年人能力评估中心、康养规划工作室、长护理评估与护理机构等。老年人能力评估师的职业贯通发展如图 2 所示。

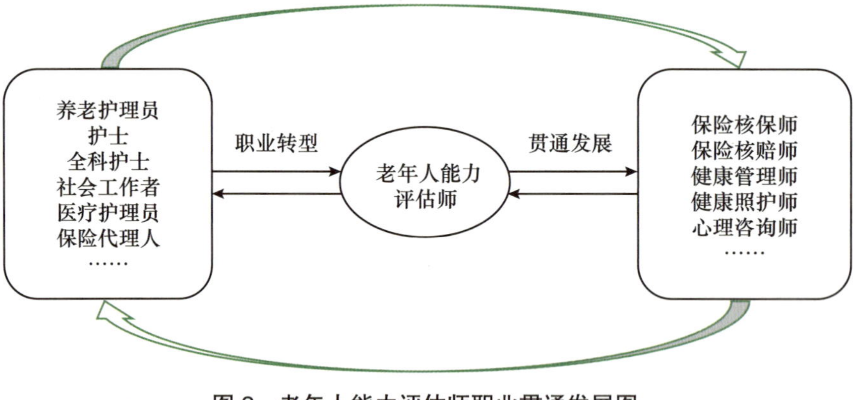

图 2　老年人能力评估师职业贯通发展图

九、老年人能力评估师的发展前景

从市场供需看。截至 2022 年 8 月，全国共有各类养老机构和设施 36 万个，《人民日报》和中央电视台报道的数据显示，全国对于老年人能力评估师的需求至少有 300 多万人，而目前从业者还不足 10 万人。

从产业发展看。华夏时报研究院数据显示，中国大健康产业 2020 年市场总额

达到 9 万亿元。天眼查联合百度财经发布报告显示，我国健康、养老行业 2021 年独角兽企业数量就居全球第二，总估值超 2000 亿美元；养老相关企业数量超过 23 万家，养老产业近 5 年融资达 60 亿元，市场前景广阔。

从政策红利看。云南省 2021 年发布的关于年度职业技能培训补贴标准中，把老年人能力评估师列为涉及服务于云南省打造世界一流三张牌相关职业，补贴标准比其他职业上浮 20%。广东省对老年人照护需求评估补贴提高到 1400 元 / 人，比其他职业补贴高出 200~400 元。青海省海东市对拿到老年服务类职业等级证书的人员每人补贴高达 3000 元。西安市将养老服务类职业列为市场急需紧缺人才开展职业技能培训，符合条件的企业开展新录用人员岗前培训，不受补贴培训工种目录限制。北京市对专职从事养老护理服务的人员给予岗位奖励津贴，如高级技师每人每月奖励 1500 元。相关院校应届毕业生进养老服务机构专职从事养老服务工作的，按照学历等级以从 4 万元至 6 万元的标准发放入职奖励。

十、相关内容链接

国家职业标准：扫码即可查看 ☞

相关政策文件：本书附录序号 5、9、33、34、35、51、53、69。

供稿：国合天宏企业管理集团　李玥

连锁经营管理师

职业编码：4-01-02-06

大卖场、便利店、专卖店、购物中心、餐饮连锁店等，都是与我们的生活息息相关的购物场所，这一切都离不开连锁经营管理师的辛勤工作。如何进行业态定位与连锁体系设计？如何进行企业数字化转型？如何进行线上、线下网点拓展与管控？如何进行全渠道门店的运营？如何进行会员管理？如何进行采购与供应链管理？诸如此类问题的解决，将在很大程度上提高人民的生活水平，连锁经营管理师将为此发挥重要作用。

一、连锁经营管理师的一天

记录时间：2021 年 3 月 18 日　　　　记录人：张某强

上午工作情况

8 点 30 分：

1. 检查职工出勤、仪容仪表及工牌。（员工检查）

2. 进行当日主要工作任务与注意事项的布置以及服务理念灌输。（晨会管理）

3. 进行商品上货、陈列、补货、促销及清洁卫生状况检查。（卖场营业前检查）

4. 进行前日营业额、利润额、来客数、客单价回顾，询问有无突发事件。（营业回顾）

9点：

1. 人员、商品、促销安排等就绪，店门开启、地面清洁、灯光照明、购物车等就绪。（开门营业）

2. 各部门作业计划重点确认：商品计划、促销计划等。（工作确认）

10点：

1. 巡视门店现场，确认营业状况，对重点商品、关键活动、客流、人员进行现场（或远程）巡查以及营业现场突发事件处理。（巡店）

2. 随时关注线上、线下销售状况，对营业未达到销售预算的门店和区域进行原因分析与整改措施安排等。（营业问题处理）

3. 了解门店库存商品种类、数量和管理状况，追踪线上订单分拣与配送情况。（履约跟踪）

4. 与供应商进行例行性的业务沟通。（供应商管理）

5. 对商品销售情况及促销效果进行跟踪，加强各种新媒体手段的促销活动宣传。（信息触达）

下午工作情况

13点：

1. 竞争对手调查，同时段营业状况以及促销活动比较。（市场调查）

2. 召开部门会议进行营业问题讨论以及员工培训。（经营分析与员工培训）

3. 工作记录以及各种月、周计划，报告撰写与准备。（工作手册填写）

16点：

1. 时段、门店、区域营业额确认与跟踪。（营业追踪）

2. 巡视门店现场，对营业现场进行管控，对重点商品、关键活动、客流、人员进行现场（或远程）巡查以及营业现场突发事件处理。（巡店）

3. 订、退、换货管理，根据当天情况调整库存。（库存管理）

18 点

1. 掌握营业高峰情况，带领团队做好顾客服务。（营业高峰应对）

2. 确认当天营业状况，做出当日营业总结。（营业总结）

3. 打烊、盘点、巡检、清洁，召开总结会、完成报表。（清场关店）

二、什么是连锁经营管理师

职业定义。连锁经营管理师是使用连锁经营管理工具，进行业态定位、品类管理、营销企划、顾客服务、视觉营销等门店运营业务管理工作的人员。

定义解读。连锁经营是指在流通领域中，若干同业商店以统一的店名、统一的标志、统一的经营方式、统一的管理手段连接起来，共同进货、分散销售，共享规模效益的一种现代组织形式和经营方式。连锁经营方式在零售、餐饮、酒店等各种服务性行业都普遍适用。

关联职业。密切相关的职业有商品营业员和企业经理。商品营业员是在零售实体店中，进行商品整理、销售、管理，并为客户提供服务的人员。商品营业员是连锁企业的一线操作人员，而连锁经营管理师是企业营运业务的管理人员。企业经理是在企业中，经董事会或出资人聘任，或经职代会选举，或经上级任命的企业负责人。企业经理涉及的范围过于宽泛，而且按照《中华人民共和国职业分类大典》中的界定，企业经理实际上是企业的负责人，而连锁经营管理师特指连锁企业内部营运业务的相关管理人员，无论是业务范围还是管理层级都与企业经理有所不同。

相应岗位。连锁企业门店店长，大区督导［经理、采购（招商）经理、客服经理、企划经理、拓展经理］、营运总监等。

三、连锁经营管理师的主要工作职责

1. 网点开发：业态规划，开发战略规划，特许加盟，营业网点拓展与监督管控。

2. 店面管理：规划门店布局和商品陈列，营造整洁、安全、舒适的购物环境。

3. 商品管理：根据顾客需求变化规划商品品类、供应商管理及采购管理，维持良好的库存。

4. 员工管理：为门店管理配备合适人才，分配、安排、监督、检查员工工作，为员工提供晋升和调薪建议，为公司发展培养人才。

5. 销售管理：根据市场销售情况，制订销售计划，总结销售工作，制定并实施销售策略，持续提高经营效益。

6. 顾客服务：与顾客建立良好的关系，为顾客提供个性化服务，提高门店服务水平。

7. 营销企划：营销活动策划，推广内容设计，全媒体选择，内容投放管理，营销推广绩效评估。

8. 财务管理：门店流水、营收、利润等财务数据的统计管理，诊断业绩问题与提升利润，控制开支，降低成本。

9. 信息管理：公司经营信息、竞争者信息、消费者信息等多方面情况的管理，总结经验与教训，提升门店管理水平。

连锁经营管理师的主要工作职责如图 1 所示。

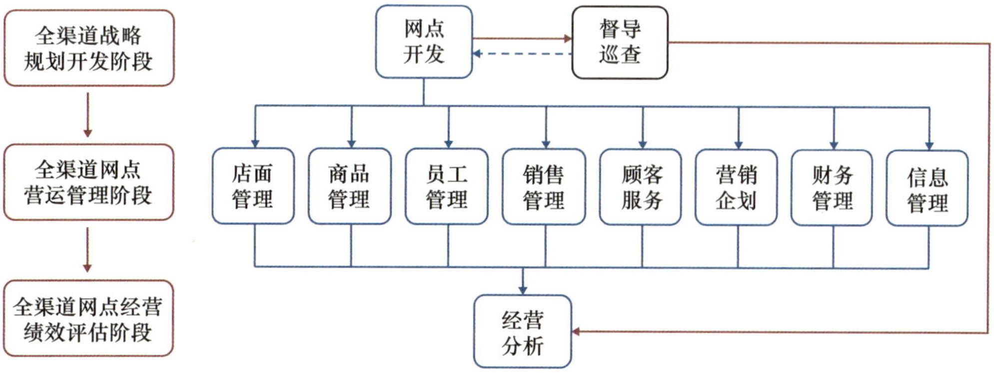

图 1 连锁经营管理师的主要工作职责

四、连锁经营管理师的薪酬福利待遇

平均薪酬水平。根据国家统计局数据，2020 年该职业就业人员年平均工资在 16 个行业中排列第 9~10 位。从行业岗位看，连锁经营管理师属于服务业中的营运管理人员，年平均工资为 166785 元。从区域看，一线城市和经济发展快的城市如北京、上海、广州等，该职业薪酬为 8000~30000 元 / 月，其薪酬水平高于其他城市（如西安为 5000~20000 元 / 月）。

与类似职业对比。根据联商网 2021 年数据，该职业的薪酬一般要远高于连锁行业基层服务人员等的薪酬，见表 1。

表 1　类似职业薪酬水平

职业名称	薪酬水平（元 / 月）
连锁经营管理师	5000~30000
导购员	3000~8000
理货员	3000~4500
收银员	3000~4500
前台客服	3000~4500
餐厅服务员	3000~10000

五、从事连锁经营管理师工作需要哪些本领

该职业从业人员需具备的知识和技能有：基本的连锁经营网点开发知识及门店营运、商品管理、顾客管理、人员管理等。核心技能是门店经营诊断和业绩提升。

根据《连锁经营管理师国家职业技能标准》，该职业需具备的知识和技能见表 2。

表 2　连锁经营管理师需具备的知识和技能

职业功能	工作内容	知识和技能要求
产品管理	产品结构分析	能够分析产品结构，能制定企业品类管理实施方案
	品牌招商管理	能运用招商政策实施品牌招商活动，能实施品牌招商洽谈

续表

职业功能	工作内容	知识和技能要求
产品管理	采购管理	能选择采购渠道，确定采购方式，并对供应商进行管理
	库存管理	能制订库存计划，统筹区域库存，能调节库存结构
营销管理	市场定位	能制定顾客需求调查方案，并进行消费市场细分与定位
	宣传策划	能制定广告宣传方案，能策划公关宣传活动
	营销策划	能制定营销方案，并评估营销效果
营运管理	规范与质量管理	能制定营运规范、标准与流程，分析影响规范、标准执行的因素
	客服管理	能制定顾客服务策略、顾客投诉反馈优化策略，以及顾客忠诚度提升方案
	安全与危机管理	能制定安全管理标准，制定安全应急预案，识别媒体舆情危机
信息与数字化管理	信息系统管理	能明确门店信息管理系统需求，并选择合适的信息系统
	数字化运营	能组织搭建与完善公司的数字化平台并推动营运
	信息数据分析	能运用企业信息管理系统进行经营分析并制定营运方案
人员管理	团队及企业文化建设	能组建经营管理团队并规范部门制度、流程与行为准则
	培训管理	能制定培训方案、实施培训方案，能评估培训效果
	绩效管理	能制定团队绩效目标，支持目标执行并制定团队绩效改进方案
财务管理	资金管理	能分析资金需求与资金使用效率
	成本效益分析	能实施门店成本分析与成本目标管理并分析门店综合业绩与效益
	预算管理	能编制门店预算，控制门店预算执行并分析产生差异的原因

续表

职业功能	工作内容	知识和技能要求
市场开发管理	市场分析	能实施目标市场调查与分析并编制报告
	商圈分析	能实施商圈分析，并编制报告
	投资分析	能测算门店开发的成本，预估门店业绩，编制门店投资分析报告
	门店布局	能进行门店外部规划、内部布局规划
特许经营管理	加盟商引进	能进行特许推广并选定加盟商
	特许经营督导与知识产权保护	能建立加盟商管理与培训机制，设计特许经营督导评价指标，并维护特许经营知识产权

六、连锁经营管理师的专业教育现状

（一）相关专业

目前已有较多院校开设了与该职业相关的专业，涉及本科院校、高职院校及中职学校等。本科院校专业有零售业管理、市场营销、贸易经济等。职业院校专业有连锁经营与管理、商务管理等。

（二）开设相关专业的院校（排名不分先后）

1. 本科院校：中国人民大学、上海商学院、首都经济贸易大学、广东财经大学、北京工商大学、浙江工商大学、重庆工商大学、山东女子学院、福州大学、哈尔滨商业大学等。

2. 高职院校：江苏经贸职业技术学院、北京财贸职业学院、黑龙江职业技术学院、山东商业职业学院、山东经贸职业技术学院、浙江商业职业技术学院、安徽商贸职业技术学院、长沙职业技术学院、重庆城市管理职业技术学院、广东科贸职业技术学院等。

3. 中职学校：杭州市开元商贸职业学校、上海市商贸旅游学校、南京莫愁中等专业学校、北京求实职业学校、合肥市经贸旅游学校、南昌市第一中等专业学校、贵州省电子工业学校、哈尔滨市龙江旅游中等职业技术学校、石家庄文化传媒学校等。

七、连锁经营管理师的就业创业信息

该职业从业人员主要集中在商贸流通及现代服务业比较发达的城市，以及新零售数字化转型程度比较先进的地区，如长三角、珠三角、京津冀地区等。

吸纳连锁经营管理师就业较多的用人单位主要有：

1. 连锁零售企业：如永辉超市、华润万家、苏宁易购、盒马鲜生、京东七鲜、银泰商业、天虹数科、孩子王、周大福珠宝、滔搏国际、屈臣氏、萱子饰品等。

2. 商业地产企业：如万达广场、大悦城、吾悦广场、天街、万象城、砂之船奥莱、红星美凯龙等。

3. 连锁服务企业：如麦当劳、肯德基、海底捞、外婆家、避风塘、小厨娘、如家住宿、福奈特洗衣等。

注：以上地区及机构排名不分先后，不代表相关实力排名。

八、连锁经营管理师的职业贯通发展

该职业发展路径主要有四条：管理路线，即从基层管理晋升到中层管理，再晋升到公司高层业务领导，甚至往更高的领导职务发展。专家路线，即不断提高技能水平，在职业等级上不断晋升，成为连锁经营管理领域专家。复合人才路线，即向其他行业跨越或职业转型，如通过学习相关知识和技能转型为数字化管理师、互联网营销师等，与专业技术岗位横向贯通。创业路线，即基于个人兴趣爱好或者团队优势进行创新创业，成为企业董事。连锁经营管理师的职业贯通发展如图 2 所示。

九、连锁经营管理师的发展前景

从市场供需看。据 2020 年中国连锁经营协会不完全统计，当前我国连锁行业高技能人才存在近 500 万人的缺口，供需严重失衡。尤其是行业数字化转型已经进入后半场，6000 多万名行业从业人员都需要进行知识技能的提档升级。

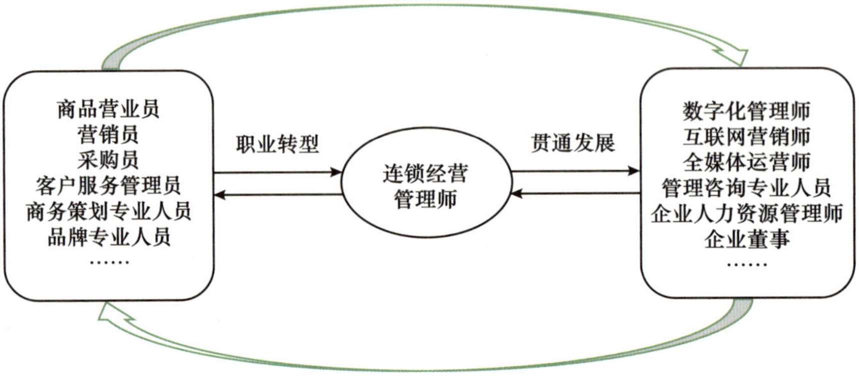

图 2　连锁经营管理师职业贯通发展图

从产业发展看。连锁企业中最有代表性的零售业“十三五”时期批发和零售业增加值年均名义增速为 7.2%，国家统计局公布的 2018 年中国 153 个行业投入产出表显示，零售业增加值占批发和零售业增加值的 43.24%，据此比例，2018 年零售业增加值为 38446 亿元，2020 年约为 41379 亿元，同比增长 7.6%，随着数字化转型的推进，行业逐步回暖。

从政策红利看。国家“十三五”发展规划明确提出把推动服务业大发展作为产业结构优化升级的战略重点，拓展服务业的新领域，发展新业态，培育新热点，推进服务业规模化、品牌化、网络化经营，不断提高服务业比重和水平。特别是加快发展现代流通，鼓励发展连锁经营，推动连锁经营向多行业、多业态延伸，提高流通规模化、组织化程度。

十、相关内容链接

国家职业标准：扫码即可查看 ☞

相关政策文件：本书附录序号 37、38、67。

供稿：江苏经贸职业技术学院　李卫华

密码技术应用员

职业编码：4-04-04-06

战争年代，每支部队都有密码机要人员，他们隐藏在背后，却发挥着举足轻重的作用。在数字社会，银行卡、身份证、水电卡、电子交易、医疗就诊等，生活中到处都有密码的身影。网络连到哪儿，数据跑到哪儿，安全需求在哪儿，密码保障就到哪儿，密码让非法者进不来、拿不走、看不懂、改不了、走不脱。在保障网络与信息安全的各个环节，密码如何发挥作用？如何设计、集成、检测、运维信息系统密码保障体系？如何为安全需求者提供密码应用建议？密码技术应用员这一职业正是在此背景下应运而生的。

一、密码技术应用员的一天

记录时间：2021 年 11 月 25 日　　　　记录人：郭某

上午工作情况

9 点：

1. 查阅客户填写的测评调研材料、信息系统密码应用方案及方案评估意见。（调研）

2. 围绕调研材料内容，联系客户技术经理了解详情。（梳理情况）

3. 分析调研材料及相关文档，确定测评对象，选取测评指标、测评内容等，编制测评方案。（方案编制）

11 点：

1. 联系客户项目经理，确认测评时间、人员及证据采集过程以及相关风

险控制措施。（测评准备）

2. 准备测评现场表单、测评授权书、风险告知书、文档交接单、会议记录表单、会议签到表单。（测评准备）

下午工作情况

14 点：

1. 带领测评团队驻场，召开简短的工作启动会，明确各方的职责和配合人员。（现场测评）

2. 组织实施小组按照测评方案，通过访谈、文档审查、实地察看、工具测试等方式开展工作。（组织实施）

3. 项目实施期间，向相关客户了解密码系统建设情况。（现场测评）

16 点 30 分：

1. 汇总当天测评记录，归还测评过程中调阅的相关文档。（离场确认）

2. 总结当天工作，并向客户项目经理确认第二天工作安排。

3. 汇总、分析现场搜集的数据。（测评总结）

二、什么是密码技术应用员

职业定义。密码技术应用员是从事信息系统安全密码保障的架构设计、系统集成、检测评估、运维管理、密码咨询等相关应用技术服务的人员。

定义解读。密码是指按特定法则编成，用以对通信双方的信息进行明密变换的符号；技术泛指根据生产实践经验和自然科学原理而发展成的各种工艺操作方法与技能；密码技术应用是指将密码技术运用在具体信息系统的过程。该职业的定义涵盖了从业者的工作方法及工作范围。

关联职业。密切相关的职业有计算机网络技术人员及区块链工程技术人员，作为网络安全和区块链的核心技术，密码与两者有着千丝万缕的联系。但与两者相比，密码技术应用员是专注于密码应用专门知识，对信息系统在机密性、完整性、真实性、抗抵赖性等方面的密码应用需求进行确认，并基于密码技术对网络和信息系统的安全提供保障。

相应岗位。网络工程师、信息安全管理员、网络安全管理员、密码算法工程师、信息安全测试员、密码测评师、密钥管理员、密码审计员、密码操作员、安全主管、密码安全咨询工程师、密码培训师、安全保密员等。

三、密码技术应用员的主要工作职责

1. 协助单位信息系统建设，提供密码应用解决方案。

2. 为单位信息系统预判、分析与密码应用相关的安全威胁。

3. 使用、维护单位密码设备，包括安装、配置、使用密码机，操作密码管理软件等。

4. 按照标准规范，使用测评工具对单位信息系统密码进行密码应用安全性评估。

5. 管理单位密码类资产，包括编制密钥管理规范，并按照规范产生、分配、更换和注入、销毁密钥等。

6. 为网络安全需求部门提供密码技术咨询和密码知识培训。

四、密码技术应用员的薪酬福利待遇

平均薪酬水平。根据国家统计局 2021 年发布的《2020 年规模以上企业分岗位就业人员年平均工资情况》，该职业所属的信息传输、软件和信息技术服务业在

16 个行业中位列第一。从岗位上看，该职业属于专业技术人员，全国平均年薪为 199228 元。从地区上看，东部地区如北京、上海等地工资为 15000~30000 元 / 月，工资略高于其他地区。

与类似职业对比。根据智联招聘网 2021 年数据，本职业人才属于稀缺资源，尤其随着密码产业的蓬勃发展，本职业薪酬有明显上升、高于其他关联职业薪酬的趋势，见表 1。

表 1　类似职业薪酬水平

职业名称	薪酬水平（元 / 月）
密码技术应用员	15000~30000
网络工程师	10000~20000
信息安全审计员	10000~20000
程序员	15000~25000
IT 运维人员	10000~20000

五、从事密码技术应用员工作需要哪些本领

该职业从业人员需具备的知识和技能有：密码应用方案制定实施、密钥管理、密码产品部署使用等。核心技能是密码设备运维。

根据《密码技术应用员国家职业技能标准》，该职业需具备的知识和技能见表 2。

表 2　密码技术应用员需具备的知识和技能

职业功能	工作内容	知识和技能要求
密码应用规划	需求分析	能分析信息系统密码应用需求，编制密码应用需求报告
	密码应用方案设计	能确定密码应用保护对象，并设计密码技术应用、管理方案
密码应用建设	实施保障方案设计	能确定实施范围，编制、实施计划，制定保障措施
	应用部署	能完成密码产品的选型、部署

续表

职业功能	工作内容	知识和技能要求
密码应用建设	密码应用联调测试	能完成密码应用联调测试方案的制定、执行，并解决测试错误
	系统交付	能完成系统试运行和故障排查处理，确认交付物
密码应用安全性评估	密码应用方案审查	能审查密码应用方案，拟制评估意见
	测评准备	能完成现场测评前的各项准备工作
	现场测评	能制订、执行测评实施计划，解决突发事件
	测评总结	能综合测评结果，分析密码应用风险点，给出整改建议，编制测评报告
密码应用运维	密码资产管理	能管理密码软硬件资产和密码介质，组织、监督密钥管理相关操作
	系统维护	能进行密码系统的日常巡视、配置操作及告警处理
	应急处置	能编制、执行应急预案，评估事故损失影响
培训指导	培训实施	能制订、实施培训工作计划，编写培训教材
	技术指导	能开展本职业技能指导和考核工作

六、密码技术应用员的专业教育现状

（一）相关专业

目前已有较多院校开设了与该职业相关的专业，涉及本科院校和高职院校。本科院校专业有密码科学与技术、信息安全、网络空间安全、计算机科学与技术等。职业院校专业有密码技术应用、计算机网络技术、计算机应用技术等。

（二）开设相关专业的院校（排名不分先后）

1. 本科院校：海南大学、北京理工大学、南开大学、山东大学、华中科技大学、西安电子科技大学、北京电子科技学院、哈尔滨工业大学、重庆大学、中山大学等。

2. 高职院校：重庆电子工程职业学院、浙江警官职业学院、上海电子信息职业技术学院、常州信息职业技术学院、吉林水利电力职业学院、郑州商贸旅游职业学院、河北软件职业技术学院、石家庄财经职业学院、深圳职业技术学院、安徽林业职业技术学院等。

3. 中职学校：深圳职业技术学校、淄博职业学校、北京电子科技职业学校、河南电子工业学校、四川职业技术学校、山东商业职业技术学校、无锡职业技术学校、金华职业技术学校、广州番禺职业技术学校、长沙民政职业技术学校等。

七、密码技术应用员的就业创业信息

密码技术已广泛应用于我国工业、金融、交通、公安等多个重要领域，密码技术应用员主要集中在关键信息基础设施和等级保护相关的行业。

吸纳密码技术应用员就业较多的用人单位主要有：

1. 政府、事业单位信息化部门。

2. 密码生产企业：如卫士通、江南天安、数字认证、世纪信安、吉大正元、中安网脉等。

3. 商业密码安全性评估机构：如商密检测中心、上海智巡、深圳网安检测等。

4. 密码产品应用单位：如银行、证券公司、中国电网、国铁集团等。

5. 信息化公司：如华为、腾讯、百度、阿里、奇安信、绿盟等。

注：以上地区及机构排名不分先后，不代表相关实力排名。

八、密码技术应用员的职业贯通发展

该职业的发展路径主要有四条。管理路线，即从普通员工晋升到主管 / 单位中层，再晋升到经理 / 单位领导层，甚至往更高的高级领导职务发展。专家路线，即不断提高技能水平，在职业等级上不断晋升，成为密码应用领域专家。复合人才路线，即向其他行业跨越或职业转型，如通过学习相关知识和技能转型为区块链工程技术人员、网络与信息安全工程师、信息系统分析工程师等。创业路线，即以所具备的密码知识进行密码应用方面的创新创业，成为企业董事。密码技术应用员的职业贯通发展如图 1 所示。

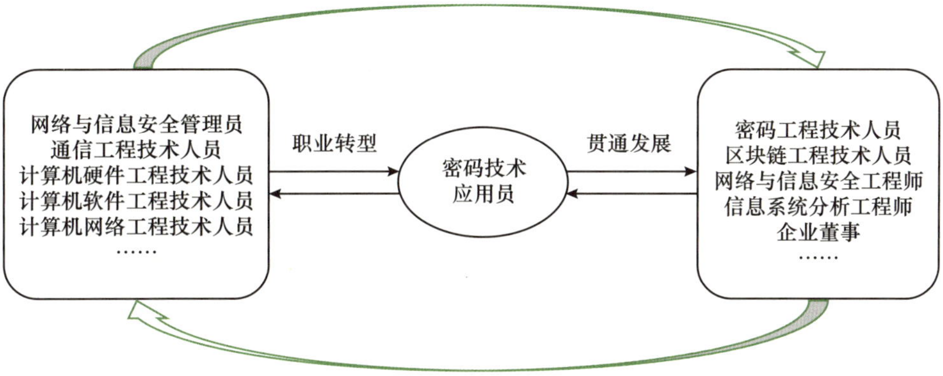

图 1　密码技术应用员职业贯通发展图

九、密码技术应用员的发展前景

从市场供需看。随着数字技术的拓展及 5G、数据中心等“新基建”工程建设提速，信息系统密码应用融合与改造的需求更加旺盛。未来 5 年密码技术人才需求的年增长率预计将达到 30%~60%，2025 年我国密码技术人才需求预计将达到 110 万人（数据来源：《密码人才培养亟需加强密码学科与专业建设》，《中国信息安全》2018 年第 8 期）。

从产业发展看。随着国家安全和数字经济对商用密码保障的需求日益高涨，商用密码市场逐步成熟，商用密码技术持续进步，全国各地纷纷着力推动商用密码产业发展。如表 3 所示，2016—2020 年，我国商用密码产业规模保持高增长率，2020 年商用密码产业规模达 466 亿元，2020 年同比增长率超 33%。商用密码产业步入发展快车道。

表 3　密码产业规模

年份	2016 年	2017 年	2018 年	2019 年	2020 年
产业规模（亿元）	151.64	239.41	283	350	466
同比增长率（%）	19.05	57.88	18.21	23.67	33.14

数据来源：赛迪研究院《2020—2021 中国商用密码产业发展报告》。

从政策红利看。2020 年 1 月 1 日，《中华人民共和国密码法》（以下简称《密码法》）正式施行。《密码法》的出台，对于全面提升我国商用密码工作的规范化、科学化、法治化水平，促进密码产业发展具有里程碑意义。

各部委也颁布了相关政策，如工业和信息化部印发了《“十四五”信息化和工业化深度融合发展规划》《“十四五”大数据产业发展规划》《“十四五”软件和信息技术服务业发展规划》。作为信息化、大数据等安全保障的核心支撑技术，密码技术及其产业必将因此获益。

各地政府也颁布了相应政策，如《广州市黄埔区、广州开发区、广州高新区促进商用密码科技创新和产业发展办法》（2020 年 10 月发布），这是全国首个行政区政府颁布的促进商用密码产业发展办法，广州市黄埔区、广州开发区将每年对入驻该区的商用密码企业给予累计 5000 多万元政策资金支持。政策出台后已吸引一大批商用密码企业入驻该区，未来将形成 300 亿元级产业规模。

十、相关内容链接

国家职业标准： 扫码即可查看 ☞

相关政策文件： 本书附录序号 18、19、29。

供稿：海南大学　韩文报

农业经理人

职业编码：5-05-01-02

“民以食为天”，把饭碗牢牢端在自己手中，老百姓才能“手中有粮，心中不慌”。农业经理人是自我国改革开放以来，由亿万农民群众首创的新兴职业。作为农业规模化经营的核心人物和农业现代化的领军人才，农业经理人在实施乡村振兴战略和实现农业农村现代化中发挥着不可替代的重要作用。随着农业企业化特别是农业合作经济组织的蓬勃发展，合格的、具备良好职业素养的农业经理人，已成为当前和未来较长一个时期，农业农村发展急需的稀缺人才资源。

一、农业经理人的一天

记录时间：2021 年 5 月 18 日　　**记录人：张某利**

上午工作情况

8 点：

1. 到蔬菜大棚考察蔬菜生长情况，主要查看大棚蔬菜水肥、温度、病虫害等。（生产）

2. 到合作社检测室做蔬菜销售前的安全检测，主要做蔬菜取样、称重、上机检测等。（农产品安全检测）

3. 组织合作社农产品线上销售。（网络营销）

4. 服务产品初加工、运输等工作。（经营管理）

下午工作情况

14—18 点：

1. 到村里了解合作社社员果树的生产情况、销售情况，做连接果农和消费者的纽带。（农业技术）

2. 编制生产、服务经营方案，争取资金支持。（经营管理）

3. 整理客户需求数据，分析市场农产品需求。（产品运营）

4. 调度生产服务人员。（统筹协调）

二、什么是农业经理人

职业定义。农业经理人是在农民专业合作社等农业经济合作组织中，从事农业生产组织、设备作业、技术支持、产品加工与销售管理服务工作的人员。

定义解读。农业经理人常常被称为“农业 CEO”。农业经理人主要立足农村、以农为本，受雇于种植栽培、畜牧兽医、渔业、林业、农机服务、植保服务、休闲服务、加工服务、销售服务等行业经营主体，不仅熟悉农民，熟悉农产品生产过程、市场需求和销售渠道，在农业生产知识与技能方面也表现出专业水平，还能领导自愿者及其自愿组成的联合体，实行民主管理，满足合作社成员的经济、社会、文化等需求，与组织内外各类成员组织沟通与合作等，是爱农业、懂技术、善经营的专门人才。

关联职业。密切相关的职业有农业技术员和农产品经纪人。农业技术员的主要工作任务侧重于农业技术推广和服务。农产品经纪人的主要工作任务侧重于农产品购销等中介服务。农业经理人的主要工作任务侧重于经营管理服务。

相应岗位。家庭农场主、农民合作社经理、农业社会化服务组织经理等。

三、农业经理人的主要工作职责

1. 对农民专业合作社、家庭农场、农业公司等新型农业经营主体和服务主体进行经营管理。

2. 根据农业产业发展需求，指导农民科学种田、机械化耕作。

3. 对专业化、规模化的土地进行精细化经营管理，统一组织生产管理，负责“怎样种”“如何种得更好”。

4. 运用现代经营管理理念和先进实用技术，科学管理、规模化经营，提高生产效率。

5. 农业产业规划、品牌建设和日常运营的管理与完善。

6. 组织农产品营销和推广。

7. 对接政府与市场，争取资金支持，运营掌控农业生产经营所需的资源、资本。

四、农业经理人的薪酬福利待遇

平均薪酬水平。国家统计局数据显示，2020 年农、林、牧、渔业年平均薪酬增长速度在全部的 18 个行业中排在第 1 位，年平均薪酬为 38956 元，为全国平均薪酬的 67%。农业经理人年薪酬相差可达七八万元，总体比农、林、牧、渔业就业人员平均薪酬要高。农业经理人薪酬构成大致为：工资性收入、奖励收入、分红收入、补贴收入、其他收入。

与类似职业对比。智联招聘网 2021 年 12 月数据显示，该职业薪酬与农业技术员、农产品销售业务员、农艺师、农资销售经理等相近，见表 1。

表 1　类似职业薪酬水平

职业名称	薪酬水平（元 / 月）
农业经理人	5800~6600
农业技术员	4000~6000
农产品销售业务员	4000~8000
农艺师	5000~7000
农资销售经理	5000~10000

五、从事农业经理人工作需要哪些本领

该职业从业人员需具备的知识和技能有：基本的计划制订、组织管理、目标

控制、协调等。核心技能是组织管理与技术服务。

根据《农业经理人国家职业技能标准》，该职业需具备的知识和技能见表 2。

表 2　农业经理人需具备的知识和技能

职业功能	工作内容	知识和技能要求
计划制订	信息收集	能运用信息收集的途径和方法，能筛选有用信息数据。能设计市场调查问卷
	目标制定	能根据市场调研进行经营项目可行性分析，能制订经营项目实施方案，能制定年度经营目标
	目标分解	能制订年度生产计划，能制订年度销售计划，能制定生产经营各岗位工作目标
组织管理	生产要素组织	能开展农业生产基地状况评估，编制评估报告；能根据农业生产安排配置生产要素，制定生产资料定额标准；能对一个生产周期的生产记录进行分析总结，编制总结报告
	岗位设置	能根据涉农经济组织特点设置岗位，确定基本组织结构；能根据岗位需求实施人员招聘
	会务组织	能根据主题策划和设计会务，并落实会务相关工作
目标控制	计划控制	能梳理生产管理流程；能督促部门工作计划执行和落实
	质量控制	能按照技术规程指导农业生产，能按照规范化要求制定出生产过程的管理办法，能识别农产品质量认证的标识并规范使用
	成本控制	能列出涉农经济组织产品成本构成，能计算产品的直接成本和间接成本
	市场控制	能分析影响农产品营销的环境因素，能根据农产品市场信息制定营销方案
内外协调	内部协调	能与同事进行良好沟通，有效协调内部人际关系；能组织员工培训；能够有效开展团队建设，提升团队执行力
	外部协调	能对涉农经济组织的外部环境进行正确的评估，能建立和维护好客户关系

六、农业经理人的专业教育现状

（一）相关专业

农业经理人的培养以短期培训为主，学历教育开始起步，服务于农业经理人素质提高和培养未来农业经理人的系统教育、长短期结合的培养方式初步形成。目前已有部分院校开设了与农业经理人相关的专业，涉及本科院校、高职院校。高职院校专业有农业经济管理（农业经理人方向）、农学、市场营销等。

（二）开设相关专业的院校（排名不分先后）

1. 本科院校：南宁师范大学、佛山科学技术学院、仲恺农业工程学院、中国农业大学、华中农业大学、华南农业大学、南京农业大学、西北农林科技大学、东北农业大学、四川农业大学等。

2. 高职院校：成都农业科技职业学院、潍坊职业学院、潍坊科技学院、广东科贸职业学院、重庆三峡职业学院、北京农业职业学院、辽宁职业学院、江西农业工程职业学院、云南农业职业技术学院、山西运城农业职业技术学院等。

七、农业经理人的就业创业信息

该职业从业人员主要分布在全国各地的家庭农场、农民合作社、农业社会化服务组织等新型农业经营主体和服务主体内。

吸纳农业经理人就业较多的用人单位主要有：

1. 家庭农场：如吉林省舒兰市得立鑫家庭农场有限公司、辽宁省本溪市凤驰玉米种植家庭农场、吉林省永吉县九月丰家庭农场、黑龙江省大庆市大同区佰谷泰生态家庭农场、上海市浦东新区乔占家庭农场等。

2. 农民合作社：如江苏省句容市强民稻米专业合作社、山东省潍坊绿野农机专业合作社、浙江省湖州吴兴尹家圩粮油植保农机专业合作社等。

3. 农业社会化服务组织：如黟县有农生态农业有限公司、安徽金色家园农业社会化服务有限公司、安徽省农业服务股份有限公司、谯城区焦魁农机专业合作社、天长市大地农业专业合作社联合社等。

注：以上机构排名不分先后，不代表相关实力排名。

八、农业经理人的职业贯通发展

该职业的发展路径主要有三条：专家路线，即不断提高技能水平，在职业等级上晋升，成为农业技术管理领域专家。复合人才路线，即向其他行业跨越或职业转型，如通过学习相关知识和技能转型为村民委员会负责人、企业经理、农业技术指导人员等，与专业技术岗位横向贯通。创业路线，即基于个人兴趣爱好进行创新创业。农业经理人的职业贯通发展如图 1 所示。

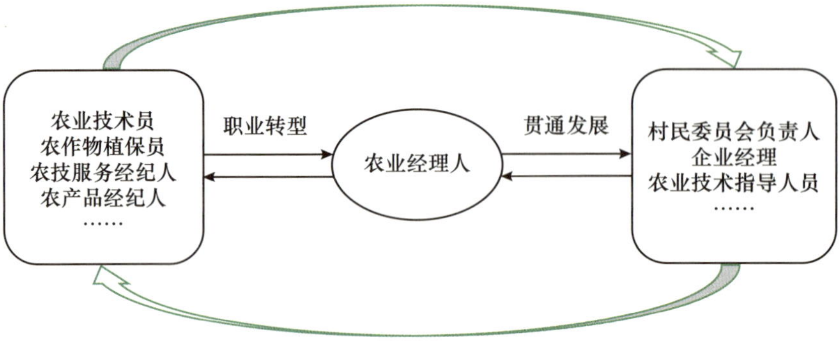

图 1　农业经理人职业贯通发展图

九、农业经理人的发展前景

从市场供需看。我国农业经理人存在巨大的缺口。人力资源社会保障部 2019 年分析报告显示，我国农业经理人已有 286 万人，根据农业农村部数据，全国已培育各类新型农业经营主体 600 多万家。按每个新型农业经营主体平均 1 名农业经理人测算，我国对农业经理人的需求缺口达 300 余万人。

从产业发展看。我国已经出现了不少新型农业经营主体和服务主体，但总体上说，还存在着发展不平衡和不充分、实力不强、比较脆弱等问题，跟不上国民经济发展要求和国际竞争形势。在中国农业现代化进程中，随着提高生产经营组织化程度，健全农业社会化服务体系，发展绿色农业、绿色食品加工业、设施农业，推进园艺作物标准化生产、农业机械化和农机农艺融合，发展农业信息技术、提高信息化水平等一系列举措的实施，提高生产经营管理水平的需要也更加迫切。由新型农业经营主体和服务主体聘请的农业经理人，是新型农业经营主体和服务主体在生产组织、设备作业、技术支持、产品加工与销售等方面的“操盘手”，为了促进新型农业经营主体和服务主体发展壮大，就要在数量和质量上加快培育发展农业经理人队伍。

从政策红利看。从 2019 年开始，农业农村部实施新型职业农民培育 3 年提质增效行动，推动新型职业农民培育转型升级，全面提升质量效能。2019 年，中央财政继续安排 20 亿元，聚焦乡村振兴人才需求，分层分类实施农业经理人等培育计划，全年培育职业农民 100 万人以上。2020 年，培育农业经理人等经营管理型、种养大户等专业生产型和从事生产经营性服务的技能服务型高素质农民 100 万人。

十、相关内容链接

国家职业标准：扫码即可查看 ☞

相关政策文件：本书附录序号 10、15、66。

供稿：农业农村部人力资源开发中心　吴莹

汽车救援员

职业编码：4-02-02-09

交通畅通、出行无忧是经济发展的重要保障和民众对汽车生活的期许。有这样一个群体，他们驾乘救援专项作业车、配带救援装备，穿梭在各种道路之上，时刻准备着为车辆提供专业救助、清除道路交通阻碍。当您的汽车在道路上抛锚，当您的汽车因事故损坏，当您的汽车遇困境难行，是汽车救援员帮助您恢复汽车行驶功能或为您的车辆脱危解困，是他们的责任和担当保障了您的汽车出行和道路畅通。

一、汽车救援员的一天

记录时间：2021 年 5 月 18 日　　记录人：张某军

上午工作情况

7 点 22 分：

小客车故障“拖车救援”的设备设施及工具准备，与客户核对信息。（接任务派单）

7 点 45 分：

1. 使用预警设施在救援现场设置安全防护隔离区。（设置安全防护隔离区）

2. 识别、分析、确认车辆基本故障，与客户签订服务协议。（故障信息确认）

3. 确认现场无法恢复汽车行驶功能，使用救援专项作业车进行拖车装载作业，并固定被施救车辆。（装载作业）

4. 按客户指定地点将被施救车运往目的地。（拖运作业）

8 点 30 分：

1. 对被施救拖运车辆进行卸载作业，并将其安全停放至指定地点。（卸载作业）

2. 与客户确认交付，并向公司回传资料及反馈任务信息。（服务交付及资料上传）

9 点 10 分：

小客车多车相撞事故“吊装拖车救援”的救援设备设施及剪切器、扩张器等工具准备，与客户核对信息。（接任务派单）

9 点 40 分：

1. 使用预警设施等在救援现场设置安全防护隔离区。（设置安全防护隔离区）

2. 与客户核对信息，签订服务协议。（任务确认）

3. 按指挥要求配合相关部门分离事故车辆，配吊车装载被施救车辆，并进行固定。（装载作业）

4. 按客户或交管部门指定地点将被施救车辆运往目的地。（拖运作业）

10点55分：

1. 到达目的地配合吊车对被施救车辆进行卸载操作，并将其停放至指定地点。（卸载作业）

2. 与客户确认交付，并向公司回传资料及反馈任务信息。（服务交付及资料上传）

下午工作情况

13点15分：

1. 装载危化品大货车在高速公路重大事故“吊装托运救援”的现场判定。（事故现场制定）

2. 准备大型专项作业车、设备设施及剪切器、扩张器等工具，准备个人防护装备。（接任务派单）

13点32分：

1. 使用预警、防撞设施等在救援现场设置安全防护隔离区。（设置安全防护隔离区）

2. 穿戴个人防护装备，协助解救车辆被困人员，进行现场清消、清理作业。（救助危险货物运输事故车辆）

3. 分离事故车辆，进行拖载作业，固定被施救车辆。（现场拖装作业）

4. 向其他联合作业部门进行工作及事务交接，并按指定地点拖运被施救车。（拖运作业）

16点：

1. 将被施救车辆运达指定地点并卸载。（卸载作业）

2. 与客户确认交付，并向公司回传资料及反馈任务信息。（服务交付）

二、什么是汽车救援员

职业定义。汽车救援员是使用专项作业车、专业设备工具及专业技能救助车辆脱离险境或困境的现场作业人员。

定义解读。汽车是指由动力驱动，具有四个或四个以上车轮的非轨道承载的车辆，主要包括乘用车和商用车。专项作业车是指平板型专业作业车、随车吊型平板作业车、拖吊型专项作业车、背托两用作业车等。救援是指针对突发、具有破坏力的汽车紧急事件采取营救和恢复措施的活动，包括将抛锚汽车、故障汽车拖运驶离道路、隧道、桥梁等通行区域，使具备行驶功能的车辆脱离沟壑、水域、塌陷等困车之地等的救助活动。

关联职业。密切相关的职业有应急救援员。应急救援员的主要工作任务是对所有突发事件进行现场处置，指导和帮助遇险者避险逃生，对伤员检伤分类并实施院前急救，抢救公私财产，评估灾情性质、程度及范围，进行救援善后工作等。汽车救援员所从事的是专门针对汽车的环境受困、道路突发事件、失去行驶功能等所实施的专业救援行为和活动，也包括汽车所困人员的辅助救助等其他服务工作。

相应岗位。应急救援员、汽车机修工、汽车电路维修工、工程机械（吊车、铲车、叉车等）维修工、轮式吊车操作工、叉车操作工、铲车操作工、汽车装配调试工、工程机械（吊车、铲车、叉车等）装配调试工、汽车回收拆解工等。

三、汽车救援员的主要工作职责

1. 负责救援专项作业车及设备的日常检查、维护、故障排除，任务指令信息系统或通信设备检查、维护。

2. 根据救援案件情况制定、选定救援方案、预案，采取安全防护措施和个人安全防护工作。

3. 负责受理案件和被施救车辆等救援信息的核实、记录、确认及与客户的信息沟通工作。

4. 负责按照要求在救援现场设置安全防护隔离区，进行安全警示操作。

5. 协助相关部门做好救援现场消防、消解、消杀及人员营救等工作。

6. 负责对被施救车辆进行搭电、换胎等使其恢复行驶功能。

7. 负责对被施救车辆进行分离、扶正、装载、固定等，进行安全救援作业。

8. 负责被施救车辆的安全、快捷拖（托）运作业，卸载和停放。

9. 协助重大事故案件的现场恢复，以及跨部门联合救援的配合、交接工作。

10. 负责办理结案手续等服务交付，收集反馈客户意见及解答服务问题，救援信息资料采集、上传工作。

汽车救援员工作职责如图 1 所示。

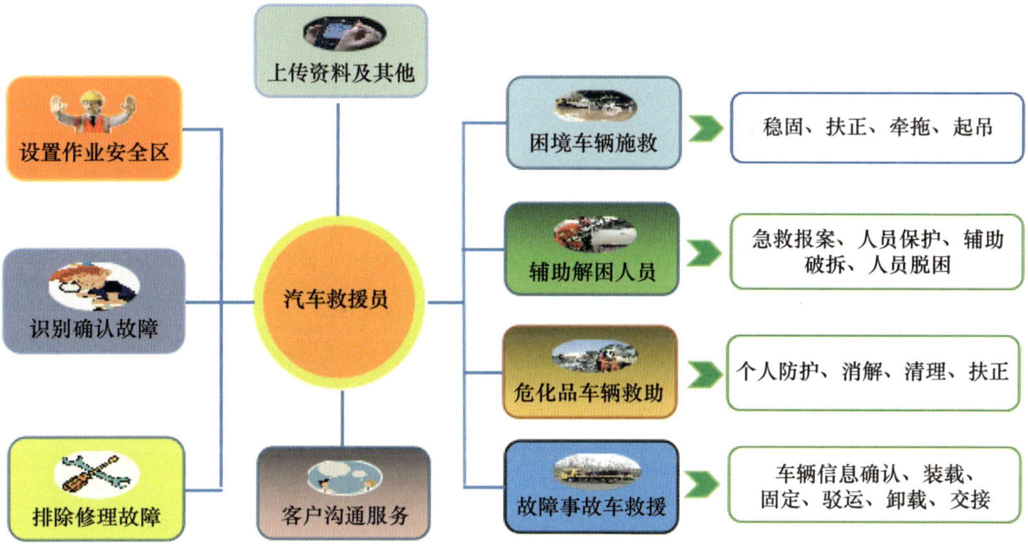

图 1　汽车救援员工作职责

四、汽车救援员的薪酬福利待遇

平均薪酬水平。汽车救援员的薪酬水平高低与所在地域汽车保有量大小成正比。中国汽车流通协会不完全统计数据显示，2020 年汽车救援员的全国平均月薪约为 7100 元，平均年薪约为 85200 元。人力资源社会保障部公布的 2020 年数据显示，汽车救援员的薪酬应排在 60 个职业中的第 46 位。从区域看，一线城市和经济发展较快的城市如北京、深圳、东莞、成都、上海、苏州、重庆、郑州、西安、武汉等城市，汽车救援员的薪酬为 7600~8600 元 / 月，其薪酬高于其他城市（如临沂为 5000 元 / 月、潍坊为 5000 元 / 月、齐齐哈尔为 5700 元 / 月）。

与类似职业对比。人力资源社会保障部公布的 2020 年工资价位数据显示，按类似职业 75% 分位值的档位对比，汽车救援员的平均薪酬高于应急救援员、交通运输人员等，略高于汽车维修人员、汽车制造人员等，稍低于轮式吊车操作人员。类似职业薪酬水平见表 1。

表 1　类似职业薪酬水平

职业名称	薪酬水平（75% 分位值，元 / 年）
汽车救援员	85200
应急救援员	60300
交通运输人员	73700
汽车维修人员	80000
汽车制造人员	81200
轮式吊车操作人员	85700

五、从事汽车救援员工作需要哪些本领

该职业从业人员需具备的知识和技能有：职业基础知识、汽车救援的方法、专项作业车及汽车基础知识、救援设备操作知识、安全防护基本知识、有毒有害危化品基础知识、人员救助基本知识、相关法律法规和标准规范。

根据《汽车救援员国家职业技能标准》，该职业需具备的知识和技能见表 2。

表 2　汽车救援员需具备的知识和技能

职业功能	工作内容	技能要求	相关知识要求
救援准备	专项检查	能完成专项作业车及附属设备的日常检查、维护、保养 能完成救援随车安全设施、工具的功能性检查、维护、保养 能完成个人防护装备的检查	专项作业车的基本知识和操作要求 专项作业车及附属设备的检测、保养方法 救援配套设备设施、工具的配备要求和性能要求，检测、保养方法 个人防护装备检查内容及保养知识 安全设施的存放要求及性能知识

续表

职业功能	工作内容	技能要求	相关知识要求
救援准备	主动预备	能按要求穿着救援专用服装，配带个人安全防护用品及装备 能配带使用通信及监控等设备，并进行救援信息的沟通	专用防护着装、防护用品及装备的相关知识、配备配带要求和使用方法 通信及监控等设备的配备要求、保养知识和使用方法
现场核查	现场安全防护	能对作业环境安全性进行判断 能操作开启安全预警设施和按照规定要求设置安全防护隔离区 能判断被救援载有危化品等货物车辆的危害性 能使用消防灭火器材	救援作业环境分类和安全判断方法 各类型专项作业车的停放规定和注意事项 专项作业车警示灯、示宽灯、照明设备等开启使用方法和规定 安全防护隔离区的设置方法、流程和要求 有毒有害危化品标识、危害种类、危害性知识
	车辆检查	能对被救援车辆外观及外附件等进行检查和安全隐患的排除 能对被救援车辆损坏部位进行识别、确认及登记	被救援车辆检查重点部位、检查方法及注意事项 汽车救援安全检查内容和隐患排除方法
救援操作	操作确认	能按要求确定救援牵引位置、牵引方式，安装牵引挂钩 能确定托吊型专项作业车救援托举位置和安全作业角度	车辆拖车牵引环部位检查和护盖开启方法 平板型专项作业车安全装载的判断方法及注意事项 托吊型专项作业车托举操作和托举方法 消防知识和消防器材的使用方法
	被救援车辆装载	能操作平板型、托吊型、随车吊型专项作业车的设备及附具 能将被救援车辆排挡解入空挡或使用辅助车轮等工具 能在一定时限完成故障车装载或托举 能在一定时限固定被救援车辆	平板型、托吊型和随车吊型托举机构装载操作知识及操作规范 一般小客车解入空挡的方法 辅助车轮的使用方法、操作规程及注意事项 平板型、托吊型、随车吊型专项作业车的被救援车辆固定方法

续表

职业功能	工作内容	技能要求	相关知识要求
救援操作	被救援车辆运输	能保证各种路径、路况下所载车辆安全稳固状态 能确认重载救援专项作业车的道路通过条件	被救援车辆的运输要求和注意事项 载荷救援专项作业车整体质量、宽高参数的确认及运输中稳固程度判断方法
	被救援车辆卸载	能解除平板型、托吊型专项作业车的被救援车辆固定和卸载作业 能按要求卸载被救援车辆和安全停放	专项作业车卸载环境场地要求 平板型、托吊型、随车吊型专项作业车所运车辆的固定解除方法、卸载操作方法及操作规范 被卸载车辆检查、确认、记录的内容和要求
清场结案	现场恢复	能解除安全预警及保护设施 能正确清理作业现场，协助恢复交通 能完成联合救援作业有关工作、事项的交接	救援现场恢复的基本内容、程序和操作方法 救援现场安全作业环境的条件和要求 跨单位联合救援作业的工作交接内容和注意事项 联合救援安全撤离要求
	客户服务	能完成与客户沟通，办理结案手续 能按要求完成救援信息资料采集、上传 能收集反馈客户意见和建议 能与客户进行情绪疏导性沟通，解释救援过程中的问题	客户沟通的方法和要求 办理结案的程序和要求 网络终端使用方法 客户相关信息收集的内容和方法 情绪管理相关知识

六、汽车救援员的专业教育现状

（一）相关专业

目前已有较多院校开设了与该职业相关的专业，涉及本科院校、高职院校及中职学校等。本科院校专业有应急救援、汽车机械维修、汽车电器维修、汽车钣金与涂装、汽车运用与维修、汽车鉴定评估、交通工程机械运用与维修、起重装卸机械操作与维修、汽车制造与装配、新能源汽车制造与装配、汽车工程技术、智能网联汽车工程技术、汽车造型与改装技术、汽车检测与维修技术、汽车制造与试验技术、汽车智能技术、新能源汽车检测与维修技术、交通运输管理等。

（二）开设相关专业的院校（排名不分先后）

1. 本科院校：北京交通大学、西安交通大学、上海交通大学、内蒙古大学、大连海事大学、西南交通大学、长安大学、兰州交通大学、重庆交通大学、西北工业大学等。

2. 高职院校：上海交通职业技术学院、长春汽车工业高等专科学校、重庆工业职业技术学院、湖南汽车工程职业学院、北京工业职业技术学院、无锡职业技术学院、山东科技职业学院、浙江工业职业技术学院、大连职业技术学院、陕西交通职业技术学院等。

3. 中职学校：北京市丰台汽车维修职业学校、烟台汽车工程学校、沈阳市汽车工程学校、安徽省汽车运输技工学校、浙江吉利汽车工业学校、杭州汽车技工学校、长沙汽车工业学校、南昌汽车机电学校、东莞市汽车技术学校、成都汽车职业技术学校等。

七、汽车救援员的就业创业信息

该职业从业人员遍布全国各地，主要集中在县级市以上城镇，特别是北京、上海、广州、深圳等一线城市及各大城市相对集中，如成都、重庆、苏州、郑州、西安、武汉、东莞、天津、青岛、石家庄等汽车保有量均在 300 万辆以上的城市。

吸纳汽车救援员就业较多的用人单位主要有：

1. 汽车救援服务采购机构：如中国人民保险、太平洋保险、平安保险、国寿财保险、阳光保险等。

2. 汽车救援公司：如吉诺汽车救援、中道汽车救援、山东大陆汽车救援、浙江交投高速公路运营管理、浙江沪杭甬高速公路管理、浙江快捷汽车服务、江苏畅通汽车牵引服务、江苏亿科达汽车救援、安世联合汽车救援、武汉绿岛汽车救援、广东交投汽车救援、安徽徽畅汽车救援、重庆畅通汽车救援、贵州一路达汽车救援、北京一路平安、新疆安保路通汽车救援、大连动力汽车救援服务有限公司、沈阳市铁西区联合路通汽车救援中心等。

注：以上地区、企业及机构排名不分先后，不代表相关实力排名。

八、汽车救援员的职业贯通发展

该职业的发展路径主要有四条：管理路线，即从员工晋升到主管 / 单位中层，再晋升到经理 / 单位领导层，甚至往更高的高级领导职务发展。专家路线，不断提高技能水平，在职业等级上不断晋升，成为汽车救援管理领域专家。复合人才路线，即向其他行业跨越或职业转型，如通过学习相关知识和技能转型为汽车安全运行工程技术人员、汽车技术维护工程人员、汽车技术性能检测工程人员、汽车维修工程技术人员、汽车改装工程技术人员、应急救援管理师、企业职能部门经理、企业经理等。创业路线，即基于个人兴趣爱好进行创新创业。汽车救援员的职业贯通发展如图 2 所示。

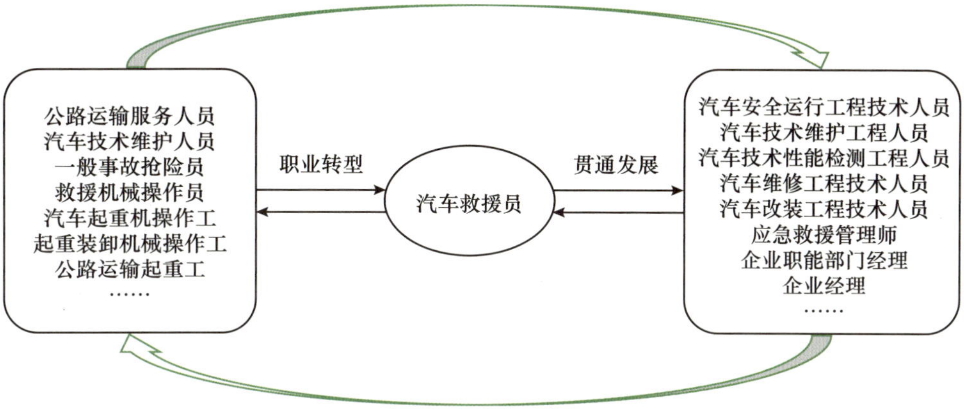

图 2　汽车救援员职业贯通发展图

九、汽车救援员的发展前景

从市场供需看。我国汽车救援员存在巨大的缺口。中国汽车流通协会不完全统计数据显示，目前全国有一定规模的汽车救援服务机构约有 18000 家，汽车救援员人数在 32 万人左右，按目前全国总的汽车救援量计算，汽车救援员总需求量在 45 万人以上。同时，人员流动较大。综上，汽车救援员存在 13 万人左右的缺口，供需严重失衡。

从产业发展看。有使用汽车的地方就存在着汽车救援服务，汽车救援服务离不开汽车救援员这一职业的支撑。在我国，随着汽车工业的发展和汽车生活的普及，汽车救援量会随汽车保有量增加而不断增长。另外，汽车救援服务范围从故障、事故、受困等救助延伸至其他不能上路行驶车辆的短途驳运等，汽车救援产业产值以每年 18% 的速度快速增长，都无形中扩大了汽车救援员的服务范围并增加了其业务量，并且目前汽车救援服务在部分地区已被纳入政府应急采购。

从政策红利看。2021 年 3 月，人力资源社会保障部会同国家市场监督管理总局、国家统计局联合发布汽车救援员新职业，各省、市相应释放一系列培训补贴红利。北京市职业培训提供一次性补贴标准为 1000~2000 元 / 人；深圳市技能提升培训补贴标准为 2000 元 / 人；安徽省新录用人员岗前技能培训补贴标准为 1000 元 / 人；大连市职业培训补贴标准为 1000~3000 元 / 人；广东省每人每年培训补贴上限不得超过 1000 元；浙江省每人每个培训项目实际补贴的培训费用不超过 800 元；上海市每个培训项目实际补贴的培训费用不超过 600 元；天津市以 600 元 / 人的标准给予企业职业技能培训补贴；四川省按实际培训费用给予全额补贴；河北省根据实名注册人数预拨不高于 40% 的培训补贴资金。

十、相关内容链接

国家职业标准： 扫码即可查看 ☞

相关政策文件： 本书附录序号 64。

供稿：中汽通达（北京）科技有限公司　于亚辉

企业合规师

职业编码：2-06-07-14

近年来，随着国际营商环境变化以及我国进入高质量发展新阶段，企业生产经营面临多方面合规要求。从国际出口管制执法趋严到反倾销、反补贴调查应对，从海外投融资安全审查到把握反垄断执法新趋势，从网络安全和数据保护到劳动用工权益保障，从维护生态环境多样到企业合规司法改革，等等，企业在多环节、多方面对合规专业人才的需求显著增加。企业合规师在新时代高质量发展背景下应运而生，成为助力企业防范、评估、预警和处理合规风险，完善企业现代化治理体系，提升企业软实力，塑造企业竞争新优势的专业力量。

一、企业合规师的一天

记录时间：2021 年 12 月 3 日　　**记录人：张某某**

上午工作情况

8 点 30 分：

1. 及时掌握最新合规政策、风险趋势及行业动态。（合规引进）

2. 与行业主管部委沟通上报数据信息情况。（行业监管合规沟通）

3. 审查某合作项目，撰写合规尽职调查报告。（项目合规审查）

4. 审查某采购合同，出具合规意见。（合同合规审查）

5. 审查拟定的董事会议案的合规性。（公司治理合规审查）

6. 参与企业投资制度修订方案审议会，提出合规修改意见。（制度合规审查）

7. 审查新聘人员竞业禁止事项的合规性。（雇用合规审查）

11 点 30 分：

处理紧急业务，协调财务部、法务部、市场部共同商谈业务合同，提出合规要求。（合规协同）

下午工作情况

13 点：

1. 与相关领导沟通，向其汇报近期合规工作情况。（合规沟通）
2. 对一家新供应商进行合规筛查，提出合规风险意见。（合规筛查与反馈）
3. 接听一起内部合规热线举报，如实记录。（合规举报）
4. 就公司内网新闻中涉及的个人信息保护问题提出修正意见。（违规纠正）
5. 处理一起关于出口管制的合规咨询。（境外业务合规咨询）
6. 检查某下属公司的合规体系方案，提出修正要求。（合规体系改进）
7. 讨论调整年度合规考核方案。（合规战略与合规考核）
8. 讨论年度优秀合规人员名单及新闻文稿。（合规文化宣传）

17 点：

1. 准备业务部门月度合规培训讲课内容。（合规培训）
2. 在信息系统中记录当日重要合规工作内容。（合规信息记录）

二、什么是企业合规师

职业定义。企业合规师是从事企业及企业内部成员行为符合法律法规、监管要求、行业规定和道德规范等合规管理和监督的专业人员。

定义解读。定义中的企业是指依据《中华人民共和国民法典》设立的企业法人、社会团体法人、具备法人条件的基金会、社会服务机构等，以及非法人组织（包括个人独资企业、合伙企业、不具有法人资格的专业服务机构等）。企业合规是指企业及其员工的经营管理行为符合法律、法规、监管规定、行业准则、商业惯例、企业章程、规章制度、国际条约及道德规范等要求。

关联职业。密切相关的职业有律师、风险管理师等。律师是接受企业委托，为企业提供法律服务的职业人员，其主要工作任务即在企业委托范围内，帮助企业对自身内部规章制度、合同文件等进行法律审核，应对法律风险、处理法律问题等。风险管理师的主要工作任务是以管控风险为工作目标，通过风险评估、监测、预警、应急等措施，防控不确定的、负面的事项对企业产生的影响，着眼于防范化解短期的、突发的危机。

相应岗位。合规专员、合规经理、合规官、首席合规官、合规总监、合规顾问等。

三、企业合规师的主要工作职责

1. 管理制度顶层设计：制定企业合规方针、战略，确保企业各部门贯彻实施。
2. 识别、评估经营风险：清楚地认识企业所属行业、所处环境、内部管理以及外部伙伴的潜在合规风险，并对风险进行识别、分类、分级、预警和处理。

3. 制定内部管理制度：制定具体的企业合规管理制度，规范报告流程、审批流程、举报流程、调查流程、处罚与处理流程等。

4. 执行内部管理制度：解答业务、职能部门合规问题，提供合规风险防范与处理意见，妥善处理内外部举报案件，执行违规整改方案。

5. 监测改进管理制度：评价企业合规方针、战略实施情况及企业合规管理制度能否有效帮助企业规避风险，不断改进完善管理制度。

6. 正确把控外部关系：与政府监管部门有效沟通，掌握最新监管要求；对违规合作方及时做出终止合作决定。

7. 加强企业文化建设：推进企业合规文化建设，开展内部合规培训、考核工作，同时积极对外宣传合规工作成果。

企业合规师工作职责如图 1 所示。

图 1　企业合规师工作职责

四、企业合规师的薪酬福利待遇

平均薪酬水平。米高蒲志国际招聘顾问公司（Michael Page）发布的《中国薪酬报告 2022》显示，2021 年企业合规师的薪酬在同一企业内部高于其他岗位，且因企业性质、行业性质、工作经验、职位不同而有所区别。目前，初级企业合规师（3 年以下合规工作经验）平均薪酬为 24 万 ~70 万元 / 年，中级企业合规师（3~5 年合规工作经验）平均薪酬为 50 万 ~150 万元 / 年，高级企业合规师（5~15 年合规工作经验）平均薪酬为 70 万 ~400 万元 / 年。在外企和规模较大的民营企业，高级企业合规师的薪酬可达 600 万元 / 年。

与类似职业对比。该职业的类似职业包括律师、公司法务及风险管理师等，该系列职业的薪酬差距较大，对比情况见表 1。

表 1　类似职业薪酬水平

职业名称	薪酬水平（万元 / 年）
企业合规师	24~600
律师	10~500
公司法务	12~300
风险管理师	18~200

五、从事企业合规师工作需要哪些本领

该职业从业人员需具备的知识和技能有：合规管理理论与技术、企业管理基础知识、生产经营业务基础知识、相关法律知识等。核心技能是了解企业管理流程，熟悉企业生产经营业务，能够运用专业知识技能识别、防控企业合规风险，建立企业合规管理体系。

该职业需具备的知识和技能见表 2。

表 2　企业合规师需具备的知识和技能

职业功能	工作内容	知识和技能要求
制定合规战略	基础知识储备	具备法律、财会、税务、贸易、金融、工商管理、行政管理等基础知识
	合规风险识别、分析与评估	能够识别、分析各类合规风险，对风险进行评估分类
	参与合规战略计划制订	能够参与制订具体的企业合规战略计划

续表

职业功能	工作内容	知识和技能要求
制定实施合规管理制度	参与合规管理制度制定	能够参与制定符合企业实际的内部合规管理制度与流程，并根据管理架构需要增设合规管理部门
	执行合规管理制度	能够开展具体合规管理工作，参与业务和管理流程，开展合规调查，处理举报案件，提出合规建议，纠正违规行为，撰写合规报告，做出管理决定
完善合规管理	监测合规管理制度的有效性	能够持续监测、评估合规管理制度的实施效果
	合规管理制度改进	能够及时修正制度不足，不断改进完善管理制度，确保制度实时有效
处理外部关系	对接政府监管部门	能够及时掌握监管政策变化，配合监管部门提交文件资料
	管理商业合作伙伴	能够对商业合作伙伴开展合规尽职调查
加强企业文化建设	完善企业合规文化	能够组织开展合规相关培训、考核、评奖评优、新闻宣传等工作

六、企业合规师的专业教育现状

（一）相关专业

目前已有较多的院校开设了与该职业相关的专业，涉及研究生院校、本科院校、大专院校等。研究生院校及本科院校专业有管理学、法学、经济学。大专院校专业有公共管理与服务大类、公安与司法大类、财经商贸大类等。

（二）开设相关专业的院校（排名不分先后）

1. 研究生院校及本科院校：复旦大学、中央财经大学、中国政法大学、北京大学、东北财经大学、上海财经大学、湖南师范大学、山东财经大学、天津财经大学、山西财经大学等。

2. 大专院校：潍坊职业学院、深圳市经理进修学院、西南政法大学天府学院、重庆工商职业学院、石家庄法商职业学院、北京青年政治学院、黄山职业技术学院、安徽审计职业学院、江苏城市职业学院、山东商业职业技术学院等。

七、企业合规师的就业信息

该职业从业人员遍布全国各地，主要集中在北京、上海、广州、深圳等一线城市，以及经济发展较快的省份，如江苏、浙江、山东、四川等。医药、房地产、工程、采矿、纺织、印染、出口、金融等合规风险较高的领域对企业合规师的需求量较大。

吸纳企业合规师就业较多的用人单位主要有：

1. 央企 / 国企：如招商局集团、中国中铁、中国人民保险等国务院国资委主管的中央企业及其子公司，北京金隅集团、北京汽车股份、湖南建工集团等各地方国资监管部门主管的国企及其子公司。

2. 民营企业：如吉利控股、正泰集团、浪潮、腾讯、金地集团等有参与国际化经营需求的企业。

3. 外资企业：如西门子（中国）、戴姆勒、微软（中国）等。

4. 服务机构：如律师事务所、会计师事务所以及各类咨询公司等。

注：以上地区及机构排名不分先后，不代表相关实力排名。

八、企业合规师的职业贯通发展

该职业的发展路径主要有四条：管理路线，即从合规专员晋升到合规部门主管 / 企业中层，再晋升到企业合规总监 / 企业领导层，甚至往更高的高级领导职务发展。专家路线，即不断提高合规风险防范与应对能力与水平，在职业等级上不断晋升，成为企业合规实务、公司治理领域专业人才。复合人才路线，即向其他行业跨越或职业转型，如通过学习相关知识和技能转型为律师、审计师、风险管理师等，与专业技术岗位横向贯通。创业路线，即基于个人兴趣爱好进行自主创业，以第三方服务机构身份开展企业合规咨询服务。企业合规师的职业贯通发展如图 2 所示。

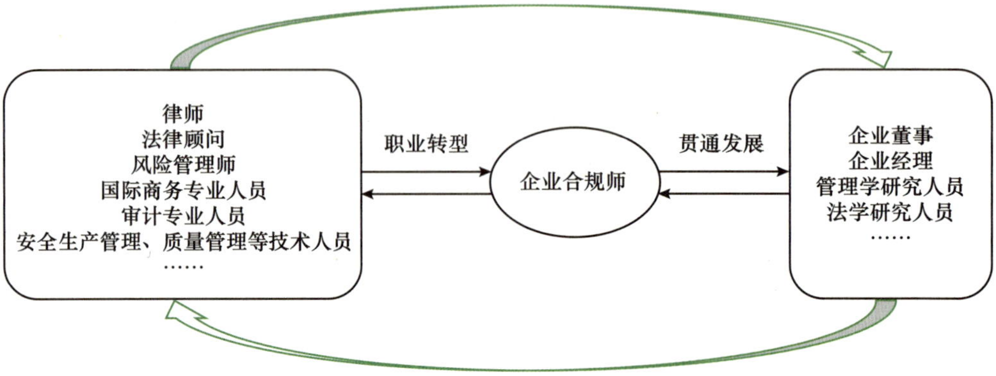

图 2　企业合规师职业贯通发展图

九、企业合规师的发展前景

从市场供需看。企业合规师是适应我国经济高质量发展和高水平对外开放新形势而产生的新职业，是培育国际一流企业不可或缺的人才力量。当前，我国企业合规专业人才存在巨大的缺口，根据商务部、国资委、银保监会、中证协、中基协等部门及行业协会数据来计算，当前我国合规专业人才存在约 970 万人的缺口，供需严重失衡。

从产业发展看。近年来，全球合规执法事件频发。根据国家市场监督管理总局统计，2020 年垄断案件罚没金额合计 4.5 亿元。根据中国贸促会统计，中国大陆遭受美国实体清单制裁的企业约有 435 家。由此可见，中国产品、服务、技术、品牌、标准的内外循环的不断加快，对企业提出了更高的合规要求，这也进一步扩大了企业对合规专业人才的需求。

从政策红利看。《中华人民共和国国民经济和社会发展第十四个五年规划和 2035 年远景目标纲要》明确强调，要“引导企业加强合规管理”“推动民营企业守法合规”，强化合规管理将成为我国各类企业实现高质量发展的普遍选择，企业合规师将成为助力企业高质量发展的重要保障力量。同时，最高人民检察院持续推进“企业合规”改革工作，企业合规师被纳入合规监督评估专业人员名录库，司法改革正在注入新生力量。

十、相关内容链接

国家职业标准： 暂缺

相关政策文件： 本书附录序号 36、73。

供稿：中国国际贸易促进委员会商事法律服务中心　张顺

区块链工程技术人员

职业编码：2-02-38-08

随着产业互联网加速发展，安全、高效的数字化万物互联与多方协作将成为社会经济生产的重要诉求。区块链作为重要的新型信息基础设施，本质上讲是一个共享数据库，存储于其中的数据和信息具有不可伪造、全程留痕、可以追溯、公开透明、集体维护的特征，能够促成新的信任机制，将成为打造诚信社会体系的重要支撑。区块链工程技术人员就是打造区块链这个“制造信任的机器”的建设者。

一、区块链工程技术人员的一天

记录时间：2020 年 3 月 18 日　　记录人：张某

上午工作情况

8 点：

1. 根据特定平台的需要做出区块链存证平台某功能点的解决方案。（架构设计）

2. 完成区块链存证平台某功能点的技术难点研究。（底层技术）

3. 讨论区块链存证平台项目某功能点的排期。（任务规划）

11 点：

1. 完成区块链存证平台某功能点的智能合约的开发。（底层技术）

2. 完成区块链存证平台某功能点的前端开发。（系统应用）

下午工作情况

14 点：

1. 测试区块链存证平台系统的功能点。（系统测试）
2. 完成部分功能拓展迭代。（底层技术）

16 点：

1. 应用的部署、调试等问题。（系统部署）
2. 完成部分功能拓展迭代。（底层技术）

二、什么是区块链工程技术人员

职业定义。区块链工程技术人员是从事区块链架构设计、底层技术、系统应用、系统测试、系统部署、运行维护的工程技术人员。

定义解读。区块链是一种安全共享的去中心化的数据账本，是基于密码学的分布式账本数据库，将一些事物如变量、术语与客体等以某种操作或观测的方式表示出来的技术。区块链工程技术人员是设计、开发和维护区块链平台的工程技术人员。

关联职业。密切相关的职业有区块链应用操作员、密码技术应用员。区块链应用操作员基于区块链工程技术人员开发的区块链系统，负责将区块链技术应用于产业中，并协助区块链工程技术人员完成工作。密码技术应用员是指运用密码技术，从事信息系统安全密码保障的架构设计、系统集成、检测评估、运维管理、密码咨询等相关密码服务的人员。密码技术应用员在工作中也会使用到区块链工程技术人员开发的区块链系统。

相应岗位。区块链开发工程师、区块链平台架构师、智能合约开发工程师、区块链应用开发工程师等。

三、区块链工程技术人员的主要工作职责

1. 负责基于区块链技术的平台设计和研发。

2. 根据业务需求，完成区块链平台架构设计和方案设计。

3. 负责区块链方向的设计和研发工作，研究区块链的协议、运行机制和底层实现等。

4. 搭建基于区块链的底层架构，实现公链、侧链、私有链等逻辑供应用层调度使用。

5. 根据业务需求，参与实现智能合约开发、部署、测试。

6. 负责日常技术开发工作，解决开发中的技术问题。

7. 参与区块链平台的部署、运维、运行管理和优化。

8. 协助业务部门进行区块链技术咨询和服务。

四、区块链工程技术人员的薪酬福利待遇

平均薪酬水平。猎聘等发布的《2020 年中国区块链人才发展研究报告》数据显示，2019 年区块链工程技术人员相关岗位年平均薪酬为 33 万 ~52 万元，远高于传统软件与信息服务行业。

与类似职业对比。Boss 直聘网 2021 年 12 月数据显示，在北京地区，该职业的薪酬一般要高于密码技术应用员和区块链应用操作员的薪酬，见表 1。

表 1　类似职业薪酬水平

职业名称	薪酬水平（元 / 月）
区块链工程技术人员	27500~43300
密码技术应用员	15000~25000
区块链应用操作员	16000~28000

五、从事区块链工程技术人员工作需要哪些本领

该职业从业人员需具备的知识和技能有：计算机基础知识、区块链基础知识、信息系统运行管理知识等。核心技能是应用系统开发、系统测试、系统部署、运行维护区块链系统等。

根据《区块链工程技术人员国家职业技术技能标准》，该职业需具备的知识和技能见表 2。

表 2　区块链工程技术人员需具备的知识和技能

职业功能	工作内容	知识和技能要求
开发应用系统	开发智能合约	能使用程序语言和开发环境开发智能合约
	开发功能模块	能使用软件开发框架实现人机交互界面功能，能使用代码调用区块链底层系统软件开发包实现模块所需功能，能使用代码调用智能合约实现模块所需功能
测试系统	测试系统功能	能使用测试工具测试系统功能，能执行功能测试用例，能撰写功能测试报告
	测试系统接口	能使用工具测试接口，能撰写接口测试报告
	测试系统性能	能使用测试工具或测试方法测试系统性能，能撰写性能测试报告
	测试系统安全	能使用工具进行静态、动态安全扫描、漏洞扫描，能使用工具进行渗透测试、数据层、网络层和应用层安全测试，能使用工具进行共识层、合约层基础性测试
运行维护系统	准备运行环境	能根据系统部署方案配置服务器和网络
	部署和调试系统	能根据系统部署方案安装运行环境所需系统，连接部署节点，安装底层系统和应用系统，调试区块链系统
	维护系统	能维护系统正常运行，执行系统升级任务，分析一般性系统异常问题，解决一般性系统异常问题，使用工具监控系统状态

六、区块链工程技术人员的专业教育现状

（一）相关专业

目前，越来越多的院校开设了与该职业相关的专业，涉及本科院校、高职院校及中职学校等。本科院校专业有区块链工程、软件工程、计算机科学与技术等。职业院校专业有区块链技术、区块链技术应用、软件技术等。

（二）开设相关专业的院校（排名不分先后）

1. 本科院校：浙江大学、中山大学、电子科技大学、西南财经大学、成都信息工程大学、浙江万里学院、江西软件职业技术大学、临沂大学、哈尔滨商业大学、湖南工商大学等。

2. 高职院校：深圳职业技术学院、深圳信息职业技术学院、广东轻工职业技术学院、广州番禺职业技术学院、上海城建职业学院、山东商业职业技术学院、湖南科技职业学院、湖北科技职业学院、常州信息职业技术学院、成都工贸职业技术学院等。

3. 中职学校：广东省国防科技技师学院、常州技师学院、山东技师学院、嘉兴技师学院、杭州电子信息技术学校等。

七、区块链工程技术人员的就业创业信息

该职业从业人员主要集中在北京、上海、广州、深圳等一线城市，以及互联网产业发展较快的城市，如杭州、苏州、成都、南京、长沙等。其中，互联网行业和中小型企业是招聘区块链人才的主力军，互联网行业需求最为明显。

吸纳区块链工程技术人员就业较多的用人单位主要有：

1. 互联网公司：如腾讯、阿里巴巴、百度、京东等。

2. 区块链创业公司：如趣链科技、布比、云象、智谷星图等。

3. 金融科技公司：如微众、众安科技、蚂蚁集团、金融壹账通等。

4. 金融机构：如民生银行、建设银行、工商银行、中国银行、浙商银行等。

5. 企事业单位等：如中国信通院、中国电科、人民网区块链研究院、山东区块链研究院等。

注：以上地区及机构排名不分先后，不代表相关实力排名。

八、区块链工程技术人员的职业贯通发展

该职业的发展路径主要有四条。管理路线，即从普通员工晋升到主管 / 单位中层，再晋升到经理 / 单位领导层，甚至往更高的领导职务发展。专家路线，即不断提高技能水平，在职业等级上不断晋升，成为区块链技术领域专家。复合人才路线，即向其他行业跨越或职业转型如通过学习相关知识和技能转型为项目管理师、信息安全分析师等。创业路线，即基于个人兴趣爱好进行创新创业如创办联盟链企业、区块链服务平台等。区块链工程技术人员的职业贯通发展如图 1 所示。

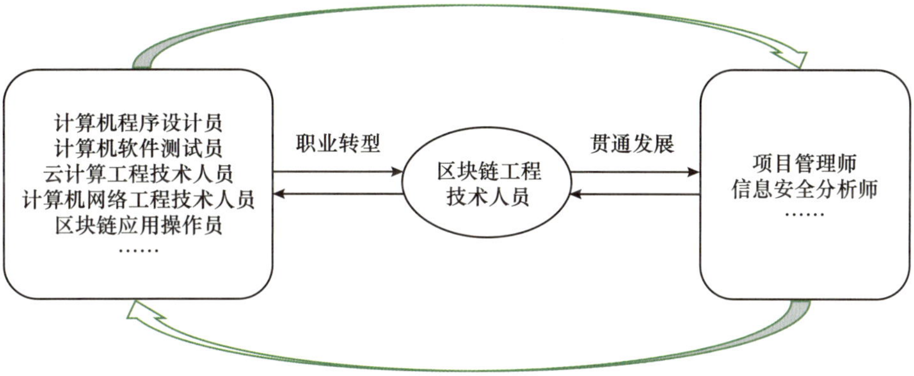

图 1　区块链工程技术人员职业贯通发展图

九、区块链工程技术人员的发展前景

从市场供需看。区块链产业如今存在巨大的人才缺口，据权威咨询机构预测，未来 5 年我国区块链人才缺口在 75 万人以上，而区块链工程技术人员更是存在巨大的人才缺口。

从产业发展看。"十四五"规划将区块链列入数字经济重点产业，明确指出要推动智能合约、共识算法、加密算法、分布式系统等区块链技术创新，以联盟链为重点发展区块链服务平台和金融科技、供应链管理、政府服务等领域应用方案，完善监管机制。在国家各部委和各地方政府的大力支持下，我国区块链产业蓬勃发展，

产业规模和企业数量不断增加，国际竞争力显著提升，垂直行业应用落地项目不断涌现。前瞻产业研究院报告显示，我国区块链市场将保持高速增长，2021—2026年市场规模年复合增速将达73%，2026年的市场规模将达163.68亿美元。

从政策红利看。顺应国家大力发展区块链的趋势，自2019年以来，全国迎来了区块链政策热潮，中央以及各地方政府纷纷颁布区块链相关政策。例如，南京市江北新区（自贸区）实施区块链顶尖人才集聚计划，经认定的人才可享受最高500万元的项目扶持资金和最高300万元的购房补贴。此外，“对经认定的区块链相关专业毕业生，在江北新区（自贸区）区块链企业从事相关工作的人才，最高给予每人4万元的一次性生活补贴”。上海市杨浦区在《杨浦区推进区块链产业升级发展政策》中提出：“对有落户需求的区块链核心团队成员，开辟‘绿色通道’专题研究解决。”

十、相关内容链接

国家职业标准：扫码即可查看 ☞

相关政策文件：本书附录序号14、26。

供稿：中国电子技术标准化研究院　李鸣

区块链应用操作员

职业编码：4-04-05-06

在数字经济时代，区块链是“新基建”的代表性技术，也是实现未来信任的关键。区块链技术不仅可以为实体经济降成本、提效率，而且可以被集成应用在技术革新和产业变革中并发挥重要作用。如果把区块链想象成一台制造信任的“机器”，区块链应用操作员就是这台“机器”的“操作者”，他们将区块链技术应用到产业，是技术与产业的桥梁。

一、区块链应用操作员的一天

记录时间：2021 年 10 月 18 日 **记录人：孙某方**

上午工作情况

8 点：

1. 对中小企业用户进行供应链金融产品的访谈和调研。（需求调研）

2. 对中小企业用户供应链金融产品的需求进行总结和分析。（需求分析）

11 点：

对公司现有的区块链供应链金融产品进行应用操作，验证现有功能。（应用操作）

下午工作情况

14 点：

1. 完成供应链金融产品需求分析，优化公司现有的区块链供应链金融产品解决方案。（应用设计）

2. 定义具体的产品功能，给出具体的开发原型文档。（协助开发）

16 点：

1. 测试公司区块链溯源产品的部分功能点。（应用测试）

2. 汇总公司区块链溯源产品操作中的问题。（应用操作）

二、什么是区块链应用操作员

职业定义。区块链应用操作员是运用区块链技术及工具，从事政务、金融、医疗、教育、养老等场景系统应用操作的人员。

定义解读。区块链是一种安全共享的去中心化的数据账本，基于密码学的分布式账本数据库，是将一些事物如变量、术语与客体等以某种操作或观测的方式表示出来的技术。区块链应用操作员是将区块链应用到实际产业场景的技术服务人员。

关联职业。密切相关的职业有区块链工程技术人员、密码技术应用员。区块链工程技术人员是从事区块链架构设计、底层技术、系统应用、系统测试、系统部署、运行维护等工作的工程技术人员，是开发区块链底层平台的人员。区块链应用操作员是在已有的区块链底层平台上进行系统测试、系统部署、运行维护、协助工程技术人员完成工作的人员。密码技术应用员是指运用密码技术，从事信息系统安全密码保障的架构设计、系统集成、检测评估、运维管理、密码咨询等相关密码服务的人员。区块链应用操作员在进行应用操作时也有部分密码相关运维管理的工作。

相应岗位。区块链产品经理、区块链项目经理、区块链测试、区块链运维、区块链运营等。

三、区块链应用操作员的主要工作职责

1. 参与用户需求的调研，协助对用户进行访谈。

2. 负责设计区块链应用方案和完成区块链应用原型设计。

3. 协助对区块链应用开发的流程进行安排，协助开发人员进行工作。

4. 负责对区块链应用的功能、安全、稳定性等进行测试。

5. 负责使用查询工具完成区块链上相关的信息查询。

6. 负责将客户的特定事务操作请求提交到区块链网络。

7. 负责系统应用的部署和维护，负责系统应用的配置。

8. 负责使用工具对系统应用进行监控。

9. 协助反馈、收集和整理系统应用操作中的问题。

四、区块链应用操作员的薪酬福利待遇

平均薪酬水平。国家统计局公布的城镇单位就业人员年平均工资数据显示，

2020 年信息传输、计算机服务和软件业城镇单位就业人员年平均工资为 177544 元。而前瞻产业研究院等公布的《中国区块链行业市场前瞻与投资战略规划分析报告》数据显示，2020 年区块链应用操作员相关岗位的月平均工资为 16400~27800 元。区块链应用操作员相关岗位平均薪酬高于传统软件与信息服务行业，吸引力更大。

与类似职业对比。Boss 直聘网 2021 年 12 月数据显示，在北京地区，该职业岗位薪酬略高于密码技术应用员，低于区块链工程技术人员，见表 1。

表 1　类似职业薪酬水平

职业名称	薪酬水平（元 / 月）
区块链应用操作员	16400~27800
密码技术应用员	15000~25000
区块链工程技术人员	18000~35000

五、从事区块链应用操作员工作需要哪些本领

该职业从业人员需具备的知识和技能有：基本的计算机及网络原理与应用知识，区块链基础概念和原理，密码学技术与应用，分布式系统技术与应用，文档写作技能，区块链中英文专业术语等。核心技能是对区块链系统进行应用设计、应用操作、应用测试和应用运维。

根据《区块链应用操作员国家职业技能标准》，该职业需具备的知识和技能见表 2。

表 2　区块链应用操作员需具备的知识和技能

职业功能	工作内容	知识和技能要求
区块链应用设计	用户调研	能确定调研范围，能根据目标用户编写调查问卷
	方案执行	能编写区块链应用用户需求分析和方案
	文档管理	能审核、维护和整理各类技术文档
区块链应用操作	系统应用接入	能使用工具接入区块链系统应用
	系统应用操作问题收集	能识别、整理和反馈区块链系统应用操作的问题

续表

职业功能	工作内容	知识和技能要求
区块链测试	测试环境搭建	能安装软件测试工具，能搭建区块链测试环境
	软件测试	能完成区块链相关的测试操作，能进行软件测试
	测试设计	能读写测试文档，读写测试报告
区块链运维	系统管理	能管理和优化区块链系统
	区块链系统配置	能配置区块链系统节点之间、与客户端之间的通信方式、端口，能配置区块链业务数据的存储方式、存储位置

六、区块链应用操作员的专业教育现状

（一）相关专业

目前，越来越多的院校开设了与该职业相关的专业，涉及本科院校、高职院校及中职学校等。本科院校专业有区块链工程、软件工程、计算机科学与技术等。职业院校专业有区块链技术、区块链技术应用、软件技术等。

（二）开设相关专业的院校（排名不分先后）

1. 本科院校：浙江大学、中山大学、电子科技大学、西南财经大学、成都信息工程大学、江西软件职业技术大学、临沂大学、哈尔滨商业大学、湖南工商大学等。

2. 高职院校：深圳职业技术学院、深圳信息职业技术学院、广东轻工职业技术学院、广州番禺职业技术学院、上海城建职业学院、山东商业职业技术学院、湖南科技职业学院、湖北科技职业学院、常州信息职业技术学院、成都工贸职业技术学院等。

3. 中职学校：广东省国防科技技师学院、常州技师学院、山东技师学院、嘉兴技师学院、杭州电子信息技术学校等。

七、区块链应用操作员的就业创业信息

该职业从业人员主要集中在北京、上海、广州、深圳等一线城市，以及互联

网产业发展较快的城市，如杭州、苏州、成都、南京、长沙等，其中互联网行业和中小型企业是招聘主力军，互联网行业需求最为明显，急需区块链人才。

吸纳区块链应用操作员就业较多的用人单位主要有：

1. 互联网公司：如腾讯、阿里巴巴、百度、京东等。

2. 区块链创业公司：如趣链科技、布比、云象、智谷星图等。

3. 金融科技公司：如微众、众安科技、蚂蚁集团、金融壹账通等。

4. 金融机构：如民生银行、建设银行、工商银行、中国银行、浙商银行等。

5. 企事业单位：如中国信通院、中国电科、人民网区块链研究院、山东区块链研究院等。

注：以上地区及机构排名不分先后，不代表相关实力排名。

八、区块链应用操作员的职业贯通发展

该职业的发展路径主要有四条：管理路线，即从普通员工晋升到主管 / 单位中层，再晋升到经理 / 单位领导层，甚至往更高的领导职务发展。专家路线，即不断提高技能水平，在职业等级上不断晋升，成为区块链应用操作领域专家。复合人才路线，即向其他行业跨越或职业转型，如通过学习相关知识和技能转型为区块链工程技术人员、计算机软件工程技术人员、项目管理师、信息安全分析师等，与专业技术岗位横向贯通。创业路线，即基于个人兴趣爱好进行创新创业。区块链应用操作员的职业贯通发展如图 1 所示。

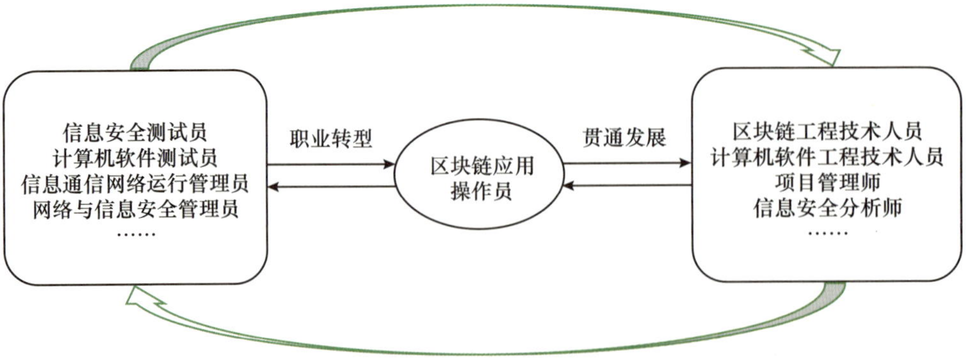

图 1　区块链应用操作员职业贯通发展图

九、区块链应用操作员的发展前景

从市场供需看。区块链产业存在巨大的人才缺口。目前区块链人才供需错位还在继续，求职者专业技能薄弱，区块链应用操作员这类实用复合型人才缺口较大，区块链应用操作员将随着区块链技术在政务、金融、医疗、教育、养老等产业中更多的应用落地而获得更多岗位，也将是区块链相关企事业单位及客户单位在形成业务规模化后新增需求量最大的岗位之一。

从产业发展看。国家“十四五”规划将区块产业链列入数字经济重点产业，明确指出要推动智能合约、共识算法、加密算法、分布式系统等区块链技术创新，以联盟链为重点发展区块链服务平台和金融科技、供应链管理、政府服务等领域应用方案，完善监管机制。在国家各部委和各地方政府的大力支持下，我国区块链产业蓬勃发展，产业规模和企业数量不断增加，国际竞争力显著提升，垂直行业应用落地项目不断涌现。前瞻产业研究院报告显示，我国区块链市场将保持高速增长，2021—2026 年市场规模年复合增速将达 73%，2026 年的市场规模将达 163.68 亿美元。

从政策红利看。顺应国家大力发展区块链的趋势，自 2019 年以来，全国迎来了区块链政策热潮，中央以及各地方政府纷纷颁布区块链相关政策。例如，南京市江北新区（自贸区）实施区块链顶尖人才集聚计划，经认定的人才可享受最高 500 万元项目扶持资金和最高 300 万元购房补贴。此外，“对经认定的区块链相关专业毕业生，在江北新区（自贸区）区块链企业从事相关工作的人才，最高给予每人 4 万元的一次性生活补贴”。上海市杨浦区在《杨浦区推进区块链产业升级发展政策》中写道：“对有落户需求的区块链核心团队成员，开辟‘绿色通道’专题研究解决。”

十、相关内容链接

国家职业标准：扫码即可查看 ☞

相关政策文件：本书附录序号 6、7、14、17、26。

供稿：中国电子商会　卫天英

人工智能工程技术人员

职业编码：2-02-38-01

人工智能（artificial intelligence，AI）是通过计算机系统和模型（算法、数据），模拟人类心智（mind）的技术体系与实现方法的集合。经过 60 多年的发展，2016 年 3 月谷歌围棋 AlphaGo 以 4∶1 战胜世界著名围棋九段选手李世石，AlphaGo 达到的智能水平在全世界引起轰动，也标志着人工智能技术发展达到了一个新的高度和热度。今天，人工智能技术已经渗透到我们日常生活的方方面面，包括交通、制造、商业、农业、金融、医疗、物流、媒体、娱乐、新闻等，对相关人才的需求量巨大，催生了人工智能工程技术人员这一新兴的职业。

一、人工智能工程技术人员的一天

记录时间：2021 年 8 月 18 日 **记录人：万某海**

上午工作情况

8 点：

1. 公司正在参与研发法律智能问答小程序“民法知道”。任务要求：打开微信小程序，语音输入感兴趣的法律问题，后台自动问答机器人能迅速匹配出对应的法律条文，并给出咨询建议。（需求分析）

2. 在图纸上，任务已被清晰地分成三类算法：文本表示算法，用来把问题变成机器能解读或识别的语言；分类算法，用来解决哪个领域的法律能够适用于用户提出的问题；文本匹配算法，用来解决具体法条的对应问题。（算法设计）

10点：

1. 基本思路敲定后打开公司网上工作平台，联系数据资源部的同事拿到准备好的数据。（数据获取）

2. 模型设计好后，要在网上大量搜集网友们的各种真实法律问题，并将已有回答中对应的法律条文逐条标注出来，“投喂”给机器，让它根据算法学习解读一问一答中包含的对应关系。（数据整理）

下午工作情况

13点：

1. 回到办公室，抓紧时间把上午写在纸上的算法模型敲成电脑里的一行行代码。（算法实现）

2. 3个多小时飞逝而过，将近17点，转头看电脑屏幕，任务完成了一半多。（算法实现）

17点：

1. 调用各种算法，让机器一步步学习问答之间的逻辑关系。写完模型构建的代码后，要导入之前准备好的数据，在机房里大规模服务器上进行模型训练。（模型构建）

2. 经过一段时间的等待，有时候训练过程要好几天。然而初次等到的结果大多数是不理想的。如果输入“我被别人打了，要怎么办?”，它反馈的答复可能是相关性不高的法律条文。（模型训练、推理验证）

3. 真正做到让用户满意，要持续优化模型，反复训练机器，直到它能给出精准的法律条文。（调参优化）

二、什么是人工智能工程技术人员

职业定义。人工智能工程技术人员是指从事与人工智能相关算法、深度学习等多种技术的分析、研究、开发，并对人工智能系统进行设计、优化、运维、管理和应用的工程技术人员。

定义解读。人工智能是研究、开发用于模拟、延伸和扩展人的智能的理论、方法、技术及应用系统的一门新的技术科学。工程技术是工业生产中实际应用的技术，就是说人们将科学知识或技术发展的研究成果用于工业生产过程，以达到改造自然的预定目的的手段和方法。工程技术人员是从事工程技术和工程技术管理工作并具有某些专项工程技术能力的人员。

人工智能工程技术人员可以从技术领域、应用场景和学习深度三个维度进行划分，具体如图 1 所示。

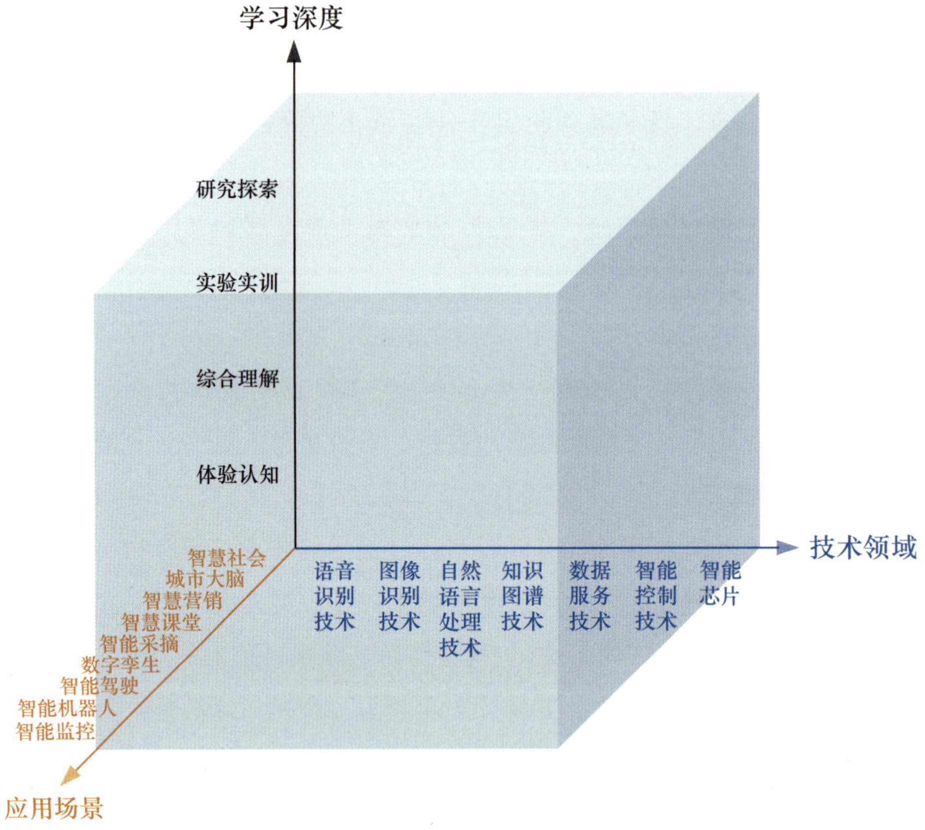

图 1　人工智能工程技术人员多维分析

其中，技术领域维度涵盖了语音识别技术、图像识别技术、自然语言处理技术、知识图谱技术、数据服务技术、智能控制技术、智能芯片等。应用场景维度进一步细分人工智能工程技术领域涉及的各行各业，具体包括智能监控、智能机器人、智能驾驶、数字孪生、智能采摘、智慧课堂、智慧营销、城市大脑、智慧社会等。学习深度维度将人工智能工程技术领域的学习阶段由低向高划分为体验认知、综合理解、实验实训和研究探索等四个层级。

关联职业。软件开发工程师、大数据工程技术人员。软件开发工程师是从事系统设计、系统编码、软件测试、部署运维的技术人员。大数据工程技术人员是从事大数据采集、清洗、分析、治理、挖掘等技术研究，并加以利用、管理、维护和服务的工程技术人员。

三、人工智能工程技术人员的主要工作职责

1. 业界 AI 应用趋势跟踪，学术界 AI 关键算法和新技术调研分析。

2. 面向特定 AI 领域进行算法研发及优化，包括且不限于人脸识别、目标检测跟踪、图像识别、语义分割、图像增强等。

3. 算法研究，算法原型代码开发，测试以及交付，并协助系统级联调。

4. 参与项目技术攻关，解决技术疑难问题与实际项目落地应用。

5. 结合应用场景，综合考虑业务 / 数据 / 算法等因素，持续改进和优化产品性能。

6. 与各个业务模块开放协作。

7. 设计并实现解决方案的早期原型，敏捷开发及验证解决方案可行性。

8. 担任人工智能相关课程讲师，培训专业人士，向大众普及相关知识。

人工智能工程技术人员主要工作职责如图 2 所示。

四、人工智能工程技术人员的薪酬福利待遇

平均薪酬水平。拉勾招聘数据研究院发布的《2021 人工智能人才报告》显示，2021 年人工智能行业人才平均薪酬为 20000 元 / 月，较上年增长 12.4%。据 2020 年工业和信息化部人才交流中心发布的《人工智能产业人才发展报告（2019—2020 年版）》统计，56.5% 的 AI 算法研究人员和 46.1% 的应用开发人员月薪在 35000 元以上。

与类似职业对比。据国家统计局发布的 2020 年分行业就业人员平均薪酬数

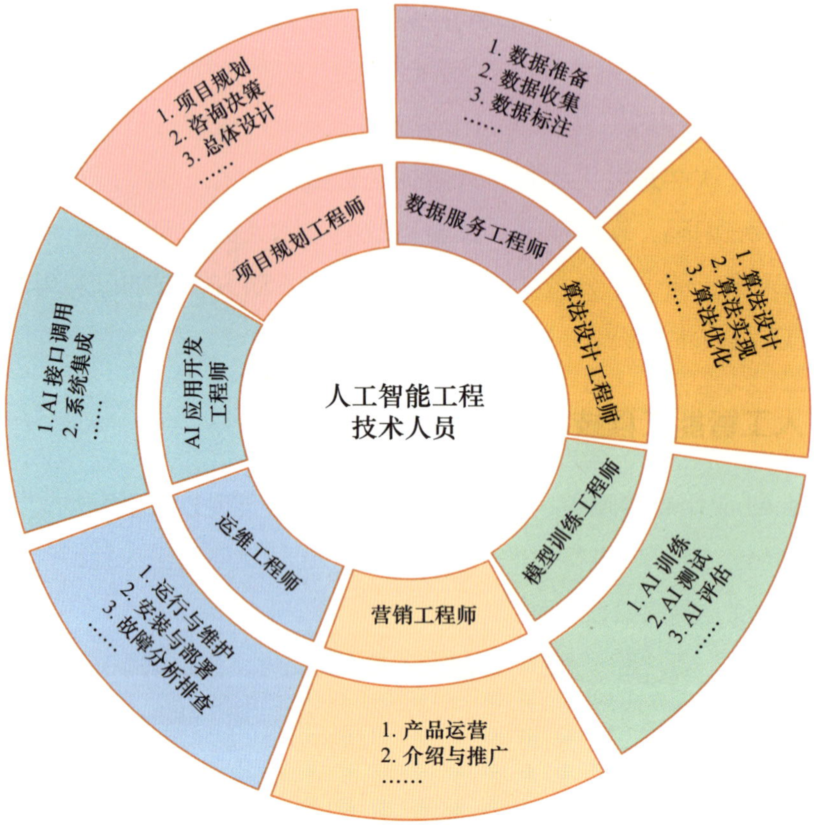

图 2　人工智能工程技术人员典型工作岗位与任务

据，IT 行业平均月薪为 15000 元，人工智能相关岗位的薪酬水平为 20000 元，明显超出 IT 行业平均水平，见表 1。

表 1　类似职业薪酬水平

职业名称	平均月薪（元 / 月）
人工智能岗位	20000
移动应用开发岗位	15000
后端开发岗位	16000

五、从事人工智能工程技术工作需要哪些本领

该职业从业人员需具备的知识和技能有：项目规划、数据服务、算法设计、

模型训练、AI 应用开发、运维和营销等。

根据《人工智能工程技术人员国家职业技术技能标准》，该职业需具备的知识和技能见表 2。

表 2　人工智能工程技术人员需具备的知识和技能

职业功能	工作内容	知识和技能要求
项目规划	项目规划、总体设计和咨询决策等	具备目标行业和目标场景的相关实践经验和知识积累 能整体规划人工智能项目，分析行业情况，提供项目决策支持，设计创新产品
数据服务	数据收集、整理和标注等	能从系统外部采集数据并输入系统内部 能对原始数据进行加工处理，实现数据的系统化、条理化 能使用数据标注工具，对图像、语音、文本等各类数据进行加工
算法设计	算法设计、实现和优化等	能够分析、判断应用任务是否适合用机器学习技术解决 能在标准算法基础上，对组合多种机器学习技术要素进行模型设计及调优 能合理组合、改造并创新深度学习模型来解决更加复杂的应用问题
模型训练	AI 模型训练、测试和评估等	能够使用深度学习框架，调整模型结构、参数，以适用于收集、整理和标注后的数据集 能够测试、分析和评估模型训练效果，根据项目要求，提升模型训练效率和模型精度
AI 应用开发	系统界面开发、后台数据处理、AI 能力调用等	能够使用应用开发工具，编写代码，实现系统交互界面、数据获取、异常处理等功能 能够实现 AI 能力调用，包括直接调用、API 调用、规范化 SDK 调用、Web 服务调用等 能够处理 AI 算法和模型的推断结果，包括结果显示、分析统计、处理和报警等
运维	系统安装和部署、运行和维护、故障分析排查等	能够安装和部署所需的软硬件基础环境 能够安装、部署和运行 AI 应用系统 能够监控 AI 应用系统运行状况，采集和分析运行数据，分析排查系统故障，调整优化系统配置参数

续表

职业功能	工作内容	知识和技能要求
营销	产品运营、介绍和推广	具有一定的市场分析和判断能力，了解客户需求 具备良好的口头和语言文字表达能力，能够准确描述AI 产品功能和特性 具有较强的沟通能力，能够根据客户的反馈及时调整推广策略

六、人工智能工程技术人员的专业教育现状

（一）相关专业

目前已有较多院校开设了与该职业相关的专业，涉及本科院校、高职院校及中职学校等。本科院校专业有人工智能、智能科学与技术、机器人工程等。职业院校专业有人工智能技术应用、人工智能应用工程等。

（二）开设相关专业的院校（排名不分先后）

1. 本科院校：北京大学、清华大学、南京大学、上海交通大学、北京航空航天大学、复旦大学、天津大学、哈尔滨工业大学、西安交通大学等。

2. 高职院校：南京信息职业技术学院、深圳职业技术学院、南京工业职业大学、重庆电子工程职业学院、广东轻工职业技术学院、北京信息职业技术学院、浙江机电职业技术学院、广州番禺职业技术学院、芜湖职业技术学院、温州职业技术学院等。

七、人工智能工程技术人员的就业创业信息

人工智能工程技术人员主要分布在京津冀、长三角、粤港澳大湾区和川渝地区，北京、深圳、上海、杭州、广州位居人工智能人才需求量最大的城市前五。

吸纳人工智能工程技术人员就业较多的用人单位主要有：

1. AI 企业：如寒武纪、商汤、旷视、云从、依图等。

2. 互联网企业：如阿里巴巴、腾讯、字节跳动、百度等。

3. 信息与通信企业：如华为、中兴、小米、海康威视等。

4. 软件企业：如科大讯飞、中软国际、东软集团等。

5. 传统产业企业：如金融、医疗、家电、汽车等行业企业。

6. 院校和科研机构：如大中专院校、研究所、实验室等。

注：以上地区及机构排名不分先后，不代表相关实力排名。

八、人工智能工程技术人员的职业贯通发展

该职业的发展路径主要有四条：管理路线，即从初级工程技术人员晋升到中高级，甚至往更高的决策、规划方向发展。专家路线，即不断提高技能水平，在职业等级上不断晋升，成为人工智能工程领域专家。复合人才路线，即向其他行业跨越或职业转型，如通过学习相关知识和技能转型为城市智能管理师、农业智能管理工程师、医疗智慧分析师等，与专业领域技术岗位横向贯通。创业路线，即基于个人兴趣爱好进行创新创业。人工智能工程技术人员的职业贯通发展如图 3 所示。

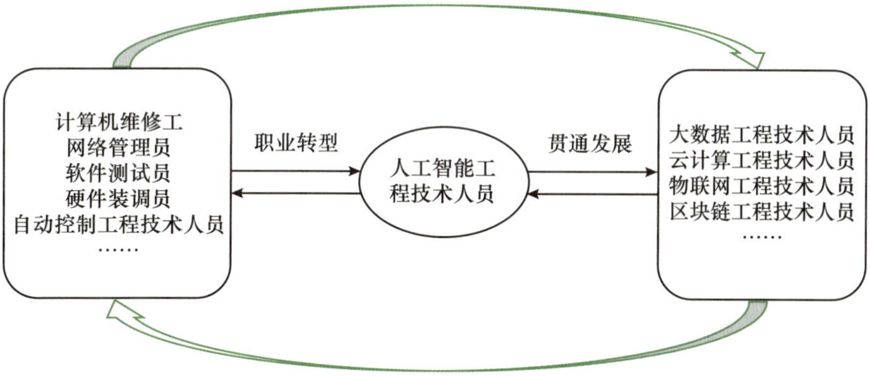

图 3　人工智能工程技术人员职业贯通发展图

九、人工智能工程技术人员的发展前景

从市场供需看。据 2020 年人力资源社会保障部中国就业培训技术指导中心联合阿里钉钉发布的《新职业在线学习平台发展报告》，未来 5 年，预计人工智能人才缺口高达 500 万人。同时，人才供需比严重不平衡：一是不同类型的岗位供需不平衡，当前企业对算法研究岗、应用开发岗和实用技能岗等技术型岗位的人才

需求最为旺盛，分别占整体需求岗位的 12.2%、19.8% 和 34.8%，但其人才供需比分别仅为 0.13、0.17 和 0.98；二是不同的技术方向供需不平衡，机器学习领域和计算机视觉领域在现阶段的人才需求最为突出，在整体需求岗位中的占比分别为 39.1% 和 33.4%，但相关技术方向的人才极度稀缺，人才供需比仅为 0.23 和 0.09，有效供给严重不足。

从产业发展看。当前以人工智能为代表的数字经济成为中国经济发展的新引擎，在政务、安防、制造、金融、医疗、汽车、通信、家电、交通等行业得到广泛应用。据国际数据公司（IDC）预测，2025 年我国人工智能市场总规模将超 184 亿美元。随着深度学习算法日趋成熟以及数据资源的加速增长，人工智能技术有望不断提升，相关产业将迎来发展新机遇。

从政策红利看。目前，人工智能发展已成为国家重要战略，也是我国供给侧改革的创新引擎。党的十九大报告提出，要“加快建设制造强国，加快发展先进制造业，推动互联网、大数据、人工智能和实体经济深度融合”。人工智能已连续三年被写入政府工作报告。近几年来，国家相继颁布《新一代人工智能发展规划》和《促进新一代人工智能产业发展三年行动计划（2018—2020 年）》（以下简称《行动计划》）等战略性、指导性文件，共同推动人工智能的发展。《行动计划》提出，五个保障措施之一就是要加快人才培养，即要“吸引和培养人工智能高端人才和创新创业人才，支持一批领军人才和青年拔尖人才成长……支持高等学校加强人工智能相关学科专业建设，引导职业院校培养产业发展急需的技能型人才”。

十、相关内容链接

国家职业标准：扫码即可查看 ☞

相关政策文件：本书附录序号 24、41。

供稿：南京信息职业技术学院　聂明

人工智能训练师

职业编码：4-04-05-05

科技改变生活，人工智能技术的成熟应用让我们的日常生活更加便利：导航时，可以及时避开拥堵路线；打电话时，通过智能助理完成任务等。这一切的背后都离不开我们为人工智能赋予的人类思维能力。每一个智能产品都是这个世界的新生儿，而人工智能训练师则是它的老师，教会它去理解人类世界的规则，训练它去掌握人类世界的生产劳动方式，最终让它能够在某一业务场景中按照人类思维方式更加高效地去劳作，为企业与社会创造出更高的价值。

一、人工智能训练师的一天

记录时间：2020 年 5 月 24 日 **记录人：罗某林**

上午工作情况

8 点：

1. 采集人工智能模型训练所需数据。（数据采集）
2. 根据数据质量要求对已采集数据进行清洗。（数据清洗）
3. 根据标注规则对已清洗数据进行标注。（数据标注）
4. 根据标注质检规则对已标注数据进行审核，输出报告。（数据审核）
5. 统计审核完成数据，不合格部分返回修改。（统计与管理）
6. 与工程师讨论并编写数据标注规范。（数据规范制定）

11 点：

1. 设计人工智能技术在业务全景应用中的相关流程。（业务流程设计）

2. 对流程中的问题设计对应的优化方案。（业务模块效果优化）

下午工作情况

14 点：

1. 将训练数据与测试数据投入算法模型中，完成训练与测试工作。（训练与测试）

2. 分析测试结果，编写测试报告，总结错误结果产生的原因并纠正。（错误纠正）

3. 对运行中的智能产品情况进行数据分析并输出分析报告，提出优化需求与解决方案。（监控与优化）

16 点：

1. 和产品经理分析评估系统待优化的需求，制订系统升级计划。（系统设计）

2. 根据训练团队能力情况，编写培训计划，准备培训课件。（培训准备）

3. 对训练师团队成员进行训练业务培训。（培训讲座）

4. 指导训练团队成员正确开展训练工作。（训练指导）

二、什么是人工智能训练师

职业定义。人工智能训练师是使用智能训练软件，从事人工智能产品使用数据库管理、算法参数设置、人机交互设计、性能测试跟踪等工作的人员。

定义解读。智能训练软件是指通过业务数据训练、模型参数调整等方法，帮助人工智能产品实现业务目标的工具。人工智能训练师是指结合具体行业业务场景与特性，使用智能训练软件发挥出智能产品业务价值的工作人员。该职业的特点是承担辅助性、协助性的设计工作。

关联职业。密切相关的职业有人工智能工程技术人员。人工智能工程技术人员负责人工智能相关技术、产品的研发工作。人工智能训练师是对开发完成的技术、产品进行应用，并实现业务价值的最大化。

相应岗位。智能训机师、智能产品运营、数据标注员、算法测试员、知识管理员等。

三、人工智能训练师的主要工作职责

1. 负责业务数据采集与处理、质量检测、数据处理方法优化等相关工作。

2. 负责业务架构与流程设计、效果优化、业务挖掘与场景创新等。

3. 负责梳理算法测试、训练等相关工作流程与工作规范。

4. 参与对智能系统产品功能的监控、设计、管理等相关工作。

5. 负责设计人机交互流程、交互界面、智能产品应用解决方案、智能产品应用推广活动等。

6. 负责设计训练师团队培训体系，整理与制作培训文件，并指导日常训练工作。

7. 协助人工智能产品运行体系、制度、流程、技术、算法等研究工作。

四、人工智能训练师的薪酬福利待遇

平均薪酬水平。据人力资源社会保障部发布的企业薪酬调查信息数据，从2020年工资价位的高位数来看，人工智能所属的信息传输、软件和信息技术服务人员位居第四，年平均工资为17.34万元。从行业和岗位看，人工智能训练师根据企业所属行业不同，从事不同类型的智能产品训练工作，其中从事金融、医疗、教育等行业工作的人工智能训练师工资较高。从区域看，一线城市和经济发展快的城市如北京、上海、广州、深圳、杭州等，人工智能训练师的工资水平为6000~30000元/月（包吃包住，部分拥有13薪），高于其他城市（如合肥为

4000~120000 元 / 月，成都为 4000~10000 元 / 月）。

与类似职业对比。智联招聘网 2021 年 11 月数据显示，在北京地区，该职业的薪酬要高于呼叫中心服务员、金融服务人员、信息通信业务员等的薪酬，略低于人工智能工程技术人员的薪酬，见表 1。

表 1　类似职业薪酬水平

职业名称	薪酬水平（元 / 月）
人工智能训练师	6000~30000
呼叫中心服务员	3000~6000
信息通信业务员	4000~10000
人工智能工程技术人员	15000~20000

五、从事人工智能训练师工作需要哪些本领

该职业从业人员需具备的知识和技能有：基本的计算机操作知识、常用办公软件使用知识等。核心技能是人工智能训练软件的使用。

根据《人工智能训练师国家职业技能标准》，该职业需具备的知识和技能见表 2。

表 2　人工智能训练师需具备的知识和技能

职业功能	工作内容	知识和技能要求
数据采集和处理	数据采集	能采集业务数据并整理归类与汇总
	数据质量检测	能审核处理后的业务数据并制定审核标准与规范
	原始数据处理方法优化	能对业务数据采集、处理流程提出优化建议
数据标注	原始数据清洗与标注	能根据标注规范和要求，完成对文本、视觉、语音数据进行清洗与标注
	数据分析与统计	能利用统计工具分析出其内在关联与特征，完成对应管理工作
	标注数据审核	能对标注数据结果进行审核，输出审核报告并针对其中的错误进行纠正

续表

职业功能	工作内容	知识和技能要求
智能系统运维	智能系统基础操作	能在相关产品手册指导下使用智能系统
	智能系统维护	能维护系统日常运行及记录运行情况
	智能系统优化	能分析系统应用数据，根据分析结论对智能产品的功能提出优化需求
业务分析	业务架构与流程设计	能将人工智能技术与业务结合，构建合理的业务框架与流程，提出具有前瞻性的业务发展规划建议
	业务模块效果优化	能设计业务模块的优化方案并推动实现
	业务场景挖掘	能挖掘系统应用业务场景中的潜在机会点并提出解决方法
	业务创新	能结合前沿技术发展，推动业务创新，提高业务在行业领域的竞争力
智能训练	算法测试	能设计合理的算法测试方案并实施，编写测试报告，分析错误案例并纠正，协助制定训练平台的整体迭代优化方案
	智能产品训练	能对智能产品训练参数和过程进行调优
智能系统设计	智能系统监控和优化	能够对智能产品进行全面分析，制定产品优化方向，提出优化方案及具体需求并推动实施
	人机交互流程设计	能设计人机交互的最优方式与流程
	智能产品应用解决方案设计及实现	能在业务领域设计智能产品的解决方案与全链路应用流程，提出产品功能需求并推动实现
	平台化推广	能设计智能平台对外推广活动并实施，取得一定影响力
培训与指导	培训	能制订培训体系与计划，编写讲义并对相关人员开展知识、计划、管理方法培训
	指导	能够独立指导相关人员开展有关训练工作

六、人工智能训练师的专业教育现状

（一）相关专业

目前已有较多院校开设了与该职业相关的专业，涉及本科院校、高职院校及中职学校等。本科院校专业有智能科学与技术、数据科学与大数据技术、计算机应用技术、人工智能与信息处理等。职业院校专业有计算机应用技术、人工智能技术应用等。

（二）开设相关专业的院校（排名不分先后）

1. 本科院校：北京大学、清华大学、哈尔滨工业大学、中国科学技术大学、复旦大学、华中科技大学、西安交通大学、南开大学、中山大学、电子科技大学等。

2. 高职院校：北京工业职业技术学院、北京信息职业技术学院、河北软件职业技术学院、石家庄科技信息职业学院、大庆职业学院、深圳职业技术学院、深圳信息职业技术学院、上海电子信息职业技术学院、南京信息职业技术学院、江西应用技术职业学院等。

3. 中职学校：北京信息管理学校、上海奉贤中等专业学校、重庆万州现代信息工程学校、重庆梁平职业技术学校、河北信息工程学校、南京高等职业技术学校、宁波职业技术教育中心学校、云浮中等专业学校、厦门翔安职业技术学校、烟台信息工程学校等。

七、人工智能训练师的就业创业信息

该职业从业人员主要分布在北京、上海、广州、深圳等一线城市，以及经济发展较快或人口较多的地区，如江苏、浙江、山东、河南、四川等。

吸纳人工智能训练师就业较多的用人单位有：

1. 消费品与零售企业：如阿里、京东、百度、腾讯、科大讯飞、美团、拼多多等。

2. 金融机构：如平安、工商银行、交通银行、建设银行、重庆银行、中国银联、中国人寿、太平洋人寿、泰康人寿等。

3. 工业与能源企业：如国家电网、南方电网、中海油等。

4. 公共服务与政务机构：如中国移动、中国联通、中国电信，政府服务管理部门等。

注：以上地区及机构排名不分先后，不代表相关实力排名。

八、人工智能训练师的职业贯通发展

该职业的发展路径主要有四条：管理路线，即从普通员工晋升到主管 / 单位中层，再晋升到经理 / 单位领导层，甚至往更高的领导职务发展。专家路线，即不断提高技能水平，在职业等级上不断晋升，成为人工智能训练领域专家。复合人才路线，即向其他行业跨越或职业转型，如通过学习相关知识和技能转型为人工智能工程技术人员、大数据工程技术人员、云计算工程技术人员、物联网工程技术人员、计算机程序设计员等，与专业技术岗位横向贯通。创业路线，即基于个人兴趣爱好进行创新创业。人工智能训练师职业贯通发展如图 1 所示。

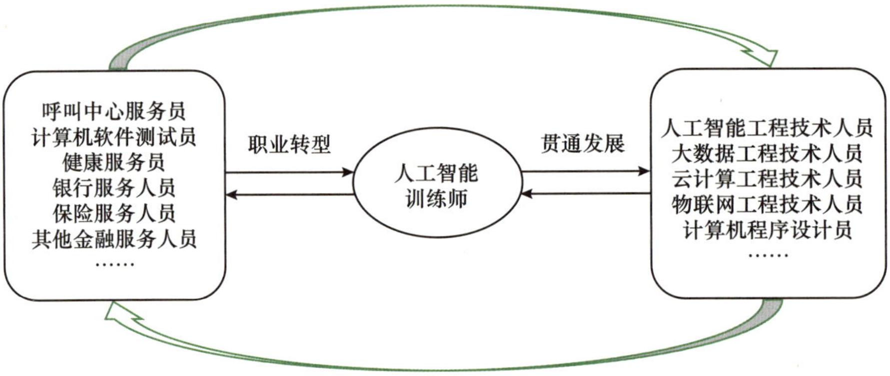

图 1　人工智能训练师职业贯通发展图

九、人工智能训练师的发展前景

从市场供需看。根据人力资源社会保障部中国就业培训技术指导中心联合阿里钉钉发布的《新职业在线学习平台发展报告》不完全统计，我国人工智能行业从业人员存在巨大的缺口，人才需求规模近 500 万人。从相关企业内部数据看，国内人工智能人才供需严重失衡，供求比例为 1 ∶ 10。

从产业发展看。在我国，随着人工智能技术发展的重要性日益凸显，党和国家高度重视人工智能发展，从产业发展、教育等各个方面支持人工智能的发展。艾瑞咨询《2021 年中国人工智能产业研究报告》显示，2021 年人工智能核心产业规模达到 1998 亿元，相应规模将于 2026 年超过 6000 亿元。中国人工智能产业在各方的共同推动下进入爆发式增长阶段，市场发展潜力巨大。交通、医疗、教育、金融、智能制造、智能家居、智能终端、机器人、客户服务等行业与人工智能的结合，短期内将会有爆发机会。

从政策红利看。人工智能技术被视为新一轮产业变革的核心驱动力量，未来中国有望发展成为全球最大的人工智能市场。教育部、国家发展和改革委员会、财政部联合发布了《关于“双一流”建设高校促进学科融合 加快人工智能领域研究生培养的若干意见》，提出要构建基础理论人才与“人工智能 +X”复合型人才并重的培养体系，探索深度融合的学科建设和人才培养新模式。各省市也释放了一系列政策红利，如杭州市将人工智能训练师纳入杭州市专项能力考核项目，获得高级专项认证的人才，能够申请公租房及杭州落户加分等多项政策红利。

十、相关内容链接

国家职业标准：扫码即可查看 ☞

相关政策文件：本书附录序号 24、41。

供稿：北京源启慧柯科技有限公司 苏钰

社群健康助理员

职业编码：4-14-04-04

健康是人生的第一财富，没有健康的生活是毫无质量的生活，将时刻忍受痛苦的煎熬。随着社会生活水平提高，人们开始追求美好生活，最生动直观的体现就是老百姓对健康状况的高度重视。对于健康问题我们应如何科学处理？如何进行紧急救助？如何进行挂号问诊？如何进行疫情防控处理？如何对社区居民、乡村百姓等群体进行健康管理服务？诸如此类问题的解决，将在很大程度上决定普通民众的生活水平，社群健康助理员将为此发挥重要作用。

一、社群健康助理员的一天

记录时间：2020 年 3 月 18 日　　记录人：张某芳

上午工作情况

8 点：

1. 到王大爷家接王大爷，扶王大爷上车前往医院按摩治疗。（接送）
2. 到医院按摩科，拿出访视记录，向医生叙述病人情况。（代理）
3. 扶王大爷上按摩床，帮老人变动体位，方便医生按摩。（陪诊）
4. 按摩后，挂号缴费取药，并预约下次诊疗时间。（代理）
5. 扶王大爷上车并送王大爷回家。（接送）
6. 跟王大爷约好访视时间。（访视）

11 点：

1. 回办公室后，在健康档案中录入王大爷诊疗情况。（更新档案）

2. 做好下次访视、陪诊的时间安排。（计划安排）

下午工作情况

14 点：

1. 带着教具到社区培训室，做好“家庭环境消毒及个人卫生防护”专题培训准备工作。（培训准备）

2. 介绍消毒液、洗手液、口罩等产品的作用和购买渠道，演示产品使用方法等。（专题培训）

3. 回答大家提出的健康相关问题。（健康咨询）

4. 建立并利用微信服务群以随时沟通交流等。（健康监视）

16 点：

1. 带上社区准备的生活物资，分别到隔离的两个家庭走访。（配送生活物资）

2. 将生活物资放在住户门口，询问他们的生活起居和情绪等情况。（访视）

3. 询问他们的需求，并向社区反馈。（调查、统计生活需求）

4. 返回办公地点，在健康档案中录入访视情况。（更新档案）

二、什么是社群健康助理员

职业定义。社群健康助理员是从事社群健康档案管理、宣教培训就诊和保健咨询、代理、陪护及公共卫生事件事务处理的人员。

定义解读。社群既指物理空间地域性的社区、楼宇、公共场所，也指非地域性的单位、机构、组织等，还指虚拟的网络空间等。健康是指人的身体状况，有健康、亚健康和疾病等状态。助理是指在自主性方面，该职业的特点是承担辅助性、协助性的服务工作。

关联职业。密切相关的职业有健康管理师和健康照护师。健康管理师从宏观及管理层面对卫生健康开展监测、评估、研究、指导等管理工作。健康照护师从微观操作层面对服务对象进行饮食、卫生、睡眠、康复等方面的照护。社群健康助理员则从中观协助层面对社群成员的健康档案、就诊保健陪护咨询、健康促进和公共卫生等事务提供协助性服务。

相应岗位。保姆、家政服务员、护工、护理员、育儿嫂、陪诊员、导医、陪护工、健康咨询员、公共卫生 / 疫情防控员、社区物业管理员等。

三、社群健康助理员的主要工作职责

1. 协助健康档案建立、维护和使用，负责一般健康识别、提示与上报。

2. 协助进行卫生健康和公共卫生知识科普教育，提供生活方式和常见公共卫生问题咨询服务。

3. 负责导诊、陪诊、访视等就诊协助服务，推荐体检、养生、心理咨询等相关康养机构与技师。

4. 协助对不健康生活习惯、职业病危害、环境健康风险等因素的监测、预警和上报，从事公共卫生防疫具体事宜，协助开展爱国卫生运动。

5. 负责公共卫生事件相关的消毒、送药、看护等防疫和生活保障服务，参与健康监视和预警，协助相关物资购置、登记、发放、统计等工作。

6. 协助食品安全和意外伤害相关的信息查询与咨询、自我防护与救助服务，识别常见食品安全与意外伤害风险，提供预防指导服务。

7. 参与社群健康状况综合分析与研究，协助制订社群健康促进规划，开展专题培训与指导。

8. 协助社群健康运行体系、制度、流程等研究工作。

社群健康助理员工作职责如图 1 所示。

四、社群健康助理员的薪酬福利待遇

平均薪酬水平。根据国家统计局数据，2020 年卫生和社会工作行业的年平均工资增长速度在全部 19 个行业中排在第 7~8 位。从行业、岗位看，社群健康助理员属于社会生活服务人员，平均年工资为 56529 元。从区域看，一线城市和经

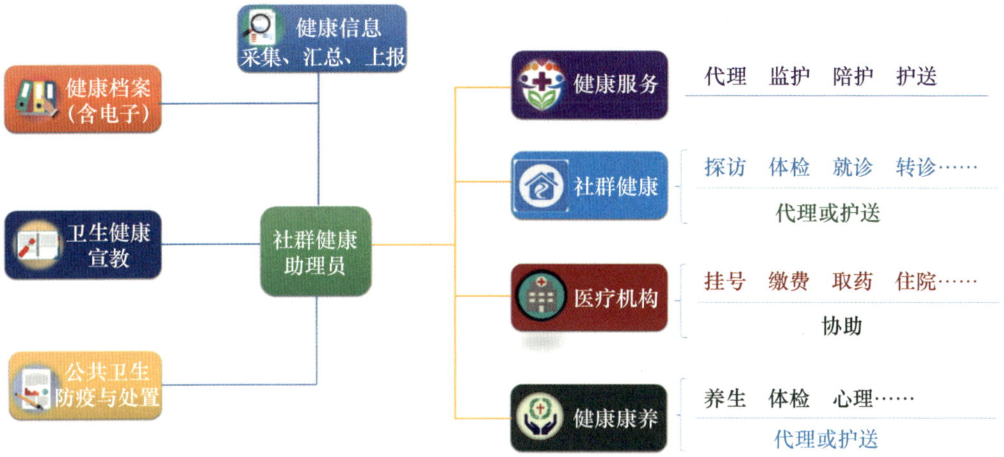

图 1 社群健康助理员工作职责

济发展较快的城市如北京、上海、杭州等地的工资为 4000~16000 元 / 月（包吃包住，部分拥有 13 薪），高于其他城市（如西安为 4000~14000 元 / 月，苏州为 2000~10000 元 / 月）。

与类似职业对比。根据智联招聘网 2021 年 10 月数据，在北京地区，该职业的薪酬一般要高于保安、保洁和餐厅服务员等的薪酬，略低于母婴护理师的薪酬，见表 1。

表 1 类似职业薪酬水平

职业名称	薪酬水平（元 / 月）
社群健康助理员	4000~16000
保洁	3000~6000
保安	3000~8000
餐厅服务员	3000~10000
母婴护理师（月嫂、育婴师等）	8000~20000

五、从事社群健康助理员工作需要哪些本领

该职业从业人员需具备的知识和技能有：基本的寻医问诊及医药知识，挂号代理、就诊接送、陪诊服务、疫情防控协助处理等。核心技能是沟通与服务。

根据《社群健康助理员国家职业技能标准》，该职业需具备的知识和技能见表 2。

表 2　社群健康助理员需具备的知识和技能

职业功能	工作内容	知识和技能要求
健康档案管理	健康档案建立	能设计档案信息表、采集信息、导（录）入健康档案
	健康档案使用	能查询健康档案，分类汇总健康风险因素，能提示、上报健康异常信息
	健康档案维护	能将健康档案组卷，补充、更新健康档案信息
健康科普教育	健康知识宣教	能宣讲卫生健康、公共卫生基本知识，更新宣教内容
	健康信息收集处理	能收集、分类健康教育资料和师资信息，做数字化处理
	健康科普活动实施	能使用健康教育相关软件和数字化教育平台，开展线上、线下健康科普活动
健康咨询	健康咨询需求获取	能灵活运用沟通技巧，确定咨询需求，能使用健康咨询技巧和方法提供服务
	健康咨询实施	能就健康生活方式、公共卫生问题提供咨询建议
	健康咨询跟踪管理	能对咨询情况进行记录、分类归档
就诊协助	导诊服务	能用现场或网络协助完成预约挂号，指导就诊前准备工作
	陪诊服务	能根据门诊或远程就诊要求，协助完成就诊等活动，能协助陈述病情、转述就诊方案等
	健康访视	能开展线上或实地访视、编写访视记录、反馈访视结果
健康促进协助	生活方式健康促进	能监测、分类、汇总慢性非传染性疾病信息，评估营养状况、运动体能、心理状况、生活习惯
	职业健康促进	能协助监测工作场所常见职业病危害因素和上报工作
	环境健康促进	能协助监测、预警环境危害、家居环境风险因素，协助上报道路交通伤害、常见影响环境健康的风险

续表

职业功能	工作内容	知识和技能要求
公共卫生事务协助	公共卫生防疫	能进行物理和化学消毒，指导消毒自我防护措施
	公共卫生事件服务	能配送生活、防疫物资和提供临时看护服务，记录安全风险数据，监督和开展公共卫生事件设施日常维护
	食品安全服务	能提供信息查询与咨询、自我防护与救助服务，识别常见食品安全风险，提供预防服务
	意外伤害服务	能提供信息查询与咨询、自我防护与救助服务，识别常见意外伤害安全风险，提供预防服务

六、社群健康助理员的专业教育现状

（一）相关专业

目前已有较多院校开设了与该职业相关的专业，涉及本科院校、高职院校及中职学校等。本科院校专业有环境和职业公共卫生、社区与健康教育学、公共卫生政策管理等。职业院校专业有护理、公共卫生管理等。

（二）开设相关专业的院校（排名不分先后）

1. 本科院校：广州医学院、滨州医学院、重庆医科大学、贵阳医学院、昆明医学院、青海医学院、宁夏医学院、华北煤炭医学院、温州医学院、沈阳医学院等。

2. 高职院校：北京卫生职业学院、唐山职业技术学院、承德护理职业学院、廊坊卫生职业学院、运城护理职业学院、山东协和学院、长沙医学院、辽宁何氏医学院、齐鲁医药学院、贵阳护理职业学院等。

3. 中职学校：重庆公共卫生学校、重庆市南丁卫生职业学校、长春市博泰医药中等职业学校、上饶卫生学校、北方医学中专学校、湖南护理学校、石家庄天使护士学校、石家庄协和医学中等专业学校、武汉卫生学校、广州卫生学校等。

七、社群健康助理员的就业创业信息

该职业的从业人员主要集中在北京、上海、广州、深圳等一线城市，以及经济发展较快或人口较多的省市，如江苏、浙江、山东、河南、成都等。

吸纳社群健康助理员就业较多的用人单位主要有：

1. 医疗机构：如各级各类医院、基层卫生服务机构等。

2. 体检机构：如美年大健康、爱康国宾、平安健康检测中心、慈铭体检、瑞慈体检、美兆 MHH、第一健康、新华健康、普惠体检、九华体检等。

3. 物业公司：如绿城物业、万科物业、龙湖物业、碧桂园物业、金科物业、长城物业、保利物业、中海物业、万达广场、大悦城等。

4. 养老机构：如泰康之家、光大汇晨养老、九如城、椿萱茂、亲和源、大爱天下、诚和敬、乐成养老、普亲养老、佰仁堂等。

5. 保险、美容、保健等机构：如中国人寿、平安人寿、太平洋人寿、泰康人寿、乐帮好医德、平安好医生、丁香医生、健康 160 等。

注：以上地区及机构排名不分先后，不代表相关实力排名。

八、社群健康助理员的职业贯通发展

该职业的发展路径主要有四条：管理路线，即从普通员工晋升到主管 / 单位中层，再晋升到经理 / 单位领导层，甚至往更高领导职务发展。专家路线，即不断提高技能水平，在职业等级上不断晋升，成为健康管理领域专家。复合人才路线，即向其他行业跨越或职业转型，如通过学习相关知识和技能转型为健康管理师、公共营养师、康复理疗师等，与专业技术岗位横向贯通。创业路线，即基于个人兴趣爱好进行创新创业。社群健康助理员的职业贯通发展如图 2 所示。

九、社群健康助理员的发展前景

从市场供需看。我国健康服务人员存在巨大的缺口，据 2020 年人力资源社会保障部不完全统计，当前我国康养高技能人才存在近 1000 万人的缺口，供需严重失衡。据 2021 年 7 月国家卫生健康委员会发布的《2020 年我国卫生健康事业发展统计公报》显示，全国有医疗卫生机构 102.2922 万个，按每个医疗机构平均增加 2 名社群健康助理员估算，医疗机构人才缺口就高达 200 多万人。

从产业发展看。在我国，随着“健康中国”上升为国家战略，健康产业正在

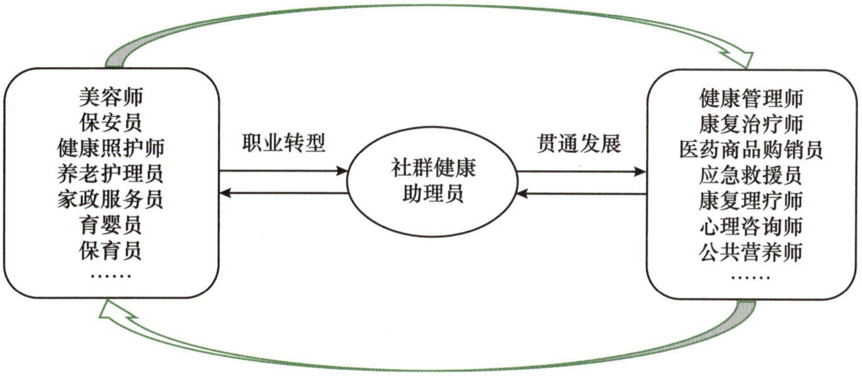

图 2 社群健康助理员职业贯通发展图

成为继买房、买车、旅游后的第四大消费热点。中金企信国际咨询《2020—2026年中国健康保健器材市场竞争策略及投资可行性研究报告》显示，中国大健康行业市场规模 2018 年为 7.27 万亿元，2019 年为 8.78 万亿元，分别比上年增长 10.7%、20.8%，预计未来将持续增长。健康理疗、消毒用品、休闲健身、健康管理等细分行业短期内会有爆发式增长。

从政策红利看。2020 年 10 月人力资源社会保障部、民政部等联合发布《关于实施康养职业技能培训计划的通知》后，各省市释放了一系列政策红利。如江西省将康养人员的职业培训补贴标准在规定基础上上浮 20%。北京市设立养老服务入职奖励，按照本科及以上 6 万元、专科（高职）5 万元、中职 4 万元的标准，分三年发放。安徽阜阳市对在养老机构供职满 3 年的中职毕业生给予一次性学费补偿 3000 元，高等院校及高职毕业生给予一次性学费补偿 6000 元。

十、相关内容链接

国家职业标准：扫码即可查看 ☞

相关政策文件：本书附录序号 3、34、70。

供稿：中关村新智源健康管理研究院 陈华

数字化管理师

职业编码：2-06-07-13

随着数字化办公方式的普及，手机打卡、无纸化审批、视频会议等已成为现代职场人的标准配置。不同企业的考勤地点、审批流程各不相同，企业如何识别个性化管理需求，如何利用数字化管理工具，“因地制宜”地制定管理规则，保障企业有条不紊地运转，以上问题已成为企业管理者要面对的新课题。而如何运用数字化方法管理企业，以减少企业管理成本、提高企业运转效率、增加企业经营收入，数字化管理师将为此发挥重要作用。

一、数字化管理师的一天

记录时间：2021 年 10 月 15 日　　**记录人：丁某多**

上午工作情况

9 点：

1. 邀请新同事加入组织架构，根据岗位需求赋予对应的权限。（数字化组织管理）

2. 根据销售外勤、工人排班特殊情况，配合对应考勤规则。（数字化组织管理）

3. 收集员工常见问题，配置智能机器人自动回答。（数字化沟通管理）

11 点：

1. 与财务部门交流，了解报销规则并设计线上审批流程。（数字化协同管理）

2. 与运营负责人沟通如何用在线文档工具提高团队效率，并告知其如何为成员配置不同的查看/编辑权限。（数字化协同管理）

下午工作情况

14点：

1. 从后台导出员工考勤、绩效数据，制作本月工资表。（数据管理）
2. 从后台导出审批流数据，并保存到云盘进行备份。（数据管理）

16点：

1. 和销售部开会沟通，讨论如何通过数字化软件提高销售转化率。（数字应用开发管理）
2. 调研市面上的CRM软件，拟一份解决方案给到销售部负责人。（数字应用开发管理）
3. 根据解决方案，利用低代码开发工具，搭建公司的CRM应用系统。（数字应用开发管理）

二、什么是数字化管理师

职业定义。数字化管理师是使用数字化智能移动办公平台，进行企业及组织经营在线化、数字化管理的专业人员。

定义解读。数字化是指将许多复杂多变的信息转变为可以度量的数字、数据，再以这些数字、数据建立起适当的数字化模型，进行统一处理，这就是数字化的基本过程。管理是指一定组织中的管理者，通过实施计划、组织、领导、控制等职能来协调他人的活动，使别人同自己一起实现既定目标的活动过程。

关联职业。密切相关的职业有人力资源开发与管理工程技术人员、行政业务办公人员、企业职能部门经理或主管等。人力资源开发与管理工程技术人员需要承担员工的绩效考核培训、薪酬激励等人力资源方面的管理工作。行政业务办公人员需要承担企业的规章制度拟订，并根据政策指导企业运转等事务性管理工作。

企业职能部门经理或主管需要承担的是部门内部管理工作，包括部门发展计划、规章制度、实施方案等。数字化管理师需要运用数字化管理方法和工具，对企业整体运转进行规划设计、运营协调与管理，实现企业经营管理在线化、数字化、无纸化，以达到为企业降本增效的目的。

相应岗位。人力资源助理、人力资源主管、人力资源经理、行政专员、行政主管、行政经理、IT 运维专员、IT 运维主管、信息化专员、信息化主管、系统管理员、网络管理员、数字化软件实施工程师、数字化软件顾问等。

三、数字化管理师的主要工作职责

1. 制订数字化办公软件推进计划和实施方案，搭建企业及组织的人员架构，对企业组织架构进行管理。

2. 进行数字化办公模块的搭建和运转流程的维护，实现高效安全沟通。

3. 建立企业及组织工作流协同机制，进行知识经验的沉淀和共享。

4. 进行业务流程和业务行为的在线化管理，实现企业的大数据决策分析。

5. 打通企业和组织的上下游信息通道，实现组织在线、沟通在线、协同在线、业务在线，降低成本，提升生产、销售效率。

6. 开展企业数字化管理运行体系、制度、流程等研究工作。

数字化管理师工作职责如图 1 所示。

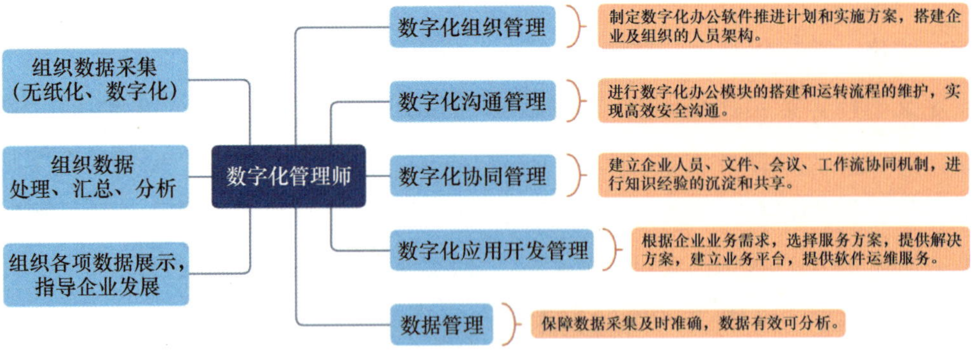

图 1　数字化管理师工作职责

四、数字化管理师的薪酬福利待遇

平均薪酬水平。从行业看，数字化管理师属于信息传输、软件和信息技术服务人员。根据国家统计局公布数据，2020 年信息传输、软件和信息技术服务人员的年平均工资为 101281 元，行业排名第一。从岗位看，据前程无忧、智联招聘等网站招聘信息，数字化管理师的薪资在 3000~20000 元 / 月不等。从区域看，一线城市和经济发展较快的城市如深圳等，数字化管理师的薪资为 15000~20000 元 / 月，高于其他城市（如温州转正后薪资为 3500~8000 元 / 月再加提成，汕头为 4000~6000 元 / 月，南京为 6000~8000 元 / 月）。2021 年 12 月 1—19 日，钉钉平台针对数字化管理师群体通过问卷形式进行抽样调查，调研结果显示：82% 的数字化管理师的薪资是当地平均工资的 1~3 倍。

与类似职业对比。据智联招聘网 2021 年 10 月数据，在北京地区，该职业的薪酬一般要高于人事助理、行政专员和系统管理员的薪酬，见表 1。

表 1　类似职业薪酬水平

职业名称	薪酬水平（元 / 月）
数字化管理师	3000~20000
人事助理	3000~6000
行政专员	5000~8000
系统管理员	3000~8000

五、从事数字化管理师工作需要哪些本领

该职业从业人员需具备的知识和技能有：具有数字化管理能力，熟悉数字化管理各个细分领域的知识和运作，具备丰富的实践经验和管理、沟通、执行能力。此外，还要具备动手能力，能配置数字化办公软件的企业管理后台，如组织架构调整、考勤规则配置、审批流程设计、文档权限管理、薪酬绩效评定等。核心技能是跨部门沟通、业务理解和管理协调能力。

根据《数字化管理师国家职业技能标准》，该职业需具备的知识和技能见表 2。

表 2　数字化管理师需具备的知识和技能

职业功能	工作内容	知识和技能要求
数字化组织管理	配置组织架构	能配置保密部门，实现权限隔离，能配置与软件数据打通的网络类硬件设备，实现组织内员工和设备无障碍互访
	管理组织架构	能配置考勤、培训、薪酬、绩效、工资条等功能，能设计、采集、处理数据，实现企业数字化运转
数字化沟通管理	传递沟通信息	能配置智能机器人，实现机器人自动沟通问答，能组合多种沟通工具，实现信息高效传递
	保障沟通安全	能通过配置功能，规避沟通中各类信息截取、截获、身份欺骗的行为，能加密组织沟通信息
数字化协同管理	人员协同	能配置模糊搜索通讯录功能，使员工通过组织架构关系、部门描述、职责描述等信息找到相关人员
	文件协同	能按部门、项目等需求管理存储空间位置和容量，能建立分层、分角色的文档权限体系
	会议协同	能配置会议软件的日程、任务、场地、纪要等功能，实现在线化全流程管理，能配置会议类智能硬件设备，连接相关软件，实现硬件和软件数据联动
	工作流协同	能分析、绘制企业流程管理图，配置在线化流程，并对流程进行分级、分类、分权限管理
数字应用开发管理	选择服务方案	能分析业务需求，制作需求文档，能根据软件功能需求，输出解决方案文档
	提供解决方案	能运用零代码、低代码的方式创建流程、页面、表单，能制订典型应用、典型接口的连接器方案，能制订常用业务系统与审批流程互通方案，能自定义工作台，分类管理应用
	提供软件运维服务	能委托第三方软件公司定制化开发，能参与提出需求，验收项目工作，能开展新流程、新文化、新工具的培训，能日常维护与更新软件，确保使用顺畅

续表

职业功能	工作内容	知识和技能要求
数据管理	采集数据	能自建独立页面的表单，收集个性化需求产生的数据，能解决数据采集中的滞后、不准确等问题
	分析数据	能建立数据分析看板，进行实时、有效、精准的数据结果展示，能建立跨部门、跨业务的数据联动模式，实现数据上下游互联、互通、互操作

六、数字化管理师的专业教育现状

（一）相关专业

目前已有较多院校开设了与该职业相关的专业，涉及本科院校、高职院校及中职学校等。本科院校专业有人力资源管理、行政管理、信息资源管理等。职业院校专业有人力资源管理事务、行政事务助理、商务助理、文秘等。

（二）开设相关专业的院校（排名不分先后）

1. 本科院校：中国人民大学、河海大学、南京财经大学、上海师范大学、四川农业大学、长沙理工大学、华东交通大学、北京联合大学、湖南科技大学、江西理工大学等。

2. 高职院校：连云港职业技术学院、广东南方职业学院、安徽职业技术学院、江西信息职业技术学院、江西工业工程职业技术学院、无锡科技职业学院、四川商务职业学院、石家庄职业技术学院、广东文理职业学院、渤海理工职业学院等。

3. 中职学校：晋州市财贸学校、广州市司法职业学校、郑州外贸企业管理中等专业学校、临汾工商行政管理学校、长沙宁乡经开区科技工业学校、邵阳创业科技学校、临汾会计学校、湖南猎鹰技工学校、株洲南方航空高级技工学校、湘西高峰职业技术学校等。

七、数字化管理师的就业创业信息

数字化管理师支持在线学习，其从业人员遍布全国各地。

吸纳数字化管理师就业较多的用人单位主要有：

1. 制造业：如一汽大众汽车有限公司、上海颢屹汽车公司、奥马冰箱、新疆瑞锦工程技术服务有限公司、山东巨久能源科技有限公司、浙江博拓里尼机械股份有限公司等。

2. 互联网 / 信息技术行业：如中国联通、杭州鑫蜂维网络科技有限公司、青岛卓思越信息技术股份有限公司、山西致友科技有限公司等。

3. 服务业：如大润发、深圳雅斯特酒店管理有限公司、北京闲庭文化科技有限责任公司、广西东呈酒店管理集团股份有限公司等。

注：以上地区及机构排名不分先后，不代表相关实力排名。

八、数字化管理师的职业贯通发展

该职业的发展路径主要有四条：管理路线，即从普通员工晋升到主管 / 单位中层，再晋升到经理 / 单位领导层，甚至往更高的领导职务发展。专家路线，即不断提高技能水平，在职业等级上不断晋升，从初级数字化管理师不断晋升到高级数字化管理师，成为数字化管理领域专家。复合人才路线，即向其他行业跨越或职业转型，如通过学习相关知识和技能转型为人力资源开发与管理工程技术人员、行政业务办公人员、计算机系统分析设计人员等岗位，与专业技术岗位横向贯通。创业路线，即基于个人兴趣爱好进行创新创业，可选择方向有互联网创业、SAAS 服务等。数字化管理师的职业贯通发展如图 2 所示。

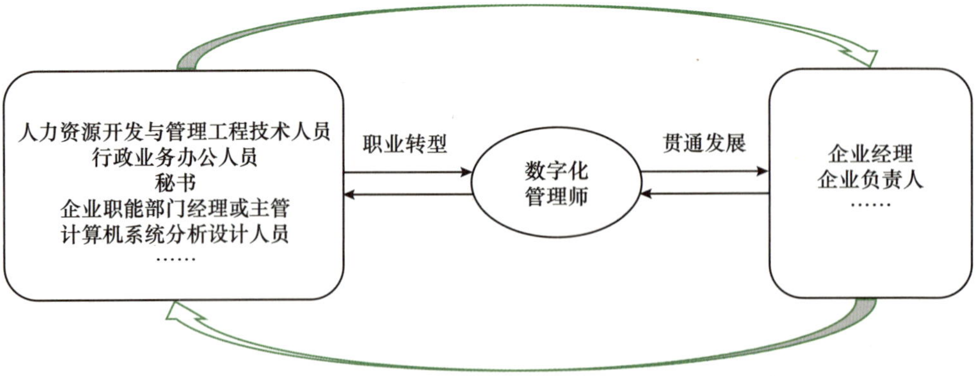

图 2　数字化管理师职业贯通发展图

九、数字化管理师的发展前景

从市场供需看。随着数字经济的快速发展，数字化以及相关职业成为大热门。百度“数字化”检索结果约 1 亿条，“数字化管理师”检索结果超过 450 万条。据人力资源社会保障部网站发布的《新职业——数字化管理师就业景气现状分析报告》，当前我国数字化管理高技能人才存在近千万人的缺口，供需严重失衡。按现阶段 4300 万中小企业组织，每个企业平均需要 1 名数字化管理师估算，企业端的人才缺口就高达 4000 多万人。

从产业发展看。数字经济发展已成为“十四五”规划中的重要战略，数字经济发展正成为稳定国家经济增长的关键动力。中国信息通信研究院院长余晓晖认为，中国数字经济年均增速有望保持在 9%，预计 2025 年我国数字经济规模将超过 60 万亿元。数字化管理师作为推动数字经济增长的关键因素，势必会迎来新一轮的就业爆发机会。

从政策红利看。2019 年 4 月，人力资源社会保障部发布数字化管理师等 13 个新职业后，各省市相继释放了一系列政策红利。如湖南省湘潭市开展的“千元补贴大学生数字化管理师培训”计划，由人力资源社会保障局给予每人 1320 元的培训补贴，鼓励大学生参加数字化管理师培训，帮助大学生提升职业技能。

十、相关内容链接

国家职业标准：扫码即可查看 ☞

相关政策文件：本书附录序号 12、37、48、49、55、74。

供稿：钉钉（中国）信息技术有限公司　张帆

网约配送员

职业编码：4-10-08-01

紧张忙碌的清晨，工作暂歇的午后，灯火阑珊的傍晚，美团的黄衣骑手、蜂鸟的蓝衣骑士们骑行于都市的大街小巷，奔走于高耸林立的楼宇之间，为千家万户送来温暖的一餐。他们现在有了一个共同的新名字——网约配送员。几百万被人们习惯称为“外卖小哥”的新生代劳动者大军，有了新的职业名称，被纳入国家职业分类目录。想成为一名网约配送员需要具备什么条件？哪些职业岗位的人员可以转岗或通过兼职送外卖获得收入？网约配送员可以晋升到哪些岗位？外卖平台为网约配送员提供了哪些培训和福利？我们先来看看网约配送员真实的一天，了解这个新职业的方方面面。

一、网约配送员的一天

记录时间：2021 年 8 月 6 日 **记录人：朱某军**

上午工作情况

9 点 30 分：

1. 参加站点早会，总结前一天的配送工作经验与教训。（配送安全管理）
2. 检查配送车辆各个部件是否安全。（配送安全管理）
3. 准备配送装备。（配送安全管理）
4. 清洁配送食品专用配送箱。（配送安全管理）

10 点 30 分—13 点 30 分：

1. 接收并核对外卖平台所派订单。（订单接收与验视）

2. 根据订单到出餐餐厅取餐并对餐食进行验收、核对。（订单接收与验视）

3. 将订单餐品送达消费者手中。（订单配送）

4. 对配送中遇到异常情况的订单进行处理。（配送异常管理）

5. 处理配送过程中的突发事件。（配送异常管理）

下午工作情况

14 点—16 点 30 分：

1. 修整配送车辆与设备。（配送安全管理）

2. 清洁配送食品专用配送箱。（配送安全管理）

3. 利用网约配送员 App 提供的学习视频学习配送知识。（客户服务与开发）

4. 处理客户投诉等突发事件。（客户服务与开发）

17 点—20 点 30 分：

1. 接收并核对外卖平台所派订单。（订单接收与验视）

2. 根据订单到出餐餐厅取餐并对餐食进行验收、核对。（订单接收与验视）

3. 将订单餐品送达消费者手中。（订单配送）

4. 对配送中遇到异常情况的订单进行处理。（配送异常管理）

5. 处理配送过程中的突发事件。（配送异常管理）

22 点—23 点 30 分：

1. 接收并核对外卖平台所派订单。（订单接收与验视）

2. 根据订单到出餐餐厅取餐并对餐食进行验收、核对。（订单接收与验视）

3. 将订单餐品送达消费者手中。（订单配送）

4. 对配送中遇到异常情况的订单进行处理。（配送异常管理）

5. 处理配送过程中的突发事件。（配送异常管理）

二、什么是网约配送员

职业定义。网约配送员是指通过移动互联网平台等，从事接收、验视客户订单，根据订单需求，将订单物品递送至指定地点的服务人员。

定义解读。网约即“网络约定”，是指通过网络的手段约定服务，达到成交的过程。配送的主要经济活动是送货，配送对象需求多样化，包括餐饮外卖、B2C零售、商超便利、生鲜宅配、C2C 递送等。总的来说，网约配送员是移动互联网技术革新的直接产物，大量就业群体的背后是科技与创新带来的深刻变化。

关联职业。密切相关的职业有传统快递和仓储物流等，但与网约配送员有本质区别。首先，在配送环节上，网约配送员是点对点服务，无集中取送和中转接驳。其次，在配送技术上，网约配送对于移动互联网具有强依赖性，需要配送平台利用移动互联网等技术提供网络定位、时间计算、路径规划。最后，在配送范围上，网约配送具有很强的本地化、生活圈化特色，不存在远距离异地配送。

相应岗位（别名）。外卖小哥、跑腿师傅。

三、网约配送员的主要工作职责

1. 根据外卖平台要求，按照规定时限和数量完成商品配送任务。

2. 商品配送过程中遵守道路交通法规要求，确保行车安全。对于各种突发交通事故，能够完成保险报案和应急处理。

3. 商品配送过程中遵守当地相关治安规定，确保人身安全。对于各种突发事故，能够完成保险报案和应急处理。

4. 对配送食品进行核对，能够与外卖商家礼貌地进行催单、换餐等沟通工作，能够向外卖商家反馈消费者意见。

5. 遵守食品安全相关条例，确保配送过程中食品的卫生安全。

6. 与订餐客户礼貌沟通，处理客户投诉等突发事件，对投诉客户进行电话回访，解答客户疑问。

7. 根据外卖平台规定，参加网约配送员业务培训，并进行相关考核鉴定。

四、网约配送员的薪酬福利待遇

平均薪酬水平。根据美团发布的《2020 年上半年骑手就业报告》，尽管受到疫情影响，全国范围内仍有近五成网约配送员月收入超 4000 元，三成网约配送员月收入在 5000 元以上，45.7% 的网约配送员的月收入在 4000~8000 元，7.7% 的网约配送员的月收入超过 10000 元，月收入在 2000 元以下的主要是还有其他职业的兼职网约配送员。

与类似职业对比。58 同城招聘研究院数据显示，2021 年 6 月，一线城市招聘需求排名前 10 的岗位分别为：普工、操作工、分拣员、服务员、快递员、包装工、组装工、店员 / 营业员、保安员、外卖送餐员（网约配送员）。其中，网约配送员平均月薪最高，为 10965 元；快递员次之，平均月薪为 9849 元。热招职位除服务员和保安外，平均月薪都在 7000 元以上，见表 1。

表 1　类似职业薪酬水平

职业名称	平均薪酬水平（元 / 月）
网约配送员	10965
快递员	9849
包装工	7837
同城货运司机	8000~12000

五、从事网约配送员工作需要哪些本领

该职业从业人员需具备的知识和技能有：订单接收与验视、订单配送、配送安全管理、配送异常管理、客户服务与开发。核心技能是订单的接收、验视与配送。

据《网约配送员国家职业技能标准》，该职业需具备的知识和技能见表 2。

表 2　网约配送员需具备的知识和技能

职业功能	工作内容	知识和技能要求
订单接收与验视	接单前准备	能做好配送前手机、充电宝、配送车辆、配送箱、地图等设备准备
	订单收取	能在规定时间内接收网络平台推送的订单，并按照网络平台提供的定位、路径规划，在约定时间内到达订单收取地点
	订单核对	能根据订单编号核对物品数量与质量
	接单后处理	能协助商家处理预付款、发票等事宜
订单配送	配送前准备	能确认订单内容、地址，合理安排配送顺序
	配送服务	能在规定时间内将物品安全送达消费者指定的地点，转交相关单据
	配送后处理	能将配送订单情况上报网络平台
安全与质量管理	公共安全防护	能够保证个人卫生及配送食品卫生安全
	管理安全防护	能够完成交通事故处理及保险报案流程
异常管理	客户投诉处理	能针对客户投诉与客户进行沟通处理
	异常订单处理	能够对异常订单进行处理与上报
	应急处理	能够处理配送过程中的突发事件
客户服务与开发	客户服务	能够按照平台要求提供客户服务
	客户维护	能够维护好客户关系，增加客户忠诚度

六、网约配送员的专业教育现状

（一）相关专业

目前已有较多院校开设了与该职业相关的专业，涉及本科院校、高职院校及中职学校等。本科院校专业有电子商务、物流管理、物流信息技术等。职业院校专业有电子商务、物流配送等。

（二）开设相关专业的院校（排名不分先后）

1. 本科院校：北京交通大学、北京物资学院、对外经济贸易大学、大连海事大学、浙江大学、上海海事大学、北京邮电大学、同济大学、北京工商大学、长安大学等。

2. 高职院校：北京交通职业学院、天津交通职业学院、武汉交通职业技术学院、山东交通职业学院、广东交通职业技术学院、辽宁省交通高等专科学校、大连职业技术学院、宁波职业技术学院、漳州职业技术学院、南宁职业技术学院等。

3. 中职学校：武汉第一商业学校、郑州市经济贸易学校、河南省交通高级技工学校、成都市财政贸易学校、昆明铁路机械学校、广东省财经职业学校、北京市昌平职业学校、上海商业会计学校、上海经济管理学校、上海物资学校等。

七、网约配送员的就业创业信息

该职业的从业人员遍布全国各地，北京、上海、深圳、广州、杭州、成都、重庆等地为该职业从业人员高密度聚集区。

吸纳网约配送员就业较多的用人单位主要有：

1. 外卖平台：如美团、饿了么、饿了么星选等。
2. 生鲜平台：如盒马鲜生、本来生活、美团买菜等。
3. 医药平台：如叮当快药、1 药网、京东大药房等。
4. 商超平台：如天猫超市、京东超市、多点等。
5. 即时配送平台：如闪送、达达、UU 跑腿等。

注：以上地区及机构排名不分先后，不代表相关实力排名。

八、网约配送员的职业贯通发展

该职业的发展路径主要有三条：管理路线，即从配送员晋升到站长，再晋升到城市经理，甚至往更高的区域经理发展。复合人才路线，即向其他行业跨越或职业转型，如通过学习相关知识和技能转型为商业企业职能部门经理或主管等。

创业路线，即基于个人兴趣爱好进行创新创业。网约配送员的职业贯通发展如图 1 所示。

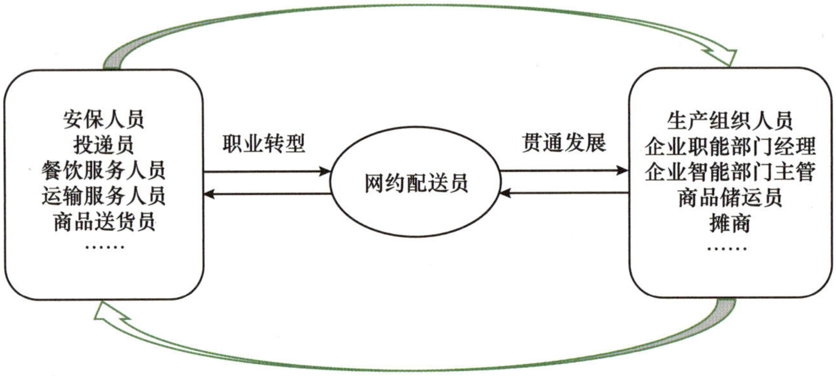

图 1　网约配送员职业贯通发展图

九、网约配送员的发展前景

从市场供需看。从消费市场需求看，我国人均 GDP 已经突破 1 万美元，人均可支配收入不断增加，消费规模扩大和消费升级呈现并行发展态势，消费者的网购类型也愈加多样化，即时配送订单规模快速增长，配送劳动力缺口仍长期存在。人力资源社会保障部网站发布的《新职业——网约配送员就业景气现状分析报告》（以下简称《报告》）指出，未来 5 年网约配送员的需求量约为 3000 万人，网约配送员市场价值将更加凸显。

从产业发展看。进入移动互联网时代后，随着大数据、人工智能、云计算等技术的突破发展，以数据驱动、平台支撑和线上线下协同的新经济形态呈现爆发式增长。特别是互联网技术在本地生活服务业的迅速应用，形成了“互联网 + 服务业”新业态，极大促进了全国生活服务业的数字化转型升级和提质增效，从而带动了大量网约配送员就业群体的社会化涌现。《报告》预计未来 5 年餐饮和零售线上化率将翻 4~5 倍，带动即时配送行业规模相应增大，网约配送员将迎来更加广阔而美好的职业发展前景。

从政策红利看。2021 年 10 月，美团外卖推出四项助力骑手职业发展的举措，包括站长培养计划、骑手转岗计划、骑手线上学习平台和骑手发展激励奖。

站长培养计划已在成都、苏州、东莞等十余个城市试点，超过3000名骑手报名，预计每年近千名骑手晋升站长等管理岗位。对于有能力、有多元化职业需求的骑手，美团还开放了客服、培训师等转岗通道，帮助他们获得更多职业选择。对于希望获得个人学历提升的骑手，美团外卖推出骑手发展激励奖，根据实际情况为他们提供不同形式的奖励，减轻他们的经济负担，鼓励骑手完成学业。通过与国家开放大学合作，美团外卖为骑手提供便利、无经济压力的学历提升通道。2021年10月12日，美团首批包含脱贫骑手、党员先锋骑手和交通安全模范骑手在内的101名骑手学员获得全额奖学金，开始在国家开放大学物流管理专业学习。2022年4月23日，美团又有88名骑手开启在国家开放大学的学习生涯。

2020年12月4日，杭州市20名“蓝骑士”通过了阿里本地生活大学的培训与考试，成功获得网约配送员职业技能等级认定初级证书。这批“蓝骑士”由此成为全国首批拥有职业技能等级证书的骑手，有了正式的职业技能水平证明，并将享受政府培训补贴、杭州市积分落户加分和个人所得税专项抵扣等技能人才政策红利。

十、相关内容链接

国家职业标准： 扫码即可查看 ☞

相关政策文件： 本书附录序号56、60。

供稿：北京青年政治学院　王建辉

物联网安装调试员

职业编码：6-25-04-09

早晨6点33分，智能床监测到你已经进入最浅睡眠状态，便向其他设备发出了唤醒指令：智能窗帘慢慢拉开，智能音箱也放出了轻柔的音乐，热水器开始为你准备早起洗漱及洗澡的热水，厨房里的智能豆浆机开始制作豆浆。于是你自然又舒适地醒来，开始了一天的生活，这就是智能家居。智能家居是物联网众多应用领域中的一种，我们还将面对智能电网、智能交通、环保物联网、智慧医疗、智慧建筑、智慧农业给我们工作、生活所带来的变革。这些应用中的物联网设备如何安装？物联网组网如何调试？物联网应用软件如何使用？如何利用物联网实现智慧生活？物联网安装调试员就是我们智慧生活的建设者。

一、物联网安装调试员的一天

记录时间：2021年11月18日 **记录人：李某利**

上午工作情况

8点：

1. 到用户A家中为其安装智能窗帘和智能开关。（硬件设备安装与调试）

2. 首先查看用户家中电力线路图，切断用户家中电闸。（识读电气安装接线图）

3. 卸下用户家中原有的普通开关，根据智能开关接线图及用户家中电线走线情况，完成智能开关的安装。（安装调试本地控制模块）

4. 查看智能窗帘安装说明文档，根据安装图示，完成智能窗帘滑轨、电

机的安装。（安装调试执行模块）

5. 合上用户家中电闸，恢复用户家中供电。（电工基础知识）

6. 发现用户家中无线网络无法上网，智能家居物联网网关无法访问服务，检查后发现是用户路由器接口处网线接口松动，利用携带的剥线钳和水晶头重新制作网线接头，安装后测试网络连通。（制作网络跳线）

7. 帮助用户下载智能家居 App 软件、完成基本配置，配置智能电机参数，调试智能窗帘。（安装、使用物联网应用软件）

8. 清理施工现场，收拾工具包，向用户交代智能窗帘使用注意事项。

11 点：

1. 到达用户 B 家中，为其解决洗碗机无法工作的故障。

2. 查看并记录洗碗机的故障状态，首先排除洗碗机供电问题。（调试执行器）

3. 操作洗碗机按正常流程运行，根据提示的错误码和信号灯的状态，查看洗碗机使用手册，判断洗碗机的故障来源于水位传感器错误。（检测执行器）

4. 拔下洗碗机电源线，切断供电。（电工知识）

5. 拆除洗碗机底座，拔下水位传感器模块，用自带的数字万用表测试，发现水位传感器模块输入输出管脚处于短路状态，说明水位传感器模块已损坏。（保养执行器）

6. 向用户说明故障情况，并告知更换水位传感器模块所需要的费用。

7. 用户确认更换后，取出备品备件，检测新的水位传感器模块输入输出管脚状态，更换水位传感器模块，安装洗碗机底座。（更换故障芯片及外围板卡）

8. 插上洗碗机电源线，操作洗碗机按正常流程运行，观察 15 分钟，确认洗碗机工作正常。（维护执行器）

9. 向用户说明情况，并请用户一同观察洗碗机工作状况。

10. 确认洗碗机工作无误，将洗碗机恢复原位，并再次检查洗碗机工作

情况。（安装调试物联网基础功能模块）

11. 清洁现场，收拾工具包，确认用户用平台支付完维修费用。

12. 向用户交代售后服务相关事宜，并留下售后服务电话。

下午工作情况

13点：

1. 回到办公室，通过PC端平台软件，检查自己所管辖的终端设备运行状态。（使用物联网应用软件）

2. 在系统上记录上午的工作内容。（维护物联网应用软件）

3. 手机端App收到自己所管辖的智能门磁发出了报警，登录手机端App查看所报警的智能门磁的基本信息。（安装并使用手机端物联网应用软件App）

4. 同该智能门磁的使用者联系，经过沟通发现是平台上所设定的报警策略不正确导致的误报警。（维护物联网应用软件）

5. 登录云平台，查看云平台上该智能门磁的报警项设置，修改报警策略，保存并提交后退出。（能在云平台上正确配置设备接入参数）

15点：

1. 接到反馈，某智能建筑内管理平台的部分仪表和传感器数据无法实施更新。

2. 到达现场，查看管理平台的数据，发现3号楼有两个单元的智能仪表和传感器数据已停止更新超过4个小时。（使用物联网云平台采集物联网设备数据及控制设备）

3. 检查发现本计算机所用管理平台软件的版本不是最新版本，遂卸载本机软件，重新安装管理平台软件的最新版本。（维护物联网应用软件）

4. 更新软件后，发现问题依然存在。检查数据链路，当前的计算机网络正常，可正常ping通数据库服务器。（使用IP地址扫描工具软件）

5. 通过远程方式登录数据库服务，利用 SQL 语句查询数据库，发现数据库工作正常，其他数据均正常更新。（使用数据库管理软件）

6. 查看系统原实施方案和最终的网络拓扑，发现出现问题的数据都是由 LA32 物联网网关负责汇聚并上传的。（排查物联网终端故障）

7. 到达 LA32 物联网网关所在的现场，网关供电正常，网关信号灯显示正常。

8. 将 LA32 物联网网关关机，切断电源，拔下所有连接接口进行检查。（能对物联网终端故障现象进行分析）

9. 检查完毕后恢复各个连接，恢复供电，打开 LA32 物联网网关，通过手机端 App 查看数据，发现问题依然存在。（能对物联网终端故障现象进行分析）

10. 拆卸该网关所连接的一个传感器，利用收到的 DTU 进行测试，传感器数据可以正常通过 DTU 上传，基本可以断定是 LA32 物联网网关故障。（能检测变送器）

11. 由于当前无 LA32 物联网网关备件，故无法更换设备处置，遂联系原厂家通知备货。

12. 利用串口线连接自己携带的笔记本电脑和 LA32 物联网网关，通过串口调试器访问 LA32 物联网网关，发现 LA32 物联网网关内部软件运行出现不畅。（使用串口调试工具软件）

13. 根据 LA32 物联网网关操作手册指引，下载最新的 LA32 物联网网关嵌入式软件，将最新的配套软件写入 LA32 物联网网关。（能排除物联网终端故障）

14. 重新配置 LA32 物联网网关，完成配置后重启网关。（安装配置物联网网关设备）

15. 通过手机端 App 查看平台数据，收到 LA32 物联网网关所汇聚的传感器及仪表的数据，故障解除。（采集物联网设备数据）

16. 清理现场，安装好网关设备，检测连接和固定措施，无误后离开现

场。（安装物联网网关设备）

17. 回到办公室，记录今日工作内容，并对各项技术问题进行分析。（编写故障排查记录）

二、什么是物联网安装调试员

职业定义。物联网安装调试员是使用检测仪器和专用工具，安装、配置、调试物联网产品与设备的人员。

定义解读。物联网（internet of things，IoT）是指基于互联网、传统电信网等信息承载体，使所有能行使独立功能的普通物体实现互联互通的网络。安装是指把器材或机械等固定在某一位置上，有时也指电脑安装，即把某一系统或软件安在电脑中。调试是指保证所提供的设备能够正常运行的必须程序。

关联职业。密切相关的职业有信息通信网络运行管理员、电器设备安装工等。信息通信网络运行管理员注重网络运行管理，物联网安装调试员注重包含物联网网络部署、产品调试在内的整个体系的操作和运行维护工作。电器设备安装工注重电气设备和线路的安装，物联网安装调试员除了物联网产品设备安装之外，更注重的是产品与设备运行环境中的物联网网络安装和设备的接入、功能的调试、软件的配置和使用等。

相应岗位。售前工程师、施工安装调试员、运维管理员、售后工程师、机器人协调员、运维工程师、技术支持工程师、网络工程师、物联网技术支持员、物联网解决方案工程师等。

三、物联网安装调试员的主要工作职责

1. 网络环境建立与管理，提供一个稳定的设备工作的网络环境。

2. 硬件设备安装与调试，提供一个完整的硬件连通环境。

3. 硬件系统集成与维护，确保硬件设备的正常运行，在硬件设备连通不畅的时候修复和解决问题。

4. 软件安装和使用，确保软件部分能正常使用并运行。

5. 软件系统部署与维护，确保软件系统正常而可靠地运行，并能使系统不断得到改善和提高，以充分发挥作用。

6. 智能物联网系统搭建与使用，通过对单个系统进行合理的设计，实现全部物联网系统的功能控制和数据分析。

7. 物联网云平台使用，通过计算机、App 或小程序登录平台即可实现对设备的远程监控。

物联网安装调试员工作职责如图 1 所示。

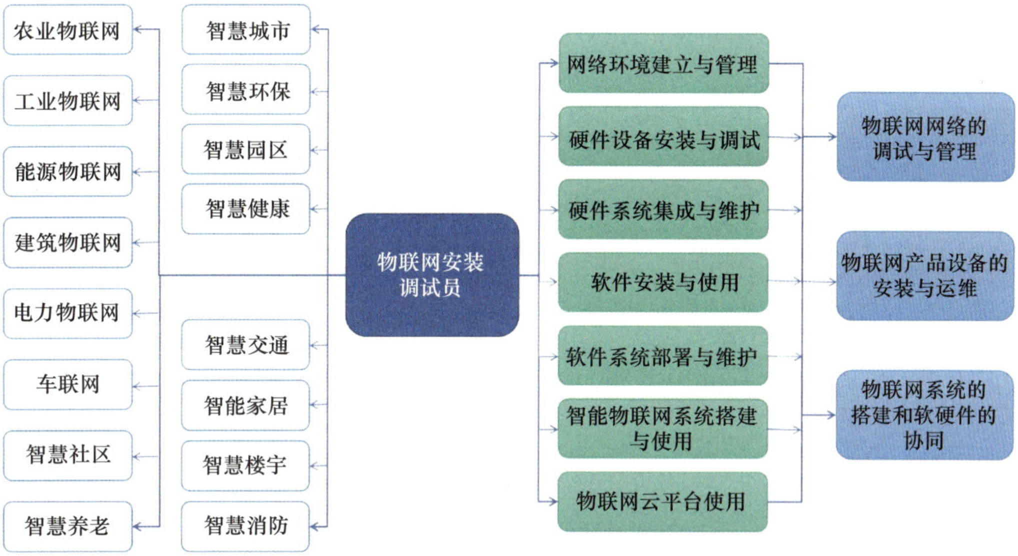

图 1　物联网安装调试员工作职责

四、物联网安装调试员的薪酬福利待遇

平均薪酬水平。北京市人力资源社会保障局发布的《2021 年北京市人力资源市场薪酬大数据报告》（以下简称《报告》）数据显示，基于北京市 2020 年度相关调研数据，按照行业、职位、群体等维度对薪酬数据进行了分析，首次发布 30 个新职业的薪酬水平。《报告》数据显示，2020 年北京市克服新冠肺炎疫情的不利影响，多数行业薪酬中位值较上年度有不同程度的增长。互联网和相关服务行业以 21.01 万元 / 年的薪酬中位值排名第三，物联网安装调试员的薪酬中位值为 15 万元 / 年，在 30 个新职业中名列前茅。

与类似职业对比。58 同城数据显示，在北京地区，该职业的薪酬一般要高于普通电工和机电测试员等的薪酬，略低于物联网开发工程师和物联网产品经理的薪酬，见表 1。

表 1　类似职业薪酬水平

职业名称	薪酬水平（元 / 月）
普通电工	4000~5000
电气设备安装工	7000~9000
物业管理员	6000~7000
计算机维修工	6000~8000
电工仪器仪表装配工	6000~8000
机电测试员	7000~10000
无人机驾驶员	9000~11000
农机技术专员	7000~10000
电气调试工程师	8000~12000
物联网安装调试员	8000~12000
人工智能训练师	8000~15000
物联网产品经理	12000~24000
家电安装维修师	10000~15000

五、从事物联网安装调试员工作需要哪些本领

该职业从业人员需具备的知识和技能有：物联网常用短距离通信工作原理及通信组网、物联网传感器和执行器的安装调试、物联网网关的安装和配置、物联网应用软件和物联网调试工具的安装和使用、一定的语言表达和沟通能力等。核心技能是动手能力和物联网安装调试能力。

根据《物联网安装调试员国家职业技能标准》，该职业需具备的知识和技能见表 2。

表 2　物联网安装调试员需具备的知识和技能

职业功能	工作内容	知识和技能要求
网络环境建立与管理	配置物联网常用短距离无线通信网络	了解物联网常用短距离通信协议分类与工作原理，能配置紫蜂（ZigBee）网络、蓝牙（BlueTooth）网络、Wi-Fi 网络
	常用远距离无线通信网络	能配置远距离无线电（LoRa 及 LoRaWan）无线网络、窄带物联网（NB-IoT）无线网络
	安装配置物联网网关设备	了解物联网网关分类与工作原理、物联网网关设备选型，能安装物联网网关、配置物联网网关、搭建物联网应用场景
	测试物联网网络性能	能使用物联网网络软件、硬件测试工具，测试物联网网络性能，撰写物联网网络性能测试报告
硬件设备安装与调试	选择物联网终端	能勘测施工环境，根据需求选用物联网终端
	安装调试传感器	了解传感器的分类与工作原理，能检测传感器，安装、调试传感器，保养和维护传感器
	安装调试执行器	能检测执行器，安装、调试执行器，保养和维护执行器
软件安装与使用	使用串口调试工具软件	了解串口通信的基本知识，能安装串口调试工具软件，配置串口调试工具软件的参数，使用串口调试工具软件调试串口设备
	使用 IP 地址扫描工具软件	了解计算机通信网络的基本知识，能使用 IP 地址扫描工具软件扫描局域网内的 IP 地址，能判断目标主机的网络连通状态
	使用蓝牙调试工具软件	了解蓝牙通信的基本知识，能安装及配置蓝牙调试工具软件，能使用蓝牙调试工具软件跟踪传输的蓝牙数据包
	使用 ZigBee 调试工具软件	能安装并配置 ZigBee 调试工具软件，使用 ZigBee 调试工具软件跟踪传输的 ZigBee 数据包
物联网云平台使用	注册物联网云平台及认证账户	能注册物联网云平台，认证物联网云平台账户
	使用物联网云平台采集物联网设备数据及控制设备	能在物联网云平台上正确配置设备接入参数，获取上行数据，发送下行控制指令

六、物联网安装调试员的专业教育现状

（一）相关专业

目前已有较多院校开设了与该职业相关的专业，涉及本科院校、高职院校、中职学校及技工学校等。本科院校专业有通信工程、物联网工程、传感网技术等。职业院校专业有物联网应用技术、网络与信息安全、计算机程序设计、计算机网络应用、机电一体化技术、电子技术应用、楼宇自动控制设备安装与维护、电气自动化设备安装与维修等。

（二）开设相关专业的院校（排名不分先后）

1. 本科院校：北京科技大学、北京交通大学、北京邮电大学、北京信息科技大学、中北大学、哈尔滨工业大学、江苏科技大学、南京邮电大学、江苏大学、杭州电子科技大学等。

2. 高职院校：北京信息职业技术学院、无锡职业技术学院、福建信息职业技术学院、重庆电子工程职业学院、深圳职业技术学院、江苏信息职业技术学院、广东交通职业技术学院、山东商业职业技术学院、江西应用技术职业学院、北京电子科技职业学院等。

3. 中职学校：北京市丰台区职业教育中心学校、北京市信息管理学校、北京市经济管理学校、济南科技中等职业学校、寿光市职业教育中心学校、德州交通职业中等专业学校、重庆市立信职业教育中心、重庆市经贸中等专业学校、成都市工业职业技术学校、四川省宜宾市职业技术学校等。

4. 技工学校：北京市仪器仪表高级技工学校、兰州航空工业技工学校、乌鲁木齐市技工学校、六安高级技工学校、邵阳市高级技工学校、三门峡市高级技工学校、江西工业技工学校、泉州市高级技工学校、重庆建筑高级技工学校、沧州高级技工学校等。

七、物联网安装调试员的就业创业信息

该职业从业人员主要分布在一、二线大城市和经济发达地区，以及无锡、杭州等物联网产业试点地区。

吸纳物联网安装调试员就业较多的用人单位主要有：

1. 智能家居物联网公司：如华为技术、北京小米科技、海尔集团、阿里巴巴、百度、京东、绿米联创、美的集团、欧瑞博科技、博联智能等。

2. 智慧城市智能楼宇公司：如中国移动、中国电子、中国联通、软通智慧、北京时代凌宇、北京泰豪智能、广联达科技、联通数科、浙大中控等。

3. 智慧交通物联网公司：如世纪高通、海康智联、四维图新、蘑菇车联、商汤集团、烽火通信、北京易华录、深圳市捷顺科技、大唐高鸿数据网络技术股份有限公司。

4. 农业物联网公司：大北农集团、中粮集团、首农集团、京东农场、北大荒、牧原实业、益客集团、精讯畅通、农华智慧、神州数码、托普云农等。

5. 环保物联网公司：如光大环境、首创生态环保、清新环境、高能时代环境、景津装备、永清环保、北控水务、同方环保、万维盈创、诺克环境、中科博联、中节能天融、恩菲工程等。

注：以上地区及机构排名不分先后，不代表相关实力排名。

八、物联网安装调试员的职业贯通发展

该职业的发展路径主要有四条：管理路线，即从普通员工晋升到主管 / 单位中层，再晋升到经理 / 单位领导层，甚至往更高领导职务发展。专家路线，即提高技能水平，在职业等级上不断晋升，成为物联网领域专家。复合人才路线，即向其他行业跨越或职业转型，如通过学习相关知识和技能转型为人工智能训练师、人工智能工程技术人员、智能硬件装调员、工业机器人系统操作员、工业互联网工程技术人员、无人机装调检修工、无人机驾驶员等，与专业技术岗位横向贯通。创业路线，即基于个人兴趣爱好进行创新创业。物联网安装调试员的职业贯通发展如图 2 所示。

九、物联网安装调试员的发展前景

从市场供需看。从人力资源市场的需求以及企业用人制度来看，物联网领域急需相关专业人才。根据 2022 届全国普通高校毕业生就业创业工作网络视频会议

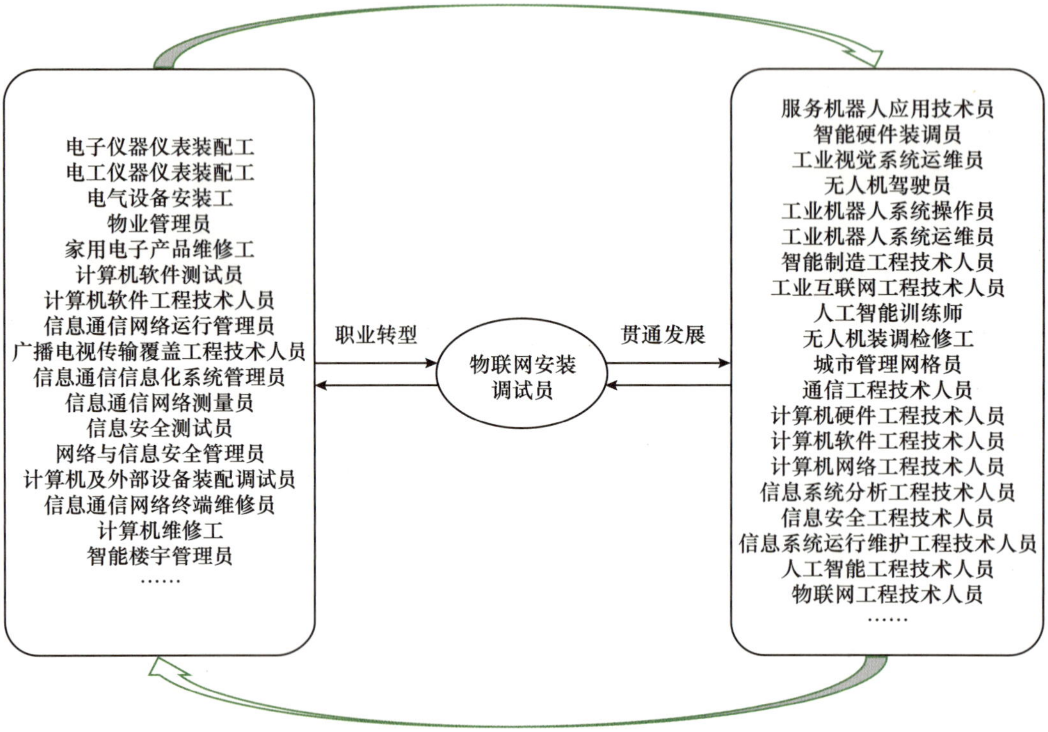

图 2　物联网安装调试员职业贯通发展图

的相关数据，物联网安装调试员人才缺口达 500 万人，预测未来 5 年物联网行业人才需求缺口总量超过 1600 万人。

从产业发展看。根据 2021 年 7 月天风证券的研究报告数据，目前中国物联网市场规模已超过 2 万亿元人民币，同比增速持续保持在 20% 以上。国际数据公司（IDC）2021 年 6 月发布的《2021 年 V1 全球物联网支出指南》数据显示，2020 年全球物联网支出达到 6904.7 亿美元，其中中国市场占比 23.6%。IDC 预测，到 2025 年全球物联网市场将达到 1.1 万亿美元，年均复合增长 11.4%，其中中国市场占比将提升到 25.9%，物联网市场规模全球第一。

从政策红利看。各省市针对物联网新职业释放了一系列政策红利。如北京市发布的《北京市职业技能提升行动实施方案（2019—2021 年）》提出，力争到 2021 年年底，北京市技能劳动者占就业人员总量的比例达到 30%。对于 2019 年 1 月 1 日以后新取得初级工、中级工、高级工、技师、高级技师等国家职业资格证书或职业技能等级证书，且在北京市缴纳失业保险 1 年以上的企业职工，分别按照 1000 元、1500 元、2000 元、2500 元和 3000 元的标准给予个人技能提升补贴。根据《云南省人力资源和社会保障厅办公室关于做好 2020 年失业保险支持参保职工提升职业技能工作的通知》，2021 年取得证书的补贴标准按照初级（五级）1000 元、中级（四级）1500 元、高级（三级）2000 元发放。2020 年取得证书但未申领补贴的，可继续申领技能提升补贴。吉林省也有相应的职业等级技术补贴，对于符合条件的企业职工取得初级（五级）职业资格证书或职业技能等级证书的，补贴标准为 1000 元；取得中级（四级）职业资格证书或职业技能等级证书的，补贴标准为 1500 元；取得高级（三级）职业资格证书或职业技能等级证书的，补贴标准为 2000 元。对于取得紧缺急需职业工种的，对技能提升补贴标准予以适当倾斜，初级（五级）标准为 1300 元，中级（四级）标准为 1950 元，高级（三级）标准为 2600 元。

十、相关内容链接

国家职业标准：扫码即可查看 ☞

相关政策文件：本书附录序号 44、50。

供稿：北京物联网学会　解迎刚

物联网工程技术人员

职业编码：2-02-38-02

物联网能让万事万物连接在一起更好地为人们服务：人们可以同时观看千架无人机呈现的空中灯光秀，居民可以享受无人值守商店 24 小时服务的便利，医生可以远程为病人进行手术，城市管理者可以精准缓解交通拥堵。而这些离不开熟悉物联网系统研发、工程实施、项目运维管理工程技术人才的参与，正是他们的辛勤工作，推动了物联网产业持续高速发展，便利了人民群众的生产生活。

一、物联网工程技术人员的一天

记录时间：2021 年 5 月 20 日 **记录人：王某凡**

上午工作情况

9 点：

1. 参加公司新开发项目——智能家居系统的任务及分工研讨会，接到方案制定任务。

2. 查找国内外相关资料及案例，总结目前智能家居系统的技术及特点。（文献查找）

3. 结合客户要求，分析智能家居系统项目的大致需求，形成需求文档初稿。（需求分析）

4. 带上需求文档初稿与项目经理交流，查漏补缺，完善项目需求。（更新需求）

11 点：

1. 根据项目需求进行功能性设计讨论，并与团队其他开发成员达成一致意见。（团队讨论）

2. 回到工位进行智能家居系统方案的制定，着手编写设计方案文档。（方案编写）

下午工作情况

14 点：

1. 设计与需求对应的系统各个功能模块。（功能模块设计）

2. 设计无线传感器，以及无线传输网络。（网络结构设计）

3. 进行电子器件型号、品牌选用以及采购渠道的规划。（设备选型）

4. 根据方案内容制作汇报展示 PPT。（方案展示汇报）

16 点：

1. 组织召开首次实施方案讨论会，展示智能家居系统设计实施方案。（组织管理）

2. 与甲方进行沟通，确认一些方案细节及存疑问题。（技术咨询）

3. 根据客户和团队成员意见，进行方案技术层面的修改和调整。（技术支持）

二、什么是物联网工程技术人员

职业定义。物联网工程技术人员是从事物联网架构、平台、芯片、传感器、智能标签等技术的研究和开发，以及物联网工程的设计、测试、维护、管理和服务的工程技术人员。

定义解读。物联网是指将人们生产、生活中的各种电器、装置与互联网结合起来组成的网络，各种设备互相交换信息和自动控制，具备了一定的智能。物联网工程技术人员是指运用科学的方法、现代物联网知识和工具，高效、可靠地解决人们生产生活中各种具体需求和实际问题，满足人们对美好生活追求的工程技术人员。

关联职业。密切相关的职业有物联网安装调试员和计算机网络工程技术人员。物联网安装调试员利用检测仪器和专用工具，开展物联网产品与设备的安装、配置、调试等工作。计算机网络工程技术人员是从事互联网等计算机网络的研究、设计、安装、集成、调试、维护、管理和服务的工程技术人员。

相应岗位。智能家电安装工、网络管理员、智能设备维修工、通信工程师、网络开发工程师、系统集成工程师、系统设计师、工程运维经理、项目执行经理等。

三、物联网工程技术人员的主要工作职责

1. 跟踪物联网应用技术发展，研究、熟悉主流物联网技术，能整理归档技术架构、协议和使用的规范、标准。

2. 综合运用嵌入式开发、传感识别、有线及无线传输技术，设计、开发嵌入式软硬件系统。

3. 根据物联网系统需求，规划、设计物联网系统实现方案，能针对具体物联网系统存在的问题提出解决方案。

4. 综合运用软硬件工具和平台，设计、集成、部署物联网系统，并能制定工程实施指导要求。

5. 现场安装、调测物联网系统上线运行，能维护并保障物联网系统长时间运行。

6. 运用各类软硬件检测工具，监控、管理物联网系统，确保安全运行，能识别物联网系统运行的安全隐患并提出改进意见。

7. 可以远程或现场提供技术咨询和技术支持服务，参与物联网运维专题培训与指导并完成服务工作。

物联网工程技术人员工作职责如图 1 所示。

四、物联网工程技术人员的薪酬福利待遇

平均薪酬水平。据人力资源社会保障部网站发布的《新职业——物联网工程技术人员就业景气现状分析报告》，按照工作经验和工龄来统计，2021 年度从事物

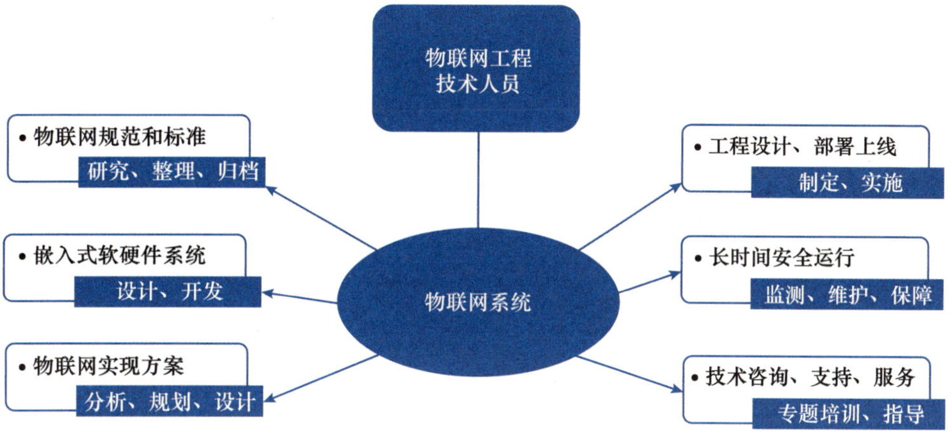

图 1　物联网工程技术人员工作职责

联网工程技术人员岗位工作的劳动者，应届毕业生平均工资 6300 元 / 月，工作 1~2 年平均工资 8950 元 / 月，3~5 年平均工资 9540 元 / 月，6~8 年平均工资 10790 元 / 月，9 年及以上平均工资 12830 元 / 月。从薪资总体区间的分布来看，月薪为 10000~15000 元的人群占比最高。

与类似职业对比。据智联招聘网 2021 年 12 月数据，在北京地区，该职业的薪酬一般要高于系统运维工程师、硬件工程师等的薪酬，略低于系统架构师、物联网系统前端开发工程师的薪酬，见表 1。

表 1　类似职业薪酬水平

职业名称	薪酬水平（元 / 月）
物联网工程技术人员	7300~13800
系统运维工程师	6000~9000
硬件工程师	7000~12000
系统架构师	10000~16000
物联网系统前端开发工程师	13000~15000

五、从事物联网工程技术人员工作需要哪些本领

该职业从业人员需具备的知识和技能有：程序设计、计算机网络、嵌入式

开发、传感器应用、物联网云平台应用等。分三个职业方向：物联网嵌入式开发、物联网应用开发、物联网系统集成与管理。各职业方向需具备的知识和技能见表2。

表2　物联网工程技术人员需具备的知识和技能

方向	职业功能	工作内容	知识和技能要求
物联网嵌入式开发	感知控制开发	传感器、标签、位置信息采集	能完成传感器数据采集和物联网智能设备之间的信息交互；能运用条码或二维码、无线射频识别技术，实现相关信息的识读；能运用定位技术，实现对应范围内位置、时间、状态信息的采集
		单片机/嵌入式系统开发	能根据物联网应用场景需求，对单片机/嵌入式芯片进行选型、输入输出接口开发，实现数据收发及设备应用开发
	物联网应用协议开发	自定义通信协议开发	能定义并实现读、写、控制等指令的封装与解析
		物联网轻量级协议开发	能运用轻量级协议（如MQTT、CoAP等）封装与解析数据，实现数据通信
	物联网组网通信开发	有线通信开发	能运用有线通信协议、总线技术分析主从通信数据及完成通信开发
		无线通信开发	能运用无线通信协议、空间接口分析点对点通信开发，能分析排查通信故障
物联网应用开发	物联网平台应用开发	物联网平台部署	能根据部署文档，进行物联网平台微服务主机、数据库部署与配置
		物联网平台应用对接开发	能采用时序数据库进行数据持久化开发，能根据接口文档，与数据可视化平台进行对接开发，能与大数据平台进行数据汇聚与分析开发
		可视化应用开发	能根据业务需求，实现可视化开发，能根据可视化监控要求实现告警触发及消除

续表

方向	职业功能	工作内容	知识和技能要求
物联网应用开发	物联网边缘计算系统应用开发	物联网边缘计算系统部署	根据部署文档，进行物联网边缘计算系统的单机、数据库部署与配置
		物联网设备接入开发	能运用有线/无线通信协议，进行有线/无线设备接入配置与开发
		第三方平台接入应用	能采用第三方平台提供的标准消息协议及自定义接口进行连接
	物联网移动应用开发	开发环境搭建	能搭建移动应用开发环境，实现项目及模块的管理，并实现依赖包下载和管理
		业务开发	能使用常用组件，完成物联网数据展示及设备控制的界面开发，完成物联网数据流转、状态控制、智能报警提示、在线/离线状态的数据展示开发，并能调用第三方语音、地图、支付等接口，进行应用开发
物联网系统集成与管理	物联网设备安装与调试	物联网设备检测	能检查进场设备与配件的完好性，能使用专用测试工具对网络通信设备进行检测，能完成设备固件的版本检查和升级
		物联网设备安装	能根据项目实施方案，完成设备安装、传感网络及有线、无线、混合网络搭建，完成服务器设备安装配置
		物联网设备调试	能根据项目实施方案，完成传感网络及有线、无线、混合网络调试，完成设备连调
	物联网系统部署	系统服务器搭建	能根据系统环境要求，完成服务器操作系统安装配置，完成网络地址规划及软件运行环境安装配置，能根据系统安全要求，配置系统安全策略
		系统数据存储及处理	能安装与配置关系型、非关系型数据库管理软件，能使用 SQL 语句，编写关系型数据库数据控制语句等脚本，能使用 NoSQL 语句，编写非关系型数据库数据控制语句等脚本
		应用程序安装与配置	能安装与配置应用程序，能完成程序启动、网络配置、定位服务等权限的管理

续表

方向	职业功能	工作内容	知识和技能要求
物联网系统集成与管理	物联网系统运行与维护	设备运行监控	能实时、定时收集软硬件系统的运行状态数据并进行分析，能根据异常及报警信息，及时定位故障，能分析处理网络设备通信异常
		设备故障维护	能根据工作任务书，对设备进行巡检与维护，能收集设备故障数据并定位设备故障点
		系统运行维护	能根据工作任务书，对系统软件和功能组件进行升级与维护，能使用网络工具排查系统通信故障，能收集系统故障数据并定位系统故障点，能根据运维保障的要求制订备份计划，完成数据与系统程序的备份
		系统安全管理	能根据项目实施方案使用多鉴别机制实现用户身份真实性鉴别，完成产品及解决方案的安全性测试，能对物联网系统安全事件进行响应与取证
	物联网技术咨询与服务	技术咨询	能提供工程技术及标准规范相关问题的咨询服务，能整理业务知识并编制技术文档
		技术支持	能进行产品宣讲和解决方案展示，解决客户技术咨询问题，并提供技术解决方案，能收集整理客户反馈的信息，进行问题跟踪处理

六、物联网工程技术人员的专业教育现状

（一）相关专业

目前已有较多院校开设了与该职业相关的专业，涉及本科院校、高职院校及中职学校等。本科院校专业有物联网工程、智能电网信息工程、传感网技术等。职业院校专业有智能互联网络技术、物联网应用技术等。

（二）开设相关专业的院校（排名不分先后）

1. 本科院校：北京理工大学、中央民族大学、天津大学、南开大学、重庆大学、四川大学、北京工业大学、华北电力大学、天津工业大学、河南工业大学等。

2. 高职院校：重庆电子工程职业学院、上海电子信息职业技术学院、福州职业技术学院、重庆工程职业技术学院、宿迁职业技术学院、天津工业职业学院、山西信息职业技术学院、广东理工职业学院、新疆科技职业技术学院、四川大学锦城学院等。

3. 中职学校：珠海市理工职业技术学校、深圳市第一职业技术学校、广州市电子信息学校、重庆市两江职业教育中心、江西师范高等专科学校、哈尔滨市第二职业中学、黔东南州电子工业技术学校、贵州省经贸学校、湖南中创智能科技技工学校、益阳华中物联网中等职业学校等。

七、物联网工程技术人员的就业创业信息

当前中国物联网产业主要采取重点地区率先试点，其他地区逐步跟进的方法来推动发展。因此，物联网工程技术人员就业以一、二线大城市，经济发达地区为主，如北京、上海、广州、深圳等一线城市。随着产业发展，尤其是5G技术在多个城市展开试点，二、三线城市也在积极布局物联网产业试点规划，就业形势会越来越好。

就具体的行业分布而言，计算机软件、新能源、电子、通信等行业是物联网人才需求的主要领域，涵盖范围较广。

吸纳物联网工程技术人员就业较多的用人单位主要有：

1. 计算机软件行业相关企业：如360、阿里巴巴、宝信软件、千方科技、科大讯飞、广联达、万兴科技、远光软件、科远智慧、理工环科、云赛智联、东方国信、迪普科技、卫宁健康、凌志软件、润和软件、中新赛克、天阳科技、顶点软件、汉王科技、华宇软件等。

2. 新能源行业相关企业：如无锡尚德电力、比亚迪汽车、华锐风电科技、英利绿色能源、江西赛维LDK太阳能、广东明阳风电、中国大唐、江苏林洋新能源、常州亿晶光电、中国华能集团、中国电力投资集团、上海杉杉科技、浙江正泰太阳能、保利协鑫能源等。

3. 电子行业：如华为、联想、海尔、TCL、长虹电子、海信、北大方正、京东方、华东电子、大连大显、清华同方、江苏新科、上海飞乐、浪潮电子、乐金

曙光电子、西安海星、南天电子、广东正通、上海宏盛、海康威视等。

4. 通信行业：如中国联通、中兴通讯、中天科技、亿联网络、星网锐捷、光环新网、网宿科技、东方通信、亨通光电、光迅科技、凯乐科技、天孚通信、移远通信、盛路通信、瑞斯康达、恒实科技、杰赛科技、长江通信、国脉科技、中富通等。

其中，华为、阿里巴巴、海康威视等作为较早布局物联网产业的龙头企业，拥有大量的物联网工程技术人员，其中就包括从事物联网底层技术的研究型人才以及产品研发型人才。同时，随着产业技术在传统领域的应用和发展，工业、农业、家居、物流等细分领域诞生了众多中小型企业，对物联网工程技术人才的需求也与日俱增，提供了许多项目规划设计、系统实施运维等技术技能型就业岗位。

物联网工程技术人员的职业方向，主要包括以下四类：

1. 技能型岗位：工作内容主要是系统部署实施、运维管理等技术支持服务。

2. 技术型岗位：工作内容主要是负责物联网系统规划、设计、集成、技术咨询。

3. 研发型岗位：工作内容主要是负责物联网软硬件系统的开发。

4. 研究型岗位：工作内容主要是底层软硬件技术的研究。

注：以上地区及机构排名不分先后，不代表相关实力排名。

八、物联网工程技术人员的职业贯通发展

该职业的发展路径主要有四条：管理路线，即通过实践经验积累晋升到物联网工程项目经理，甚至向更高的领导职务发展。专家路线，即不断提高技能水平，在本职业领域成为物联网专家。复合人才路线，侧重向嵌入式开发、应用开发以及系统集成管理差异化发展，与其他行业或职业类型相互跨越、转型。创业路线，即结合职业技能及个人兴趣爱好，进行物联网行业的创新创业。物联网工程技术人员的职业贯通发展如图 2 所示。

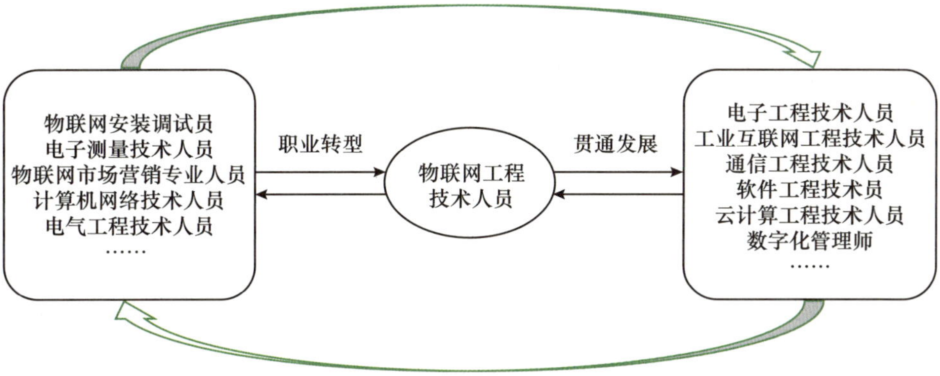

图 2　物联网工程技术人员职业贯通发展图

九、物联网工程技术人员的发展前景

从市场供需看。我国物联网工程技术人员存在巨大的缺口，据 2020 年人力资源社会保障部不完全统计，当前物联网工程技术人员从业者已经超过 200 万人，其中智能制造业、智慧农业、智能家居、智能交通与车联网、智能物流以及消费者物联网产业等，都是物联网人才需求的重点领域。据人力资源社会保障部网站发布的《新职业——物联网工程技术员就业景气现状分析报告》，未来 5 年物联网行业人才需求缺口总量超过 1600 万人。

从产业发展看。近年来，物联网技术快速发展并深入应用在各产业领域，物联网和全球经济发展逐渐密不可分。国际数据公司（IDC）所发布的《2021 年 V1 全球物联网支出指南》显示，2020 年全球物联网支出达到 6904 亿美元，并预计到 2025 年全球物联网市场将达到 1.1 万亿美元，年均复合增长 11.4%。同时，全球经济发展也会反过来推动物联网行业的进步，预计到 2025 年，物联网对全球经济的影响将达到 3710 亿美元，占 GDP 比重将增至 0.34%。在中国，预计到 2025 年，物联网支出规模将达到 3069.8 亿美元。物联网已在智能制造、智能家居、智慧农业、智能交通和智慧医疗等领域得到较好应用，未来还会在各个行业、领域发挥更大作用。

从政策红利看。在人力资源社会保障部的统一部署下，中国就业培训技术指导中心推出了新职业在线学习平台，同步完成物联网工程技术人员岗位技能培训的课程资源上线，并联合国家开发银行、阿里钉钉、支付宝等共同完成新职业在线学习与助学贷款系统的对接，帮扶更多大学生积极提升新职业技能水平。以重庆市为例，根据《重庆市职业技能提升行动实施方案（2019—2021 年）》，对本职业的培训按 200 元 /（人 · 天）的标准给予补贴，最高为 6000 元。

十、相关内容链接

国家职业标准：扫码即可查看 ☞

相关政策文件：本书附录序号 44、50。

供稿：重庆电子工程职业学院　孙卫平

无人机驾驶员

职业编码：4-02-04-06

近年来，无人机覆盖的领域越来越广，新闻资讯上经常可以看到它的身影——各大科技展览上的新潮设备、农业植保中的好帮手、婚礼及旅游航拍等，无人机已经时常出现在大众的视线里。那么，无人机主要可以用来做什么？无人机驾驶员每天做什么？无人机操作容易吗？我们能不能操作无人机上天？带着诸如此类的问题，让我们一起走近无人机驾驶员这个职业。

一、无人机驾驶员的一天

记录时间：2021 年 8 月 18 日　　记录人：张某军

上午工作情况

9 点：

1. 与客户对接确定航测作业区域。（确定作业区域）
2. 确定航测目标地面精度和飞行参数。（确定飞行参数）
3. 驱车确定去作业区域路线是否畅通。（排查路线）
4. 到作业区域观察测区环境。（环境观测）
5. 通过电子地图确定测区范围。（测定区域）

11 点：

1. 根据测区范围分割飞行作业架次。（任务分解）
2. 在电子地图测区范围内布设像控点。（布设像控点）

下午工作情况

14点：

1. 在测区进行像控点的标记涂刷。（标记涂刷）
2. 进行飞行设备的准备。（设备准备）
3. 规划飞行航线和飞行参数的设定。（规划航线）
4. 对飞行区域高度的检查。（检查高度）

16点：

1. 进行飞行作业。（飞行作业）
2. 采集航测区域数据。（采集数据）
3. 飞行完成，进行数据整理。（数据整理）
4. 返回办公地点，检查飞行数据并上传网盘。（数据上传）

二、什么是无人机驾驶员

职业定义。无人机驾驶员是通过远程控制设备，操控无人机完成既定飞行任务的人员。

定义解读。无人机即智能无人飞行器，是指利用无线电遥控设备和自备的程序控制装置操控，或者由机载计算机完全或间歇自主地操控的不载人飞机。无人机驾驶员是指为远程控制无人机进行作业的人员，使用遥控器和地面站进行远程遥控，使用无人机挂载相应的载荷完成测绘、植保、巡检、航拍等作业。

关联职业。密切相关的职业有无人机研发工程师和无人机装调检修工。无人机研发工程师主要进行无人机的研发工作，包括组装原型机、校正优化无人机设计及进行系统化产品稳定性测试等。无人机装调检修工主要是对无人机本身进行安装、调试、检查、维护、修理等工作。而无人机驾驶员是使用无人机执行相关飞行任务的人员。

相应岗位。无人机航拍、无人机测绘、无人机物流、无人机植保、无人机巡检、无人机装调检修、应急救援等。

三、无人机驾驶员的主要工作职责

1. 负责多旋翼、固定翼、垂直起降固定翼等无人机的飞行驾驶操作。

2. 负责无人机测绘、植保、巡检、航拍、物流、安防等作业。

3. 负责无人机产品的售前演示推广、售后培训工作。

4. 负责给客户提供无人机售后技术支持，解决无人机在使用过程中的故障问题。

5. 配合研发团队进行无人机产品测试。

6. 负责飞行作业之后的整理、调试、维护工作。

7. 负责作业成果的后期处理工作。

四、无人机驾驶员的薪酬福利待遇

平均薪酬水平。2021 年 11 月，北京市人力资源社会保障局发布《2021 年北京市人力资源市场薪酬大数据报告》，首次发布 30 个新职业的薪酬水平，其中无人机驾驶员的年薪中位数为 12.53 万元，主要集中在 7.9441 万 ~15.1587 万元。

与类似职业对比。据前程无忧网 2021 年 12 月数据，在北京地区，该职业的薪酬一般和人工智能训练师、互联网营销师、产品工程技术员等的薪酬相当，略低于机器人应用技术员的薪酬，见表 1。

表 1　类似职业薪酬水平

职业名称	薪酬水平（元 / 月）
无人机驾驶员	6600~12600
人工智能训练师	6000~12000
互联网营销师	8000~13000
产品工程技术员	7000~12000
机器人应用技术员	10000~15000

五、从事无人机驾驶员工作需要哪些本领

该职业从业人员需具备的知识和技能有：空气动力学基础、无人机结构与飞行原理、无人机平台分系统的组成、导航飞控系统、无人机动力系统、基础气象学、无人机操作技术等。核心技能是分析与操作。

根据《无人机驾驶员国家职业技能标准》，该职业需具备的知识和技能见表2。

表2　无人机驾驶员需具备的知识和技能

职业功能	工作内容	知识和技能要求
任务规划	设备选型	能根据飞行任务选择机型、载荷、辅助设备系统
	航线规划	能根据飞行任务选择航线类型，根据飞行环境和气象条件计算飞行参数和作业参数，根据参数绘制任务航线
任务准备	安装	能安装载荷、架设地面控制系统、安装无人机辅助设备（SD卡、ND滤镜等）
	调试	能调试飞行平台状态、载荷，校准载荷控制系统，调试数据链路、图像链路、辅助设备
任务执行	飞行前检查	能完成地面控制系统与无人机之间链路检查、任务航线检查、辅助设备系统运行检查并填写飞行检查单
	飞行操控	能操控无人机直线甩尾飞行、平行跟随飞行、渐远拉升飞行，完成定点环绕飞行动作，使用地面控制系统图传画面完成无人机的航点设置，监控无人机飞行状态
	应急处置	能执行起飞中止操作或降落中止操作，在无人机飞行过程中更改飞行计划，执行规避、返航、紧急降落操作
	飞行作业	能监控载荷工作状态，操控载荷获取数据，更改载荷参数，使用无人机拍摄图片和视频
	数据处置	能下载任务数据，对数据进行分类管理，备份任务数据
维护保养	维护	能拆卸载荷、清洁载荷，对机体进行检查及基础维护，完成系统软件及固件升级，按照维保手册要求定期对紧固件进行检查维护，完成动力系统的维护
	保养	能完成载荷收纳存储和动力系统的保养

六、无人机驾驶员的专业教育现状

（一）相关专业

目前已有较多院校开设了与该职业相关的专业，包括高职院校、中职学校、技工院校等，主要有无人机应用技术、无人机操作技术、地图制图与地理信息系统、公路工程测量、机电一体化技术等。

（二）开设相关专业的院校（排名不分先后）

1. 高职院校：安徽工业经济职业技术学院、安徽扬子职业技术学院、安徽矿业职业技术学院、安徽林业职业技术学院、北京科技职业学院、福建林业职业技术学院、兰州航空工业职工大学、广东理工职业学院、广西电力职业技术学院、贵州航空职业技术学院等。

2. 中职学校：合肥工业学校、云南省曲靖航空学校、东北工程技术学校、济南信息工程学校、贵阳市航洋动漫职业学校、肇庆市科技中等职业学校、东莞市电子科技学校、内蒙古工程学校、四川商贸学校、长沙航天学校等。

3. 技工院校：山东技师学院、福建技师学院、广西电子高级技工学校、郑州交通技师学院、浙江公路技师学院、太湖县技工学校、贵州铁路技师学院、河南技师学院、吉林省林业技师学院、东北工程技术学校等。

七、无人机驾驶员的就业创业信息

该职业从业人员遍布全国各地，主要集中在北京、上海、广州、深圳等一线城市，以及经济发展较快或人口较多的省市，如广东、山东、河南、四川、江苏等。

吸纳无人机驾驶员就业较多的用人单位主要有：

1. 航空拍摄：如中煤航测遥感集团有限公司、辽宁宏图创展测绘勘察有限公司、安徽竞争力信息科技有限公司、人民视听科技有限公司、中影智能技术发展（福建）有限公司等。

2. 电力巡检：如中国电建集团贵州电力设计研究院有限公司、中国电建集团江西省电力建设有限公司、国家电网公司等。

3. 地理信息测绘：如安徽泽众安全科技有限公司、中航安贞（浙江）信息科技、北京博立智新科技、南昌三维测绘仪器等。

4. 农林植保：如远牧（深圳）控股集团、苏州嗨森无人机科技、烟台云都海鹰无人机应用技术有限公司、安徽智训机器人技术有限公司等。

5. 消防：如深圳市泛海三江电子股份有限公司、上海同泰火安科技有限公司、徐工消防安全装备有限公司等。

6. 警用：如重庆中岳航空航天装备智能制造有限公司、广东中科瑞泰智能科技有限公司、武汉中智航无人机技术服务有限公司、安徽绿歌生物科技有限责任公司等。

注：以上地区及机构排名不分先后，不代表相关实力排名。

八、无人机驾驶员的职业贯通发展

该职业的发展路径主要有四条：管理路线，即从员工晋升到主管 / 单位中层，再晋升到经理 / 单位领导层，甚至往更高的高级领导职务发展。专家路线，即不断提高技能水平，在职业等级上不断晋升，成为无人机领域专家。复合人才路线，即向其他行业跨越或职业转型，如通过学习相关知识和技能转型为无人机测绘操控员、无人机研发工程师等，与专业技术岗位横向贯通。创业路线，即基于个人兴趣爱好进行创新创业。无人机驾驶员的职业贯通发展如图 1 所示。

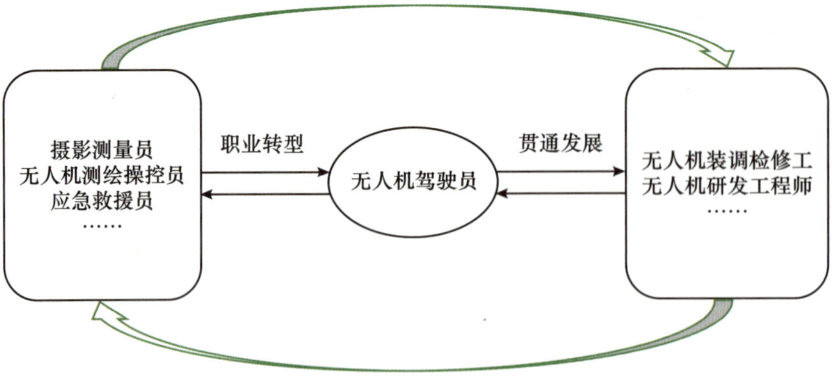

图 1　无人机驾驶员职业贯通发展图

九、无人机驾驶员的发展前景

从市场供需看。据国际数据公司（IDC）数据分析，到2019年年底，我国无人机年销售量达到196万架，其中消费级无人机150万架，工业级无人机46万架，按照两架无人机配一个驾驶员计算，我国对无人机驾驶员岗位的需求为百万级。

从产业发展看。美国蒂尔集团在无人机系统国际协会（AUVSI）会议和商展上公布了全球无人机预测，到2023年，无人机研发及采办费用将增至116亿美元。根据国际预测公司（Forecast International）2019年8月的预测，未来10年亚洲将成为无人机系统最大的客户地区，预计市场份额占比达50%。而中国的无人机市场份额将占亚洲市场的80%以上。

从政策红利看。2017年12月工业和信息化部发布《关于促进和规范民用无人机制造业发展的指导意见》，提出要大力促进民用无人机制造业发展。2018年8月，国家发展和改革委员会、民航局联合发布《关于促进通用机场有序发展的意见》，提出优化提升既有航空飞行培训通用机场的服务保障能力，注重与航空制造、通用航空消费上下游融合，发展固定翼航空器、旋翼机、无人机等多类型、多层次的飞行培训体系。2019年5月，民航局发布《促进民用无人驾驶航空发展的指导意见（征求意见稿）》，提出促进无人驾驶航空健康发展，提升民用无人驾驶航空管理与服务质量。

十、相关内容链接

国家职业标准：扫码即可查看☞

相关政策文件：本书附录序号39。

供稿：安徽智训机器人技术有限公司　董红祥

无人机装调检修工

职业编码：6-23-03-15

近年来，随着智能技术的发展，无人机不仅“飞入寻常百姓家”，而且应用场景不断拓展，在航拍、植保、物流、测绘、巡检、救灾等领域广泛应用。特别是在新冠肺炎疫情阻击战这场没有硝烟的战“疫”中，无人机凭借其灵活机动的优势，被各地广泛利用，开展喷洒消毒、空中巡视、喊话疏散、测量体温等疫情防控工作。这些无人机正常使用运行的背后都有装调检修工的付出和努力。无人机装调检修工新职业的设立，让无人机装调检修操作行为更加专业化、规范化，为产业的快速发展提供了技术技能人才支撑。

一、无人机装调检修工的一天

记录时间：2021 年 12 月 8 日　　　　记录人：王某路

上午工作情况

9 点：

1. 按照生产图纸从配件库领料。（选型）
2. 检查零部件的质量和数量。（检查）
3. 组装无人机结构件。（装配）
4. 检查安装是否符合工艺文件要求。（调试）

下午工作情况

14点：

1. 不带桨进行电路测试。（测试）
2. 不带桨利用地面站进行调整参数。（调整参数）
3. 调整部件水平，装桨试飞测试。（测试）
4. 填写测试报告，装箱。

二、什么是无人机装调检修工

职业定义。无人机装调检修工是指使用设备、工装、工具和调试软件，对无人机进行配件选型、装配、调试、检修与维护的人员。

定义解读。无人机即智能无人飞行器，是指利用无线电遥控设备和自备的程序控制装置操纵的不载人飞行器。在国民经济分类中，智能无人飞行器是一种与工业机器人、服务消费机器人等并列的智能设备。装调检修工是指对产品进行装配、调试、检修、维护的技能操作人员。

关联职业。密切相关的职业有无人机驾驶员、飞机系统安装调试工等。无人机驾驶员是指通过远程控制设备，驾驶无人机完成既定飞行任务的人员，侧重于控制无人机飞行。飞机系统安装调试工是使用工具和设备，安装与调试飞机燃油动力、操纵、环控救生、内饰、自动驾驶仪、氧气设备和起落架等系统的人员，属于航空制造领域。无人机装调检修工面向智能消费设备制造领域，完成无人机的装配和调试。

相应岗位。无人机装配工、无人机调试工、无人机检修工、无人机结构设计员、无人机试飞员等。

三、无人机装调检修工的主要工作职责

1. 负责无人机零部件选型。
2. 负责无人机整机装配。
3. 负责对无人机系统和功能模块进行联调。

4. 负责对无人机进行结构和功能测试，确保无人机能够实现预定的功能。

5. 负责对无人机进行日常保养。

6. 负责对无人机进行故障修理及修复后的性能测试。

四、无人机装调检修工的薪酬福利待遇

平均薪酬水平。根据人力资源社会保障部网站 2020 年发布的相关报告，无人机装调检修工的薪资普遍高于当地平均薪资，75% 的无人机装调检修工的薪资是当地平均工资 1~3 倍。北京市人力资源社会保障局发布的《2021 年北京市人力资源市场薪酬大数据报告》显示，无人机装调检修工年薪中位数为 10.83 万元，远超过一线城市城镇居民的平均收入。

与类似职业对比。据智联招聘网 2021 年 10 月数据，在北京地区，该职业的薪酬一般要高于制造业技术工人等的薪酬，略低于无人机驾驶员的薪酬，见表 1。

表 1　类似职业薪酬水平

职业名称	薪酬水平（元 / 月）
无人机装调检修工	8000~10000
数控机床操作工	7000~9000
钳工	6000~8000
电工	6000~8000
无人机驾驶员	10000~12000

五、从事无人机装调检修工工作需要哪些本领

该职业从业人员需具备的知识和技能有：基本的机械、电气及无人机相关知识，基本工具的使用技能，无人机零部件选型、整机装配、调试、测试、检查、修理、试飞等技能。核心技能是装调检修。

根据《无人机装调检修工国家职业技能标准》，该职业需具备的知识和技能见表 2。

表 2 无人机装调检修工需具备的知识和技能

职业功能	工作内容	知识和技能要求
配置选型	飞行平台架构选型	能根据应用场景和任务选择合适的飞行平台构型
	结构布局选型	能根据应用场景和任务选取多旋翼、固定翼、无人直升机等不同的布局结构
	材料选型	能根据要求选取合适的无人机机架、桨叶等的材质
	动力系统选型	能根据要求选取合适的螺旋桨、电机、电子调速器、动力电池等
	飞行控制与导航系统选型	能根据任务选取合适的无人机控制与导航系统
	通信系统选型	能根据任务选取合适的数据传输和图像传输系统
	起飞着陆系统选型	能根据应用场景和任务选取合适的起飞着陆系统
	任务荷载系统选型	能根据应用场景和任务选择拍摄、物流、航测、植保等任务载荷
装配	零部件装配	能够装配零部件
	子系统装配	能够装配无人机各子系统
	整机装配	能够装配无人机整机
	任务载荷装配	能够装配常见的任务载荷
调试	动力系统调试	能够对电机、螺旋桨等进行调试
	飞行控制系统调试	能够设置飞行控制与导航系统参数，对飞行控制系统进行调试
	通信系统调试	能够调试设置通信系统参数
	起飞着陆系统联调	能完成起落架滑跑起飞和着陆系统的联调
	任务载荷联调	能对常见任务载荷进行试飞联调
测试	性能测试	能够对无人机飞行性能进行测试
	功能测试	能够对无人机进行功能测试
检修	零部件故障检修	能分析诊断零部件故障并进行更换
	整机故障检修	能对无人机整机故障进行判断和维修

续表

职业功能	工作内容	知识和技能要求
维保	日常维保	能对无人机整机及任务载荷进行日常外观检查
	检查性维保	能对无人机整机及任务载荷进行定期检查保养
改造优化	系统升级	能进行无人机系统软件和硬件升级
	布局结构优化	能通过调整布局，提高无人机稳定性
	飞行性能优化	能优化无人机航时、飞行高度、飞行速度等

六、无人机装调检修工的专业教育现状

（一）相关专业

目前已有较多院校开设了与该职业相关的专业，涉及本科院校、高职院校、中职学校、技工院校等。本科院校专业有无人驾驶航空器系统工程、飞行器设计与工程、飞行器制造工程、飞行器动力工程等，一般硕士和博士所在研究室没有与无人机相关的独立学科，但有与无人机相关的研究方向。教育部数据显示，开设无人机专业的院校主要以高职、大专院校为主，截至 2020 年，高职院校中开设无人机应用技术专业的达到 312 家。

（二）开设相关专业的院校（排名不分先后）

1. 本科院校：北京航空航天大学、南京航空航天大学、西北工业大学、西安交通大学、上海交通大学等。

2. 高职院校：北京工业职业技术学院、北京交通职业技术学院、天津现代职业技术学院、山西机电职业技术学院、内蒙古交通职业技术学院、吉林工业职业技术学院、河南机电职业技术学院、湖南信息职业技术学院、重庆工程职业学院、青海交通职业技术学院等。

3. 中职学校：长沙汽车工业学校、吉林省工程技术学校、长沙财经学校等。

4. 技工院校：广州市机电技师学院、山东技师学院、湖南工贸技师学院、北京市工贸技师学院、重庆市第二交通技工学校、深圳第二高级技工学校、郑州工业技师学院、青岛市技师学院、聊城市技师学院、广西机电技师学院等。

七、无人机装调检修工的就业创业信息

无人机装调检修工主要分布在华南、华东和华北三个地区，其中华南地区占比 25%，居首位。这三个地区的无人机相关生产企业也相对比较集中，释放了很多无人机装调检修工就业岗位，某种程度上会增加流动性。

吸纳无人机装调检修工就业较多的用人单位主要有：

1. 无人机生产企业：如大疆、纵横、极飞、北方天途航空等。
2. 航拍公司：如中飞航空、鹰眼航拍、中斯航迹、云览世界等。
3. 物流公司：如顺丰、京东物流、中通、韵达等。
4. 植保机构：如汉和航空、数字鹰、天翔航空、广西田园等。

注：以上地区及机构排名不分先后，不代表相关实力排名。

八、无人机装调检修工的职业贯通发展

该职业的发展路径主要有四条：管理路线，即通过实践经验积累晋升到项目经理，甚至向更高的领导职务发展。专家路线，即不断提高技能水平，在本职业领域成为无人机装调检修专家。复合人才路线，即向其他行业跨越或职业转型，根据应用领域不同，发展成为无人机驾驶员、无人机测绘操控员、飞行器设计工程技术人员、飞行器制造工程技术人员等。创业路线，即结合职业技能及个人兴趣爱好，进行无人机制造和服务行业的创新创业。无人机装调检修工的职业贯通如图 1 所示。

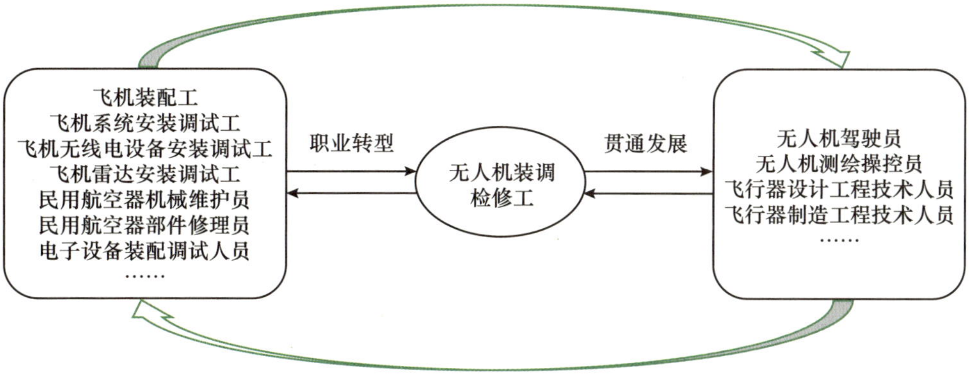

图 1　无人机装调检修工职业贯通发展图

九、无人机装调检修工的发展前景

从市场供需看。随着中国民用无人机在国内外市场的良好发展，市场对无人机生产和售后服务人才的需求越来越大。近年来，中国人工智能技术逐渐完善，推动着无人机行业快速发展。无人机在森林消防、物流运输、测绘勘察、农林植保等行业的应用不断拓展，中国成为无人机行业应用的重要市场。预计未来 5 年对无人机装调检修工的需求量约 350 万人。

从产业发展看。据国际数据公司（IDC）数据分析，2019 年年底，我国无人机年销售量约 196 万架，其中消费级无人机 150 万架，工业级无人机 46 万架。另外，从民航局了解到，开展无人机物流配送试点，注册无人机超过 39.2 万架。由于无人机驾驶员对无人机的熟练程度不够、操作失误等，70% 的新用户会在操纵无人机的第一个月出现摔机现象。可以看出，随着无人机行业技术不断升级，设备保有量的增加和新技术的不断引进给维修行业带来了前所未有的挑战，无论是从技术层面还是从市场层面来看，全行业都要求有高素质、高技能的装调检修人才做支撑。近百万无人机装调检修从业人员职业归属正式登上历史舞台。新职业的发展，不仅对于促进创业就业、推动产业发展意义非凡，更成为世界观察中国的窗口。

从政策红利看。政府和行业主管部门发挥引导作用，2017 年，工业和信息化部印发了《关于促进和规范民用无人机制造业发展的指导意见》，支持有条件的普通高校和职业院校设立无人机相关专业，并鼓励企业引进国内外高层次技术人才。各省市也释放了一系列政策红利，例如，2018 年 4 月，杭州市政府实施新版全日制大专紧缺专业目录，其中无人机专业毕业学生可直接落户。

十、相关内容链接

国家职业标准：扫码即可查看 ☞

相关政策文件：本书附录序号 20、38、56、58、60。

供稿：机械工业教育发展中心　朱爱华

信息安全测试员

职业编码：4-04-04-04

没有网络安全就没有国家安全。随着我国各行各业信息化、网络化、数字化、智能化水平的提高，信息安全问题也越来越受到重视。如何及时发现网络、信息系统中存在的漏洞？如何评估漏洞造成的危害？如何解决网络中的安全隐患以免受黑客的入侵？模拟黑客攻击发现网络中的安全隐患，提出信息安全解决方案，保护绿色、安全的网络世界，信息安全测试员将为此发挥重要作用。

一、信息安全测试员的一天

记录时间：2021 年 12 月 10 日　　**记录人：冯某韬**

上午工作情况

9 点：

1. 查看国内外漏洞发布公开网站，掌握最新漏洞信息。发现“核弹级”高危漏洞 Log4j2 漏洞被公布，爆出大量黑客“野蛮”攻击，威胁全球各大系统。（漏洞信息研究）

2. 上报主办领导，通知客户需要对此信息安全事件开启应急响应，排查对客户业务系统的影响。尽快开始学习该漏洞的攻击方法，编写测试脚本和工具。（漏洞工具研究）

11 点 30 分：

整理客户发来的信息资产清单，梳理可能会受到威胁的业务系统。（信息收集）

下午工作情况

14点：

1. 到客户现场利用编写的批量测试脚本和工具，对客户所有业务系统进行渗透测试，排查业务系统针对该漏洞的安全隐患。（测试实施）

2. 针对渗透测试结果，制定漏洞防护的解决方案，编写渗透测试报告。（测试报告编制）

3. 对存在该漏洞的业务系统，提出了具体的漏洞修复方案，并开展实施。（漏洞修复建议）

17点：

所有业务系统均已修复完毕。经评估，由于修复及时，有效防止客户业务系统服务器被控制，针对高危漏洞的消控工作取得初步成效。

二、什么是信息安全测试员

职业定义。信息安全测试员是从事网络信息安全渗透测试、合规测试、个人信息保护合规管理等工作的人员。

定义解读。在计算机中，用数值、文字、语言和图像等表示的内容都可以被称作信息。信息安全是指保障信息的完整性、机密性、可用性等属性不被破坏。信息安全测试是指利用专业的信息安全技术模拟攻击目标信息系统以便发现存在的安全问题。

关联职业。密切相关的职业有网络与信息安全管理员、信息安全工程技术人员。网络与信息安全管理员承担网络及信息安全管理、防护、监控工作。信息安全工程技术人员承担信息系统安全研究、规划、设计、实施、评估工作。而信息安全测试员的主要工作是从黑客的思维角度对目标系统进行模拟攻击，发现系统存在的漏洞等安全隐患，并有针对性地提出修复方法等。

相应岗位。渗透测试工程师、信息安全测试工程师、安全测试工程师、安全渗透测试工程师。

三、信息安全测试员的主要工作职责

1. 关注最新安全动态，对重大安全事件进行跟踪、分析，对安全领域的新技术、新方法进行研究。

2. 负责安全服务项目实施，包括安全基线检查、漏洞扫描、渗透测试、重保时期安全保障等工作。

3. 负责提供网络安全攻防技术培训演练及应急响应工作，建立应急响应机制，及时处理安全事件。

4. 负责安全渗透测试、源码审计、产品威胁建模安全分析等，参与产品的安全活动。

5. 负责制定加固方案及跟踪加固进度，协助运维开展安全加固工作等。

6. 负责撰写安全测试报告，针对安全性问题提出具体的解决方案。

四、信息安全测试员的薪酬福利待遇

平均薪酬水平。职友集 2021 年公开数据显示，我国信息安全测试员的平均月薪为 16600 元，但在不同行业、不同地区差异较大：在金融行业约为 11000 元，在计算机软件行业约为 9200 元，在家具行业约为 7900 元；在深圳约为 21700 元，在杭州约为 19600 元，在广州约为 12800 元。全国平均月薪范围在 4500~50000 元。

与类似职业对比。职友集 2021 年 12 月公开数据显示，在上海地区，该职业的薪酬一般都要高于网络安全管理员、信息安全管理员、软件测试人员等的薪酬，和网络安全运维人员的薪酬基本相当，见表 1。

表 1　类似职业薪酬水平

职业名称	薪酬水平（元 / 月）
信息安全测试员	4500~50000
网络安全管理员	6000~30000
信息安全管理员	6000~10000

续表

职业名称	薪酬水平（元 / 月）
软件测试人员	3000~30000
网络安全运维人员	4500~50000

五、从事信息安全测试员工作需要哪些本领

该职业从业人员需具备的知识和技能有：信息安全前沿技术研究、漏洞测试、渗透测试、网络安全修复防护、培训指导能力等。核心技能是渗透测试、网络安全修复防护。

根据《信息安全测试员（渗透测试员）国家职业技能标准》，该职业需具备的知识和技能见表 2。

表 2　信息安全测试员需具备的知识和技能

职业功能	工作内容	知识和技能要求
安全研究	漏洞信息研究	能研究漏洞影响范围，编写漏洞预警报告 熟悉漏洞防护方法，能判断漏洞的补丁或临时解决方案对漏洞防范的有效性
	漏洞工具研究	能分析漏洞信息并编写漏洞触发代码 根据漏洞触发代码，编写漏洞测试工具
	漏洞发现	能发现未知漏洞 能对发现的未知漏洞进行评估，编写漏洞说明材料
脆弱性测试	信息收集	能编写信息收集工具 能更新迭代信息收集工具
	测试实施	能结合测试场景制定测试工具的使用策略 能编写测试工具 能根据压力测试结果，给出针对性的系统优化方案
渗透测试	隐患处置	熟悉恶意程序发现方法，能发现系统内隐藏的恶意程序 熟悉恶意程序分析处置和溯源方法，能对系统内隐藏的恶意程序进行分析、处置或溯源

续表

职业功能	工作内容	知识和技能要求
渗透测试	测试管理	掌握测试异常情况区分标准，能评估信息系统异常情况类型和级别等指标 熟悉测试突发情况处理方法，能制定测试工作应急预案，解决异常问题 能审定、优化安全测试技术指南 能审定、优化实施计划
修复防护	测试报告编制	掌握测试报告审定、优化方法，能审定、优化测试报告 能审定、优化测试报告模板
	漏洞修复建议	熟悉安全防护、安全检测标准 掌握系统整体安全优化方法 能对测试对象给出具体修复建议 能对整体信息系统给出安全优化建议
培训与指导	培训实施	能对培训需求进行分析 能编制培训规划 能组织编写本职业培训教材、讲义、教案 能进行本职业培训宣讲
	技术指导	能对本职业各级别人员技能进行指导 能对本职业各级别人员技能水平进行考核 能组织开展技术革新活动

六、信息安全测试员的专业教育现状

（一）相关专业

目前已有较多院校开设了与该职业相关的专业，涉及本科院校、高职院校及中职学校等。本科院校专业有网络空间安全、信息安全等。高职院校专业有信息安全技术应用、密码技术应用、信息安全与管理。中职学校专业有网络信息安全等。

（二）开设相关专业的院校（排名不分先后）

1. 本科院校：武汉大学、清华大学、华中科技大学、西安电子科技大学、北京电子科技大学、电子科技大学、重庆邮电大学、上海交通大学、黑龙江大学、山东大学等。

2. 高职院校：重庆电子工程职业学院、北京信息职业技术学院、西安信息职业大学、常州信息职业技术学院、深圳信息职业技术学院、深圳职业技术学院、上海电子信息职业技术学院、南京信息职业技术学院、新疆农业职业技术学院、天津电子信息职业技术学院等。

3. 中职学校：武汉市东西湖职业技术学校、江苏省相城中等专业学校、山东省淄博市工业学校、余姚市第四职业技术学校、广州市信息工程职业学校、太原市财贸学校、合肥工业学校、长沙高新技术工程学校、北京市信息管理学校、河南省工业科技学校等。

七、信息安全测试员的就业创业信息

工业和信息化部人才交流中心、工业和信息化部网络安全产业发展中心共同发布的《2021 网络安全产业人才发展报告》显示，从地域上看，北京、深圳、杭州、上海对信息安全测试员的需求量占比最大，其次是成都、南京、西安、武汉、广州、济南。从行业上看，信息技术、互联网行业对信息安全测试员人才需求量占比最大，其次是电信和专业服务行业，教育行业需求最少。

吸纳信息安全测试员就业较多的用人单位主要有：

1. 信息安全产品厂商：如北京奇虎科技、北京天融信网络安全、北京神州绿盟科技、深信服、北京启明星辰、亚信安全科技等。

2. 信息安全服务商：如杭州安恒信息、奇安信科技、北京知道创宇、北京安信天行。

3. 等保测评和风险评估机构：如公安部信息安全等级保护评估中心、国家信息技术安全研究中心、中国信息安全测评中心、北京信息安全测评中心等。

4. 互联网公司：如字节跳动、腾讯、百度等。

5. 政府 / 事业单位：如各级网安总队、支队等。

注：以上地区及机构排名不分先后，不代表相关实力排名。

八、信息安全测试员的职业贯通发展

该职业的发展路径主要有四条：管理路线，即从员工晋升到主管 / 单位中层，再晋升到经理 / 单位领导层，甚至往更高的高级领导职务发展。专家路线，即持续提高技能水平，从信息安全测试员不断晋升到信息安全高级工程师，成为信息安全领域专家。复合人才路线，即向其他行业跨越或职业转型，如通过学习相关知识和技能转型为信息安全工程师、等保测评工程师、政府行政主管等，与专业技术岗位横向贯通。创业路线，即基于个人兴趣爱好进行创新创业，选择方向有区块链创业、互联网公司、安全服务公司等。信息安全测试员的职业贯通发展如图 1 所示。

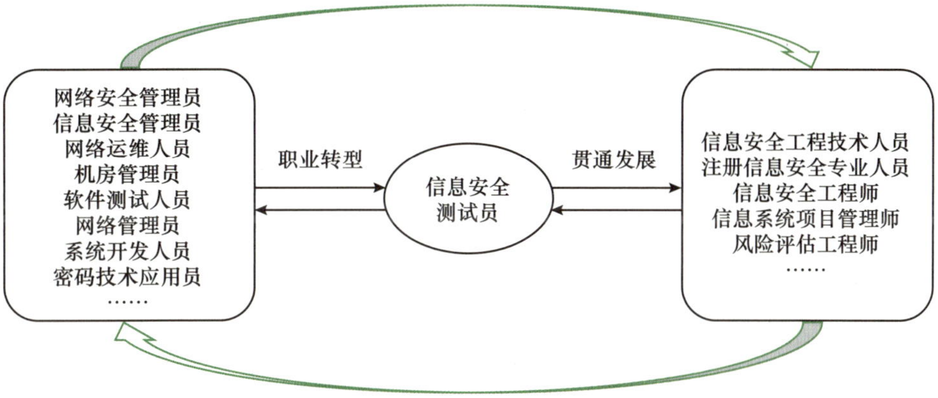

图 1　信息安全测试员职业贯通发展图

九、信息安全测试员的发展前景

从市场供需看。《2021 网络安全产业人才发展报告》的数据显示，长期以来信息安全人才市场一直处于供不应求的状态，预估目前我国信息安全专业人才累计缺口在 140 万以上，而每年网络安全相关专业的高校毕业生规模仅 2 万余人。由此可见，我国信息安全人才供给存在青黄不接的情况，人才缺口较大。企业对信息安全测试员人才的需求逐渐升温，2021 年上半年增幅高达 39.87%，反映了网络安全在各行业的渗透率全面提高，在人才需求结构中的重要性显著上升。

从产业发展看。中国信息通信研究院发布的《中国网络安全生产业白皮书

（2020 年）》显示，2020 年网络安全产业规模约为 1702 亿元。信息安全产业作为网络安全产业重要组成日益增强。调研数据显示，2020 年信息安全产业规模大概 356 亿元，还有很大的发展空间。预计未来 5 年，我国信息安全产业规模的复合增长率在 15% 左右。工业信息安全产业发展联盟发布的《中国工业信息安全产业发展白皮书（2020—2021）》指出，2020 年我国工业信息安全产业规模在新冠肺炎疫情背景下逆势上扬，达 126.69 亿元，增长率为 27.02%。预计 2021 年我国工业信息安全产业规模将增长至 167.01 亿元，增长率将达 31.90%。2021 年 7 月 12 日，工业和信息化部公开的《网络安全产业高质量发展三年行动计划（2021—2023 年）（征求意见稿）》中指出，到 2023 年，我国信息安全产业规模超过 2500 亿元，年复合增长率超过 15%。

从政策红利看。工业和信息化部《网络安全产业高质量发展三年行动计划（2021—2023 年）（征求意见稿）》中指出，要建成一批网络安全人才实训基地、公共服务平台和实训靶场，创新型、技能型、实战型人才培养力度显著加大，多层次网络安全人才培养体系更加健全，网络安全人才规模质量不断提高，推动开展网络安全人才能力评价。《武汉市人民政府关于支持国家网络安全人才与创新基地发展若干政策的通知》中指出，将网络安全基地建设纳入全市系统推进全面创新改革试验重点工作，优先享受市级各项优惠政策（包括武汉东湖国家自主创新示范区“一区多园”“创谷”政策），支持网络安全基地在人才培养、技术创新、产业发展、财税金融等方面先行先试、探索经验、做出示范。

十、相关内容链接

国家职业标准：扫码即可查看 ☞

相关政策文件：本书附录序号 74。

供稿：重庆电子工程职业学院　武春岭

虚拟现实工程技术人员

职业编码：2-02-38-07

科幻神作《头号玩家》中关于未来生活的场景，让不少观众神往——任何人通过传感器即可生活在线上游戏《绿洲》的世界中。现如今，随着虚拟现实技术（virtual reality，VR）的发展，《绿洲》正在我们的生活中逐渐实现，VR 游戏、VR 旅游、VR 看房、VR 科普展馆、VR 教育等在现实生活中逐步普及。那么《绿洲》中的虚拟场景是如何创设的？如何利用传感器实现人机交互？如何打造身临其境般的沉浸式体验？这背后，离不开虚拟现实工程技术人员提供的技术支撑。

一、虚拟现实工程技术人员的一天

记录时间：2021 年 11 月 22 日　　　　记录人：江某龙

上午工作情况

8 点：

1. 工作小组讨论虚拟项目，汇报项目的工作进度和遇到的难点。（项目讨论）

2. 和产品经理沟通项目细节，了解用户操作方式和虚拟呈现内容。（产品策划）

3. 撰写本阶段虚拟项目功能目标、效果和技术路线文档。（脚本撰写）

4. 根据本阶段内容规划，组内成员进行任务分配。（研发任务分配）

11 点：

1. 和 UI 设计师沟通虚拟项目软件系统界面设计内容和设计效果。（界面

设计）

2. 和美工沟通虚拟场景模型情况，如效果是否逼真、运行是否流畅。（场景优化）

下午工作情况

13 点：

1. 编辑框架功能，如用户登录、场景切换、痕迹记录、资源调用等。（程序编译）

2. 编辑交互功能，如用户漫游、视角控制、虚拟操作、虚拟响应等。（程序编译）

3. 组内成员功能联调，实现虚拟空间整体功能运行顺畅。（测试与反馈）

16 点：

1. 对虚拟系统进行软件整体发布和测试。（测试与反馈）

2. 虚拟系统文档编写，培训方案设计。（系统维护）

二、什么是虚拟现实工程技术人员

职业定义。虚拟现实工程技术人员是指使用虚拟现实引擎及相关工具，进行虚拟现实产品的策划、设计、编码、测试、维护和服务的工程技术人员。

定义解读。虚拟现实是指利用计算机创建的一种可以体验虚拟世界的仿真系统。工程是指个人或团体为完成某项任务，在一段时间内进行单独或协作活动的过程。技术人员是指以特定的专业技术从事相应技术工作的人。

关联职业。密切相关的职业有计算机软件技术人员与计算机系统分析技术人员。计算机软件技术人员是利用编程技术，开展计算机软件研究、设计、开发、测试、集成、维护和管理等工作的人。计算机系统分析技术人员是从应用的角度，为客户信息处理、数据库建立等方面提出解决方案的人。而虚拟现实工程技术人员主要针对虚拟现实产品开展编程、建模渲染技能、动画交互设计、软硬件设备或平台搭建等工作。

相应岗位。产品经理、架构师、UI 设计师、前端开发工程师、后端开发工程师、测试工程师、运维工程师、大数据开发工程师等。

三、虚拟现实工程技术人员的主要工作职责

1. 负责 VR 软件系统关键技术研发，包括 VR 引擎、图形算法、应用插件、

产品基础框架、通用组件、硬件接口等。

2. 负责 VR 硬件系统关键技术研发，包括建模设备、视觉设备、音响设备、交互设备等。

3. 负责 VR 系统或产品程序开发，包括模型建构、产品策划、贴图渲染、交互设计、程序编译、界面设计等。

5. 负责 VR 系统测试，理解产品需求，深入了解用户场景，编写测试计划，对产品质量严格把关。

6. 负责 VR 系统优化，编写缺陷报告，跟踪缺陷修复情况，对程序进行调试修改及优化，直至产品质量改善。

7. 负责 VR 系统维护，撰写相关功能开发说明文档，完善相关制作规范文档。

8. 负责用户使用手册编写，开展 VR 系统操作培训。

9. 负责制订培训计划，对研发部门进行技术培训。

四、虚拟现实工程技术人员的薪酬福利待遇

平均薪酬水平。据国家统计局发布的 2020 年各行业平均工资信息，信息传输、软件和信息技术服务行业年平均工资增长速度在全部的 19 个行业中排在第 3 位。分行业分岗位看，虚拟现实工程技术人员属于专业技术人员，年平均工资为 199228 元。分区域看，一线和经济发展较快的城市如北京、上海、杭州、深圳等城市的薪酬为 6500~23000 元 / 月，其薪酬水平高于其他城市（如合肥为 5000~12000 元 / 月，武汉为 6000~10000 元 / 月）。

与类似职业对比。据智联招聘网 2021 年 11 月数据，在北京地区，该职业的薪酬与游戏开发工程师、交互设计师、UI 设计师等的薪酬相当，略高于三维建模师的薪酬，低于高级 3D 游戏特效师的薪酬，见表 1。

表 1　类似职业薪酬水平

职业名称	薪酬水平（元 / 月）
虚拟现实工程技术人员	6500~23000
高级 3D 游戏特效师	15000~40000

续表

职业名称	薪酬水平（元/月）
游戏开发工程师	8000~35000
交互设计师	8000~30000
UI 设计师	8000~15000
三维建模师	7000~10000

五、从事虚拟现实工程技术人员工作需要哪些本领

该职业从业人员需具备的知识和技能有：3D 模型制作、虚拟场景创设、软件界面设计、软件开发与测试、系统集成等。核心技能是创造与表达。

根据《虚拟现实工程技术人员国家职业技术技能标准》，该职业需具备的知识、技能和技术见表 2。

表 2　虚拟现实工程技术人员需具备的知识、技能和技术

职业功能	工作内容	知识、技能和技术要求
搭建虚拟现实系统	搭建硬件系统	能操作、测试、维护、排查虚拟现实硬件系统
	部署软件系统	能规划、升级、优化软件部署
开发虚拟现实应用	开发应用程序	能设计、优化软件架构，能制作软件工程模板、编程规范、虚拟现实引擎与编辑器
	测试应用	能制定软件测试计划，协调测试资源，进行系统性能优化测试
	与第三方系统的数据交互	能通过常用通信接口与第三方系统通信，制定通信协议
设计虚拟现实内容	采集数据	能编辑原始数据，采集全景数据和数字角色数据
	制作三维模型	能制作各类三维模型、LOD 模型，能规划三维模型资产制作流程方案与规范标准

续表

职业功能	工作内容	知识、技能和技术要求
设计虚拟现实内容	制作材质	能制作水面材质、次表面散色材质与自发光属性材质
	处理图像	能调整、编辑贴图，加工三维渲染图片，制作 VR 项目宣传图片
	创建与渲染场景	能搭建、编辑各种虚拟场景，优化美术资源，制作复杂材质资源
	制作特效	能使用 VR 引擎及相关工具模拟火焰、液体、物理属性、天气现象等特效
	设计用户界面	能设计静态与动态交互界面，根据用户习惯制订相关用户界面方案
	制作动画	能分割、调用动画文件，获取三维数据并驱动动画以及规划项目动画方案
优化虚拟现实效果	视觉表现	能制定模型、材质等素材的原型设计方案，实现底层渲染管线搭建
	优化性能	能制定美术内容制作指南和工作流程
管理虚拟现实项目	对接项目需求	能挖掘行业普遍需求，引导客户需求，建立目标市场分析模型，协助市场策略制定
	设计解决方案	能针对项目需求提出针对性设计解决方案
	管理项目进程	能整体管控项目进度与质量，识别并处理各种突发状况
	指导与培训	能制定技术人员培训方案，编写培训文档，开展专业能力指导培训

六、虚拟现实工程技术人员的专业教育现状

（一）相关专业

目前已有较多院校开设了与该职业相关的专业，涉及本科院校、高职院校及

中职学校等。本科院校专业有虚拟现实技术专业、计算机科学与技术专业、软件工程专业、数字媒体技术专业等。职业院校专业有虚拟现实应用专业、计算机应用技术专业、动漫设计与制作专业等。

（二）开设相关专业的院校（排名不分先后）

1. 本科院校：浙江大学、北京航空航天大学、河北工程技术学院、山西传媒学院、哈尔滨信息工程学院、华东交通大学、云南经济管理学院、青岛农业大学海都学院、湖北理工学院、江西财经大学等。

2. 高职院校：浙江机电职业技术学院、郑州铁路职业技术学院、山东理工职业学院、首钢工学院、天津滨海职业学院、内蒙古电子信息职业技术学院、福建船政交通职业学院、许昌职业技术学院、常州信息职业技术学院、天津轻工职业技术学院等。

3. 中职学校：杭州市闲林职业高级中学、平湖市职业中等专业学校、天津市北辰区中等职业技术学校、北京市昌平职业学校、石家庄工程技术学校、武汉市新洲高级职业中学、吉林机电工程学校、上海信息技术学校、株洲市工业中等专业学校、江门市第一职业高级中学等。

七、虚拟现实工程技术人员的就业创业信息

该职业从业人员主要分布在北京、上海、广州、深圳等一线城市，以及经济发展较快或人口较多的城市，如南京、杭州、成都、武汉等。

吸纳虚拟现实工程技术人员就业较多的用人单位主要有：

1. 游戏领域：如广州玖的数码、北京乐客灵境、上海奥嘉信息、三七互娱网络科技、第一摩码娱乐科技、成都飓风地带、北京开心互娱、北京庞际网络等。

2. 影视领域：如浙江华策影视、华谊兄弟传媒、北京华录百纳、阿里巴巴影业、博纳影业、北京光线传媒、中国电影集团等。

3. 文旅领域：如中国动漫、北京当红齐天、泰豪创意科技、红色地标（北京）文化、北京为快科技、深圳市掌网科技等。

4. 教育领域：如杭州万维镜像、北京东方仿真软件、西安三好软件、苏州敏行医学信息、上海景格科技、深圳市中视典数字等。

5. 硬件领域：如珠海全志科技、瑞芯微电子、北京诺亦腾科技、上海曼恒数字技术、深圳天马微电子、中颖电子、舜宇光学科技等。

注：以上地区及机构排名不分先后，不代表相关实力排名。

八、虚拟现实工程技术人员的职业贯通发展

该职业的发展路径主要有四条：管理路线，即从员工晋升到主管 / 单位中层，再晋升到经理 / 单位领导层，甚至往更高的高级领导职务发展。专家路线，即不断提高技能水平，在职业等级上不断晋升，成为虚拟现实领域专家。复合人才路线，即向其他行业跨越或职业转型，如通过学习相关知识和技能转型为通信工程技术人员、计算机软件技术人员、安全工程技术人员等，与专业技术岗位横向贯通。创业路线，即基于个人兴趣爱好进行创新创业。虚拟现实工程技术人员的职业贯通发展如图 1 所示。

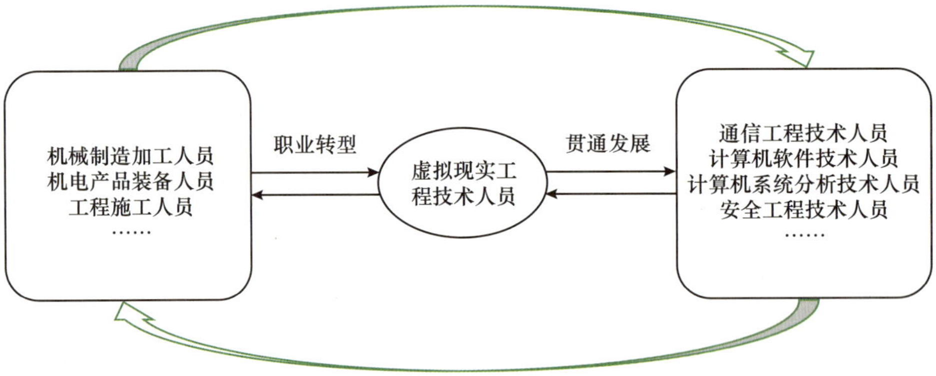

图 1　虚拟现实工程技术人员职业贯通发展图

九、虚拟现实工程技术人员的发展前景

从市场供需看。我国虚拟现实技术人员存在巨大的人才缺口，根据中国电子信息产业发展研究院等发布的《虚拟现实产业发展白皮书（2021 年）》，虚拟现实技术正加速赋能工业制造、医疗健康、文化娱乐、教育培训等千行百业，催生出数字经济新业态、新模式。根据普华永道会计师事务所于 2019 年 11 月发布的报告，至 2030 年，我国对 VR/AR 人才的岗位需求将达到 682.26 万个。

从产业发展看。随着全社会对 VR 技术的关注度和理解力不断提高，以及 VR 与人工智能、5G、物联网、大数据等前沿技术不断融合，VR 产业应用将得到更大助力，催生新的业务和生态。中国互联网协会发布的《中国互联网发展报告（2021）》显示，我国虚拟现实市场规模高速增长。2020 年，我国虚拟现实/增强现实市场规模约为 300 亿元，VR 市场规模约为 230 亿元，市场占比约为 80%。国际数据公司（IDC）等机构统计，2020 年全球虚拟现实市场规模约为 900 亿元人民币，预计 2020—2024 年 5 年期间全球虚拟现实产业规模年均增长率将达到 54%。

从政策红利看。2020 年 2 月人力资源社会保障部、财政部联合发布《关于实施职业技能提升行动“互联网 + 职业技能培训计划”的通知》后，各省市释放了一系列政策红利。如苏州将虚拟现实工程技术人员纳入职业培训补贴中，最高可获补贴 3000 元/人；此外，按规定完成虚拟现实工程技术人员项目制培训并考核合格的，按 30 元/（课时·人）的标准给予项目承训机构培训补贴。

十、相关内容链接

国家职业标准：扫码即可查看 ☞

相关政策文件：本书附录序号 42。

供稿：杭州万维镜像科技有限公司　潘常春

云计算工程技术人员

职业编码：2-02-38-04

在现代社会，共享经济模式已深入人心。云计算是一种基于资源共享、按需使用理念组织的商用服务，它将计算资源集合起来组成“云”，通常只需要几分钟就可以灵活地满足不同规模的用户计算需求，完成资源的多方供给和各取所需。在云计算中，计算能力作为一种商品，能够像水、电、煤气一样，在互联网上自由流通，方便按需取用。因相对低廉的价格和易于获取等特点，越来越多的企业将数字化系统搬到“云”上。通过“云”将巨大的数据计算处理程序分解成无数个小任务，通过多部服务器组成的系统处理和分析这些小任务，得到结果并返回给用户，为大数据、物联网、人工智能、区块链等新职业的发展提供了有力支撑。在这个过程中，云计算工程技术人员掌握了数字世界的通行证，正在广阔的舞台上大显身手。

一、云计算工程技术人员的一天

记录时间：2021 年 10 月 10 日 **记录人：张某平**

上午工作情况

9 点：

1. 接到新需求：备战“双 11”。购物节高峰时段系统可靠性分析。（需求分析）

2. 输出系统扩容、监控、容灾方案。（规划设计）

3. 开发监控、系统扩容、容灾需要的脚本和工具。（开发）

4. 搭建测试环境、验证扩容、监控和容灾方案。（系统搭建，方案验证）

11 点：

1. 收到现网系统告警的短信：磁盘使用率超过阈值，需要处理。（运维监控）

2. 提交事件处理工单，进行磁盘清理或扩容。（事件处理）

下午工作情况

14 点：

1. 接待客户，提供云服务方案和技术咨询。（客户咨询）

2. 提交“双 11”系统可靠性提升实施方案评审，涉及技术规范和接口评审。（技术评审）

16 点：

1. 提交变更申请，启动实施可靠性提升变更电子流。（系统变更申请）

2. 变更申请审批通过，将变更走到待实施环境，电子流将在规定的时间自动执行变更任务并在变更后自动验证业务是否正常。（变更自动化实施）

3. 变更后，人工再次确认业务是否正常。（测试验证）

二、什么是云计算工程技术人员

职业定义。云计算工程技术人员是从事云计算技术研究，云系统构建、部署、运维，云资源管理、应用和服务的工程技术人员。

定义解读。云计算是分布式计算技术的一种，是指通过网络将庞大的计算处理程序自动分拆成无数个较小的子程序，再交由多部服务器所组成的庞大系统经搜寻、计算分析之后将处理结果回传给用户。

关联职业。密切相关的职业有大数据工程技术人员、人工智能工程技术人员。云计算工程技术人员面向云产品的开发和应用，使用云资源代替传统基础设施。大数据工程技术人员面向种类多、体积大、价值密度高的数据，关注数据的存储、分析和处理。人工智能工程技术人员面向大数据，专注于从数据中学习模型，以达到预测未来的目的。

相应岗位。云产品销售工程师、云产品经理、云计算数据分析工程师、云计算软件工程师、云服务开发工程师、云计算交付工程师、云计算运维工程师、云计算系统管理员等。

三、云计算工程技术人员的主要工作职责

1. 负责云计算平台搭建，包括云计算平台硬件、软件、机房的方案规划和

实施。

2. 参与云计算平台开发，包括云计算平台客户端、服务端以及管理面的相关功能开发。

3. 负责云计算平台运维，包括云计算平台的日常管理维护工作，设计容灾机制，提高可靠性。

4. 负责云应用开发，包括云上构筑相关应用，完成前后端的开发。

5. 基于 service-on-service 方式构筑云计算平台，包括计算、网络、存储等云服务、云计算平台。

6. 负责云安全管理，包括端侧设备、云侧设备、端云协同系统。

7. 提供云产品技术支持，包括售前客户咨询，提供方案和技术支持。

云计算工程技术人员工作职责如图 1 所示。

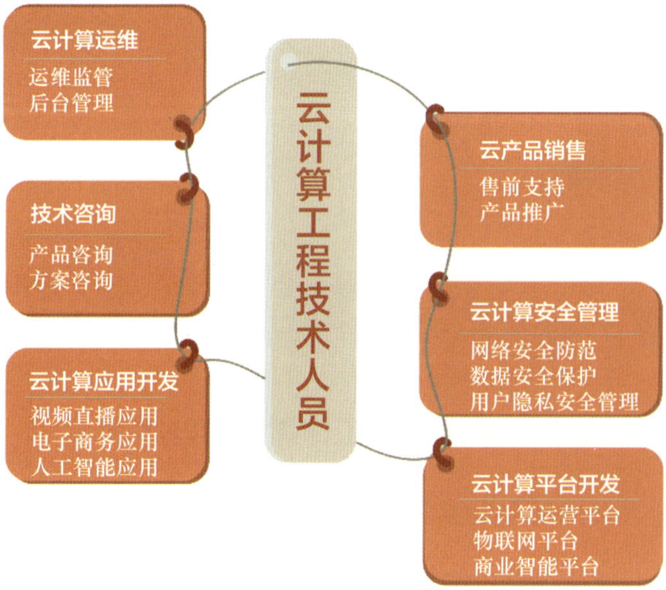

图 1　云计算工程技术人员工作职责

四、云计算工程技术人员的薪酬福利待遇

平均薪酬水平。云计算工程技术人员的薪资由月薪和奖金两部分组成。月薪

取决于个人能力、工作经验，并受工作所在地和公司性质影响。人力资源社会保障部网站 2020 年 4 月发布的《新职业——云计算工程技术人员就业景气现状分析报告》指出：云计算领域细分岗位月均薪酬分布中，月均薪酬在 10000 元以上的占比高达 93%，30000 元以上的占比 34%，反映了云计算专业技术人才庞大的市场缺口和很强的职业竞争力。除了月薪之外，云计算工程技术人员的奖金收入受工作量和绩效影响显著。云计算工程技术人员的年薪分布在 30 万 ~100 万元。

与类似职业对比。智联招聘网 2021 年 10 月数据显示，在北京地区，该职业的薪酬一般要高于传统的工程技术人员的薪酬，如计算机网络管理员、网络信息管理员、通信网络管理员等，见表 1。

表 1　类似职业薪酬水平

职业名称	薪酬水平（元 / 月）
云计算工程技术人员	25000~83000
计算机网络管理员	4500~10000
网络信息管理员	4500~10000
通信网络管理员	4500~10000
计算机软件产品检验员	4500~10000

五、从事云计算工程技术人员工作需要哪些本领

该职业从业人员需具备的知识和技能有：在云计算平台搭建、开发、运维、应用和管理等方面的相关知识和技能，涉及软件工程、计算机语言、网络、操作系统、数据库等多学科的知识。核心是应具备较强的工程应用能力。

根据《云计算工程技术人员国家职业技术技能标准》，该职业需具备的知识和技能见表 2。

表 2　云计算工程技术人员需具备的知识和技能

职业功能	工作内容	知识和技能要求
云计算平台搭建	硬件系统搭建	能根据机房环境和配置清单，制订工程实施方案和组网规划方案；能根据硬件设备条件，进行服务器底层及驱动配置
	软件系统部署	掌握软件工程相关知识，熟悉规划系统部署方案；掌握管理操作，并能完成步骤分解。使用自动化部署脚本，部署任务被部署服务接收，发给云主机执行
	机房管理	掌握安全防护相关知识，能制订机房巡检要求与规范，能制订机房巡检计划及安排维护人员
云计算平台开发	云计算平台服务端开发	能根据云计算平台服务需求，开发核心组件功能
	云计算平台底层开发	能基于操作系统、容器、分布式数据库等底层组件完成相关开发和优化任务
云计算平台运维	云计算平台管理	能根据云计算平台使用的需求变化，扩容云计算平台；能根据业务需求与实际情况，完成存储、计算、管理等业务网络分离
	云系统运维	能编写脚本对集群软硬件、组件与服务、作业运行情况进行监控及管理操作；能对集群的运行性能、读写性能等指标进行调优；能编写、测试并优化自动化部署、运维、监控脚本
	云系统灾备	能部署高可用云计算平台集群和分布式集群存储系统；能定时检查云计算平台服务，对异常服务器进行故障排除或数据迁移；能完成云计算数据备份
云应用开发	云应用前端开发	能根据功能开发需求，对接云计算平台 API，完成前端功能开发
	云应用后端开发	能根据业务功能需求，开发云计算平台复杂功能；能开发接口，优化接口调用效率；能根据云应用故障，定位问题代码，修复应用漏洞；能优化后端代码，完善功能

续表

职业功能	工作内容	知识和技能要求
云计算平台应用	云计算平台计算服务应用	能制作定制化镜像；能完成云服务器弹性伸缩服务；能完成云服务应用部署
	云计算平台存储服务应用	能提供分布式存储服务；能提供云硬盘与云硬盘备份服务；能提供文件存储服务
	云计算平台网络服务应用	能根据安全防护需求，提供防火墙服务；能根据业务访问需求，提供负载均衡服务；能根据业务通信需求，提供 VPN 服务
	云计算平台容器服务应用	能制订容器服务方案；能制订并更新容器镜像仓库服务方案；能制订自动化部署方案
云安全管理	云计算平台设备安全管理	能配置身份认证、加密口令等设备访问权限；能根据网络安全管理需求，规划服务器网络连接，完成网络隔离与业务分离；能对硬件设备进行安全性测试
	云计算平台系统安全管理	能对接入系统的用户进行安全审查；能检测并修复系统安全漏洞；能建立系统安全审计日志，检测并跟踪入侵攻击事件；能对传输系统中的数据进行安全加密
	云服务安全管理	能防护应用层的 DDoS 攻击；能进行数据库审计、检测 SQL 注入攻击；能完成容器的全生命周期安全防护；能排查并解决云服务的网络安全隐患
云技术服务	技术咨询服务	能收集目标市场信息，分析行业需求；能配合销售团队宣讲产品和解决方案；能提供技术方案咨询服务；能参与项目架构设计并提出参考建议
	解决方案设计	能根据项目需求编写项目解决方案；能完成产品调研，讲解产品特性；能结合业务情况主导项目交付
	指导与培训	能制订相关从业人员培训计划；能开发培训资源；能对相关从业人员进行专业能力培训

六、云计算工程技术人员的专业教育现状

（一）相关专业

目前已有较多院校开设了与该职业相关的专业，涉及本科院校、高职院校及

中职学校等。本科院校专业有计算机科学与技术、软件工程、电子信息工程等。职业院校专业有软件技术、大数据技术、计算机应用等。

（二）开设相关专业的院校（排名不分先后）

1. 本科院校：清华大学、北京大学、北京航空航天大学、哈尔滨工业大学、上海交通大学、南京大学、华中科技大学、西安交通大学、浙江大学、深圳大学等。

2. 高职院校：深圳信息职业技术学院、常州信息职业技术学院、深圳职业技术学院、河北软件职业技术学院、天津电子信息职业技术学院、山东商业职业技术学院、武汉软件工程职业学院、长沙民政职业技术学院、南京工业职业技术学院、新疆农业职业技术学院等。

3. 中职学校：华强职业技术学校、北京市昌平职业学校、铜陵市理工学校、哈尔滨轻工业学校、南宫市职教中心、湖北信息工程学校、重庆工商学校、湖北信息工程学校、福建工业学校、广西理工职业技术学校等。

七、云计算工程技术人员的就业创业信息

该职业的从业人员主要集中在北京、上海、广州、深圳等一线城市以及经济发展较快或人口较多的省市，如江苏、浙江和成都等。

吸纳云计算工程技术人员就业较多的用人单位主要有：

1. 互联网公司：如阿里巴巴、腾讯云、字节跳动、京东、小米等。

2. 电信运营商：如中国电信云公司、中国移动、中国联通等。

3. IT 公司：如华为、深信服、新华三集团、海康威视等。

4. 金融公司：如东方基金、华西证券、南方基金、华泰证券等。

5. 汽车制造、保险、科研单位等：如中国平安、长安汽车、集度汽车、中科院计算所、紫金山实验室等。

注：以上地区及机构排名不分先后，不代表相关实力排名。

八、云计算工程技术人员的职业贯通发展

该职业的发展路径主要有四条：管理路线，即从普通员工晋升到主管 / 单位

中层，再晋升到经理 / 单位领导层，甚至往更高的领导职务发展。专家路线，即不断提高技能水平，在职业等级上不断晋升，成为云计算领域专家。复合人才路线，即向其他行业跨越或职业转型，如通过学习相关知识和技能转型为大数据工程技术人员、人工智能工程技术人员、物联网工程技术人员等，与专业技术岗位横向贯通。创业路线，即基于个人兴趣爱好进行创新创业。云计算工程技术人员的职业贯通发展如图 2 所示。

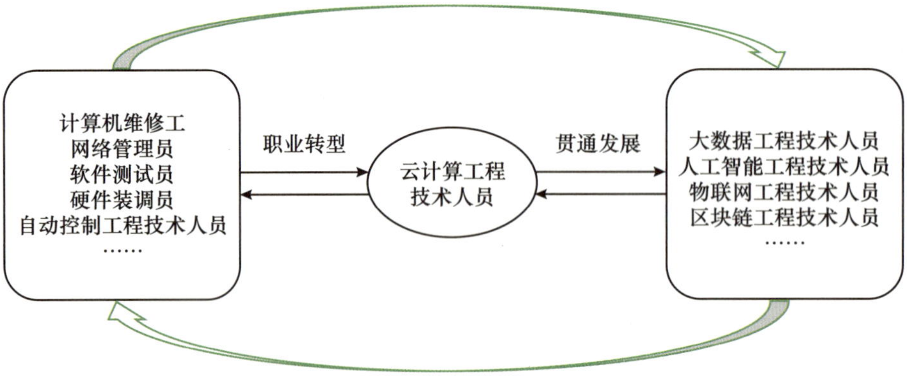

图 2　云计算工程技术人员职业贯通发展图

九、云计算工程技术人员的发展前景

从市场供需看。根据 2020 年 7 月人力资源社会保障部中国就业培训技术指导中心联合阿里钉钉发布的《新职业在线学习平台发展报告》，未来 5 年内，我国云计算产业将面临高达近 150 万的人才缺口。自新冠肺炎疫情暴发以来，各行各业都意识到云计算的重要性，云计算正加快应用落地的进程，在政府、金融、教育、互联网、交通、物流等不同行业实现快速发展。无论公司大小，都在加紧布局云计算。

从产业发展看。中国云计算行业一直保持稳定增长状态，而随着新基建、数据化进程的推进，云计算行业得到了新的发展动能。艾媒咨询数据显示，2020 年中国云计算市场规模达到 1776.4 亿元，2021 年有望增至 2330.6 亿元。传统型企业、互联网企业的业务边界被打破的同时，传统型企业和私有云、互联网企业与公有云之间的紧密关系也随之被打破，混合云成为大势所趋。艾媒咨询数据显示，

2020 年全球企业集中布局混合云领域，布局企业高达 87%。

从政策红利看。近年来，国务院、工业和信息化部、国家发展和改革委员会等提出推动中小企业业务向云端迁移、实现百万家企业上云以及《云计算发展三年行动计划（2017—2019 年）》等规划，计划云计算服务能力达到国际先进水平，云计算在制造、政务等领域的应用水平显著提升。中国人民银行则提出《中国金融业信息技术“十三五”发展规划》《金融科技（FinTech）发展规划（2019—2021 年）》等规划，加快云计算金融应用规范落地实施。

十、相关内容链接

国家职业标准：扫码即可查看 ☞

相关政策文件：本书附录序号 37、48、55。

供稿：深圳信息职业技术学院　王寅峰

增材制造设备操作员

职业编码：6-18-01-13

你能想象早上闻着 3D 打印的比萨香味醒来，身穿 3D 打印智能衣服，脚蹬 3D 个性定制鞋子的场景吗？3D 打印是增材制造的一种通俗叫法，主要是指以数字模型文件为基础，运用可黏合材料逐层打印快速构造物体的技术。增材制造已经与我们的生活息息相关，但增材制造技术能做什么？增材制造设备操作员需要哪些技术？如何服务于我们的生活？解决此类问题，能更加满足我们对美好生活的追求。

一、增材制造设备操作员的一天

记录时间：2021 年 5 月 18 日 **记录人：张某琪**

上午工作情况

8 点：

1. 到公司，查看增材制造设备的运行状态及工件制作进度。（查看运行）
2. 使用模型铲等工具，取出打印好的制件。（操作设备）
3. 清理、维护设备，添加打印材料。（设备维护）
4. 操作设备，调出打印程序，进行打印制件操作。（制件）
5. 制件后处理，清洗、去支撑、固化、表面处理等。（工件后处理）
6. 测试工件是否合格，修补缺陷。（工件检测）

下午工作情况

14点：

1. 查看邮件，承接订单。（承接订单）
2. 下载客户模型进行分析或设计模型。（模型预处理）
3. 跟客户进行沟通，确认模型是否可以制作或设计要求确认。（确认订单）
4. 3D打印切片处理，为3D打印制件做准备。（制件预处理）

16点：

1. 与客户联系，将工件照片发客户确认合格。（确认产品合格）
2. 包装工件，与快递公司联系，将制件邮寄给客户。（寄件）
3. 查看材料库及设备，做好工作日志及台账。（更新档案）
4. 处理废料，安全环保。（"7S" 管理）

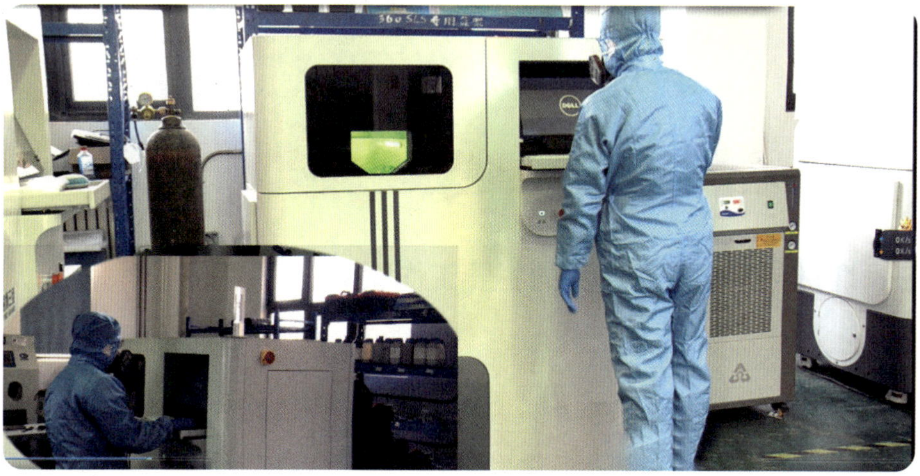

二、什么是增材制造设备操作员

职业定义。增材制造设备操作员是从事增材制造设备安装、调试、维修和保养，进行生产操作的人员。

定义解读。增材制造又称3D打印，是指以三维模型数据为基础，通过材料堆积的方式制造零件或实物的工艺。增材制造设备是指增材制造系统中用于完成零件或实物生产过程中一个成型周期的必要组成部分，包括硬件、设备控制软件和设置软件。操作是指按照一定程序和技术要求进行的活动。

关联职业。密切相关的职业有机床装调工、加工中心操作工。一般机床装调工安装调试数控机床，操作的是加工中心，增材制造设备操作员安装调试的是 3D 打印设备，操作的也是 3D 打印设备。

相应岗位。3D 打印制件工、快速原型制件工、3D 打印装调工等。

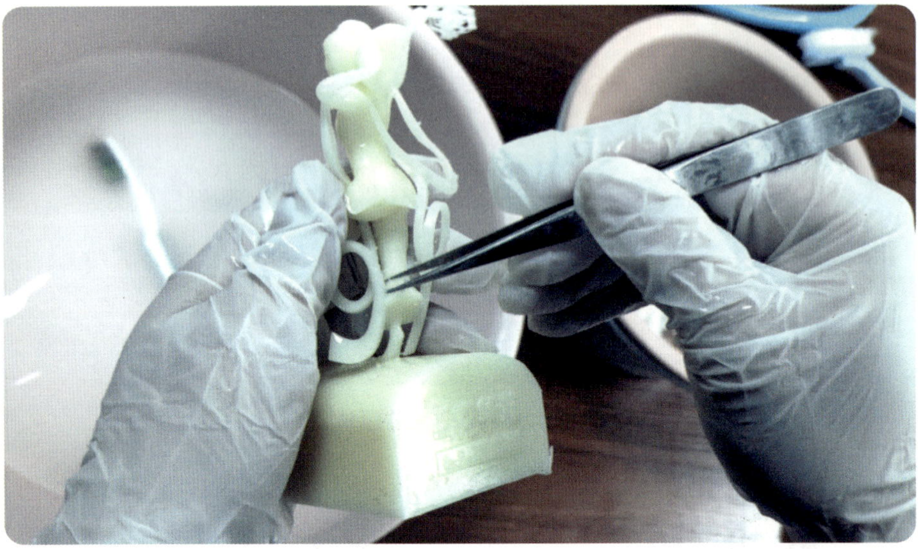

三、增材制造设备操作员的主要工作职责

1. 增材制造设备机械、电器及电气系统的安装与调试。

2. 进行模型检测，优化模型；设置切片参数，进行切片处理，导出打印程序；检查设备与环境，操作设备进行制件，取出 3D 打印制件，进行后处理；检测制件是否合格。

3. 对增材制造设备进行养护，排查故障，判断故障处理的重要和紧急程度，更换易损件。

4. 协助客户解决设备常见问题，提供操作和养护培训，收集客户反馈。

5. 调度人员进行生产，制定安全操作规范，进行质量分析，分析原因，改进工艺。

6. 利用“互联网 +”技术，进行个性化定制服务，提供云端咨询服务。

7. 根据零件的使用要求及力学性能要求，可以对制件进行后处理的工艺编排及后处理操作。

四、增材制造设备操作员的薪酬福利待遇

平均薪酬水平。增材制造设备操作员归类工程技术员。根据国家统计局数据，工程技术员的薪资水平为：2018 年 72088 元 / 年，2019 年 78147 元 / 年，2020 年 82783 元 / 年。据智联招聘网 2021 年 10 月数据，一线城市和经济发展快的城市如北京、上海、杭州等，增材制造设备操作员的薪资为 8000~16000 元 / 月，高于其他城市（如西安为 4000~10000 元 / 月，苏州为 5000~9000 元 / 月）。

与类似职业对比。据智联招聘网 2021 年 10 月数据，在北京地区，该职业的薪酬一般要高于铣工、车工和模具工等的薪酬，与数控加工中心操作员的薪酬相近，见表 1。

表 1　类似职业薪酬水平

职业名称	薪酬水平（元 / 月）
增材制造设备操作员	8000~16000
铣工	6000~8000
车工	5000~8000
模具工	8000~10000
数控加工中心操作员	9000~15000

五、从事增材制造设备操作员工作需要哪些本领

该职业从业人员需具备的知识和技能有：3D 打印模型数据处理、设备检查与调试、操作设备制件、制件后处理与检测、增材制造设备的日常养护等。

根据《增材制造设备操作员国家职业技能标准》，该职业需具备的知识和技能见表 2。

表 2　增材制造设备操作员需具备的知识和技能

职业功能	工作内容	知识和技能要求
数据处理与参数设置	模型评估	评判三维模型，选择制件设备
	模型优化	优化模型，拆分模型
	参数设置	根据成型特点优化切片参数
设备检查调试	环境检查	测控设备周边环境，安全运行
	材料测算	根据模型测算材料并进行更换、添加
	测试分析	制作测试件，分析解决问题
增材制造成型	选择设备	选择成型设备，判断和处理问题
	设备操控	操作设备制件，解决异常
	质量评价	监控质量，避免缺陷
后期处理	清除支撑	清除残余物质及支撑
	后期制作	进行打磨、抛光、喷砂、钻孔等物理方法后处理；进行电镀、喷漆、蒸发等化学方法后处理；修复缺陷
	组装调试	组装制件，并进行调试以达到要求
设备保养与维护	损耗评估	判断部件损耗及合理解决
	故障排查	能排查故障，提出解决方案
“互联网 + 增材制造”	远程操作	利用互联网技术，远程操作设备，或指导用户操作
	云服务	个性化定制，并提供云端增材制造技术工艺、设备操作咨询服务

六、增材制造设备操作员的专业教育现状

（一）相关专业

目前，本科院校、高职院校及中职学校等都开设了增材制造相关专业。本科院校专业有增材制造工程、金属智能成型技术等。高职院校专业有增材制造技术、数字化设计与制造技术、航空复合材料成型与加工技术等。中职学校专业有 3D 打

印技术应用、增材制造技术应用、模具制造技术等。

（二）开设相关专业的院校（排名不分先后）

1. 本科院校：清华大学、西安交通大学、北京航空航天大学、吉林大学、西北工业大学、南昌航空大学、南京航空航天大学、深圳大学、上海大学、江苏大学等。

2. 高职院校：常州机电职业技术学院、佛山职业技术学院、江西制造职业技术学院、唐山工业职业技术学院、山西铁道职业技术学院、湖南石油化工职业技术学院、杭州科技职业技术学院、湖南机电职业技术学院、浙江机电职业技术学院、芜湖职业技术学院等。

3. 中职及技师院校：惠州市技师学院、佛山市技师学院、广州市技师学院、中鹏 3D 培训学校、青岛电子学校、青岛市技师学院、天津市第一商业学校、长沙航天学校、沈阳化工学校、湘潭技师学院等。

七、增材制造设备操作员的就业创业信息

该职业从业人员主要分布在增材制造产业链下游应用行业。

吸纳增材制造设备操作员就业较多的用人单位主要有：

1. 文创领域：如西安赤子数字科技、昆山匠门文创艺术品科技有限公司等。

2. 汽车领域：如一汽集团、江淮汽车、上海亚大汽车零部件有限公司、吉利汽车等。

3. 增材制造设备生产型企业：如上海联泰、杭州先临、北京易博三维等。

4. 航空航天领域：如航天六院 7103 厂、西安铂力特增材技术股份有限公司等。

5. 模具制造业：如共享智能铸造产业创新中心有限公司等。

6. 生物医疗领域：如易生、上海正雅齿科科技有限公司等。

7. 日用品领域：如四川长虹电器、好孩子儿童用品有限公司、克朗斯股份有限公司、上海味全食品工业有限公司等。

8. 增材制造服务领域：如东莞科恒、北京易速普瑞科技有限公司、上海极臻三维设计有限公司、常州钢研极光增材制造有限公司等。

注：以上地区及机构排名不分先后，不代表相关实力排名。

八、增材制造设备操作员的职业贯通发展

该职业的发展路径主要有四条：管理路线，即从员工逐步晋升为生产管理者。专家路线，即在职业等级上逐级晋升，成为高级技师。复合人才路线，即向其他行业跨越或职业转型，如学习、积累模具相关设计知识，由增材制造设备操作员转成模具制造工程师；学习积累文创类相关知识与经验，发展成为工艺美术品设计师等。创业路线，即 3D 打印云服务，在天猫、京东等平台开设网店，售卖创意 3D 打印件，发展成为 3D 服务公司，如北京易速普瑞科技有限公司、青岛三迪时空增材制造有限公司。增材制造设备操作员的职业贯通发展如图 1 所示。

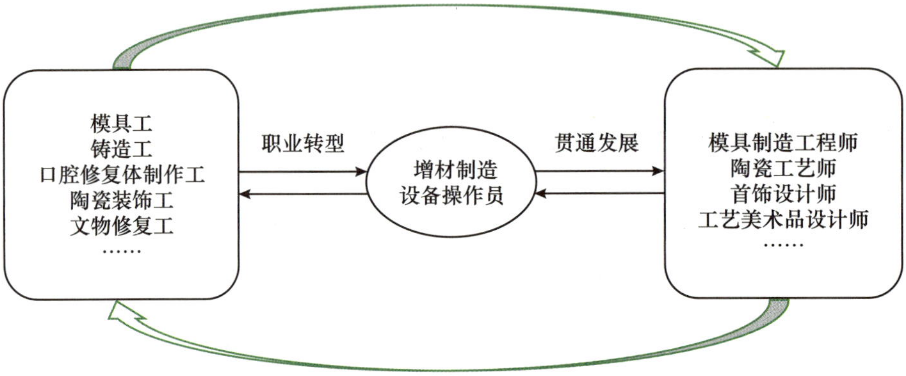

图 1　增材制造设备操作员职业贯通发展图

九、增材制造设备操作员的发展前景

从市场供需看。中国增材制造产业联盟预测，未来数年，增材制造领域人才短缺将达 800 万人（数据来源于左世权主编《中国战略性新兴产业研究与发展——增材制造》）。

从产业发展看。中国增材制造产业 2019 年产业规模达 22 亿美元，较上年增幅为 31.1%。拥有 2~5 年工作经验的增材制造设备操作员，在欧洲年薪约为 7 万美元，亚太地区约为 5.8 万美元，美国约为 9 万美元。我国增材制造设备操作员的薪酬处于中上游水平，应届毕业生大专年薪为 5 万 ~8 万元，本科为 6 万 ~12 万元。

从政策红利看。国家出台了许多促进增材制造业发展的政策，健全增材制造人才培养体系。增材制造设备操作员被纳入新职业，人才体系具备了顶层规划。地方也有相应政策，2021 年 5 月，苏州市人力资源社会保障局和财政局发布的《关于印发〈苏州市项目制培训实施细则（试行）〉的通知》（苏人保职〔2021〕12 号）文件，给增材制造设备操作员培训考证予以补助，即转行培训免费。

十、相关内容链接

国家职业标准：扫码即可查看 ☞

相关政策文件：本书附录序号 2、20、40。

供稿：常州机电职业技术学院　陈丽华

智能硬件装调员

职业编码：6-25-04-05

目前，智能硬件完全融入了我们的生活，其使用随处可见。智能硬件产品的生产与制造是怎么样的？如何保障每件产品的质量呢？系统级的智能硬件又是如何安装、调试和部署的？这就要靠智能硬件装调员来保障生产的质量和应用系统的安装与部署，智能硬件装调员已成为智能硬件产业发展的坚强后盾。

一、智能硬件装调员的一天

记录时间：2021 年 4 月 20 日　　记录人：黄某鑫

上午工作情况

9 点 30 分：

1. 按照昨天和天猫电商平台客户约定的时间，赶到客户家安装“智能星空屋”相关产品。

2. 客户购买的智能产品有天猫精灵、星空投影仪、智能体脂秤、智能电动窗帘。

3. 根据客户的描述，制定了联调部署的方案。

4. 根据客户产品的组成，制定了不同的应用场景：

（1）星空投影场景：天猫精灵开始讲宇宙奥秘的故事，灯光熄灭，桌子上的星空投影仪开始旋转，屋顶上到处是星星和月亮，给孩子营造一个步入太空看星星的感觉。

（2）智能窗帘场景：由智能电动窗帘和天猫精灵组成，命名客厅和卧室的窗帘并建立关联，通过语音控制窗帘的打开和关闭，“天猫精灵，打开客厅窗帘”“天猫精灵，打开卧室窗帘”“天猫精灵，关闭客厅窗帘”“天猫精灵，关闭卧室窗帘”。

5. 客户认可场景应用方案后，开始设备的安装和场景部署。第一，让客户下载并安装天猫精灵 App；第二，用客户信息注册账户；第三，通过天猫精灵 App 进行智能设备与客户账户的绑定，依据客户的网络情况通过天猫精灵 App 来配置所有智能设备的网络配置；第四，依据应用场景的规划，建立应用场景，并将设备加入场景进行逻辑关联；第五，验证各场景应用。

6. 经过一个多小时的调试，全部实现场景功能。客户经过自己实际操作与测试后，很满意。

7. 客户在服务表单上签字，拍照并上传平台。

12 点 10 分：

1. 回办公室后，在客户服务系统里填写服务日志。

2. 吃完饭后，给客户整理一份网络配置说明书并发给客户，同时希望客户给予好评。

下午工作情况

14 点：

1. 和同事一起参加一家智能扫地机器人产品的远程培训课程。

2. 培训的内容为扫地机器人产品的安装、调试、常规使用、高阶使用、日常维护、简单故障排除，并重点培训了机器人固件的远程升级和手机端规划清扫地图。

3. 在培训过程中，仔细做笔记，同时向厂家索要了相关电子版材料及学习视频。

18 点：

1. 和同事一起前往海淀区黄庄附近某小区进行智能台灯产品的售后服务，

由于客户上班，只能将上门服务时间安排在客户下班后。

2. 仔细聆听了客户描述智能台灯存在的问题：不能通过手机进行远程操控，台灯经常掉线。

3. 首先对客户的网络、App 配置等进行了检查，并没有发现问题；继续对台灯的电源插座进行检查，不存在松动；继续检查台灯用的电源适配器，将 DC 插头拔出来用万用表测量，输出电压正常；当把 DC 插头插回台灯时，有些晃动，这是不正常的现象，怀疑故障是台灯的电源插座松动造成的；拆开台灯底座，查看电路板，发现电源插座焊接点松动，于是用电烙铁将插座焊接牢固，重新装配好台灯后，进行各种功能测试。

4. 重新在客户的手机 App 上对智能台灯进行了绑定。

5. 经过一个半小时，问题解决了，获得客户好评。

二、什么是智能硬件装调员

职业定义。智能硬件装调员是使用示波器、信号发生器、计算机或手机等工具设备，进行智能硬件及系统硬件等装配调试工作的人员。

定义解读。智能硬件是指具备信息采集、处理和连接能力，并可实现智能感知、交互、大数据服务等功能的新兴互联网终端产品，是新一代信息技术的重要载体。既有智能硬件单个个体的生产、使用，也有由智能硬件构成的系统的使用。

关联职业。密切相关的职业有电子设备装配调试人员和物联网安装调试员。电子设备装配调试人员主要由以下职业组成：通信系统设备制造工、通信终端设备制造工、雷达装调工、激光头制造工、激光机装调工、广电和通信设备机械装校工、广电和通信设备电子装接工、广电和通信设备调试工，都是基于传统的硬件设备，全部生产几乎都是依赖人工去实现。物联网安装调试员是智能硬件装调员运维部署工作中的一类，基于确定的网络协议进行设备的安装与调试，对硬件本身不强调掌握，关注的是网络层面，而智能硬件装调员在运维部署里更强调不同网络之间的融合和通信。

相应岗位。售前、售后、售中技术支持人员，生产调试人员，质量管理人员，生产主管，装配测试人员，工艺管理，产品体验工程师，销售工程师，智能场景需求分析师等。

三、智能硬件装调员的主要工作职责

智能硬件装调员根据工作内容分为生产型和服务型两个大类。

（一）生产型

生产型智能硬件装调员主要服务于企业的生产调试岗位，从事产品的生产、装配、调试、测试等工作，即《智能硬件装调员国家职业技能标准》中的智能硬件装调类职业功能。

1. 物料准备：识别、检查相关通信模块、核心板、传感器模块、数据线、配件、外壳。

2. 模块测试：装配组件模块，固化程序，借助示波器、网络相关工具进行测试。

3. 产品组装：结合测试步骤及相关程序进行整体测试。

4. 产品调试：通过蓝牙、Wi-Fi 等与手机端、电脑端等应用程序连接调试。

智能硬件装调员工作职责如图 1 所示。

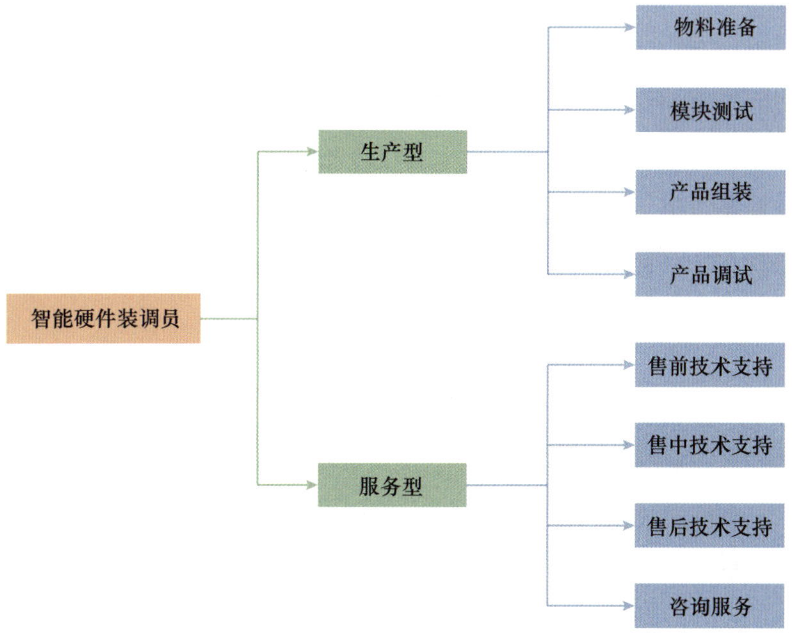

图 1　智能硬件装调员工作职责

（二）服务型

服务型智能硬件装调员主要服务于企业的售前、售中、售后技术支持 / 服务岗位，从事产品和系统的应用方案咨询、制定、演示、安装调试部署、售后服务等工作，即《智能硬件装调员国家职业技能标准》中的智能硬件应用系统部署、智能硬件应用系统联调、智能硬件应用服务类职业功能。

1. 企业客户：售前技术支持，给客户讲解产品功能，给出解决方案；智能硬件产品应用场景系统部署；售后技术服务。

2. 个人客户：智能硬件的应用演示；安装调试；售后技术服务。

3. 咨询服务：给予智能硬件应用场景，提出合理化的解决方案；给予智能硬件及系统输出调试报告。

四、智能硬件装调员的薪酬福利待遇

平均薪酬水平。据国家统计局《2020 年城镇非私营单位分行业就业人员年平均工资》，信息技术服务从业者的年平均工资在非私营与私营企业增长速度均较快。据薪酬网 2021 年 6 月调查数据，该领域从业者的薪酬为 8000~15000 元 / 月，不同行业及地区的薪酬水平不同，北京、上海、广州等城市薪酬及福利偏高，技师及以上的人员和智能硬件研发工程师平均薪酬水平接近 22000 元 / 月。

与类似职业对比。根据 BOSS 直聘研究院发布的《2021 年应届生就业趋势报告》，2021 年以来，新基建核心岗位中，智能硬件相关岗位需求增长最为迅猛，规模同比增长 102%，薪酬同比增长 28%，这就印证了智能硬件装调员和类似职业的薪酬差别。该新职业的薪酬与物联网安装调试员的薪酬相近，略高于电子设备装配调试员的薪酬，见表 1。

表 1　类似职业薪酬水平

职业名称	薪酬水平（元 / 月）
智能硬件装调员	8000~15000
物联网安装调试员	8000~12000
电子设备装配调试员	6000~11000

五、从事智能硬件装调员工作需要哪些本领

该职业从业人员需具备的知识和技能有：计算机基础知识、电子电路基础知识、智能硬件基础知识、智能硬件场景的认识等。核心技能是具备学习、分析、推理和判断的能力以及相应的计算、动手能力。

根据《智能硬件装调员国家职业技能标准》，该职业需具备的知识和技能见表 2。

表 2　智能硬件装调员需具备的知识和技能

职业功能	工作内容	知识和技能要求
智能硬件装调	识读装配技术文件	能识读复杂组件印制板装配图、工艺说明、装配图纸
	准备装配工具	能选用电子产品装配焊接工具，能维护电子产品装配焊接工具，能选用电子产品焊接材料
	准备装配耗材	能熟练使用常规仪器仪表，能检测电子元器件
	装配产品组件	能操作特殊装配工具完成组件装配，能装配微小封装集成电路，能采用压接、绕接等工艺完成导线装接，能进行机械零件装接
智能硬件应用系统部署	识读应用系统部署方案	能识读应用系统部署施工图，能标注组件在应用系统部署施工图中的位置
	确认应用系统部署环境	能核查应用系统部署环境温湿度，能核查应用系统部署环境通风条件，能核查应用系统部署环境供电，能核查应用系统部署环境电磁干扰
	安装应用系统组件	能安装应用系统组件，能核查应用系统组件功能，能排除应用系统组件简单故障
智能硬件应用系统联调	准备应用系统联调	能核查应用系统部署情况，能排除应用系统部署存在的故障
	安装与使用软件	能下载安装应用系统软件，能下载安装应用系统调测软件，能更新应用系统系统软件
	适配组件的应用场景参数	能适配组件的自动或者手动控制功能，能适配组件的人机交互功能

续表

职业功能	工作内容	知识和技能要求
智能硬件应用服务	确认应用场景需求	能与需求方沟通确认中型应用系统的环境、供电等要求，能与需求方沟通确认中型应用系统的总体功能
	开展技术咨询	能开展中型应用系统售前技术咨询，能开展中型应用系统售后技术咨询
	健康访视	能开展线上或实地访视、编写访视记录、反馈访视结果

六、智能硬件装调员的专业教育现状

（一）相关专业

目前已有较多院校开设了与该职业相关的专业，涉及本科院校、高职院校及中职学校等。本科院校专业有电子信息工程、物联网工程、计算机科学与技术等。职业院校专业有智能产品开发与应用、应用电子技术、电子信息工程技术等。

（二）开设相关专业的院校（排名不分先后）

1. 本科院校：常州工学院、徐州工程学院、华北电力大学、河北工业大学、深圳大学、河北北方学院、天津职业技术师范大学、南昌工程学院、赣南师范大学、大连交通大学等。

2. 高职院校：深圳信息职业技术学院、南京信息职业技术学院、九江职业技术学院、石家庄职业技术学院、常州信息职业技术学院、辽宁机电职业技术学院、北京信息职业技术学院、贵州电子信息职业技术学院、芜湖职业技术学院、成都职业技术学院等。

3. 中职学校：无锡机电高等职业技术学校、南京江宁中等专业学校、佛山市顺德区陈登职业技术学校、广州市花都区理工职业技术学校、江门市第一职业高级中学、兴国中等专业学校、四川交通运输学校、北方机电学校、大连电子学校、无锡旅游商贸高等职业技术学校等。

七、智能硬件装调员的就业创业信息

该职业从业人员主要集中在北京、上海、广州、深圳等一线城市，以及经济发展较快或人口较多的省市，如河南、江苏、浙江、山东及西安、成都等。

吸纳智能硬件装调员就业较多的用人单位主要有：

1. 智能工业：如中芯国际、大疆、海康威视、京东方、图灵智造、盈趣科技、蓝思科技、蔚来、中联重科、隆基绿能、北汽集团、长盈精密等。

2. 智慧医疗：如腾讯觅影、医渡科技、望海科信、京东健康、商汤科技、百度医疗大脑、微医、大数医达、嘉和美康、依图科技等。

3. 智能家电：如格力电器、海尔智家、海信、捷赛、美的、科沃斯、浩泽等。

4. 智能交通：如百度、浙江宇视、江苏大为、大华股份、千方科技、四维图新、易华录、卓视智通、佳都新太科技、宝康电子、浙江大华等。

5. 可穿戴设备：如华为、小米、京东、OPPO、中兴通讯、歌尔股份、科大讯飞、步步高等。

注：以上地区及机构排名不分先后，不代表相关实力排名。

八、智能硬件装调员的职业贯通发展

该职业的发展路径主要有四条：管理路线，即从员工晋升到主管 / 单位中层，再晋升到经理 / 单位领导层，甚至往更高的高级领导职务发展。专家路线，即不断提高技能水平，在职业等级上不断晋升，成为人工智能工程技术人员。复合人才路线，即向其他行业跨越或职业转型，如通过学习相关知识和技能转型为电子仪器与测量工程技术人员、通信工程技术人员、物联网工程技术人员等，与专业技术岗位横向贯通。创业路线，即基于个人兴趣爱好进行创新创业，研发智能硬件相关产品。智能硬件装调员的职业贯通发展如图 2 所示。

九、智能硬件装调员的发展前景

从市场供需看。根据国家统计局公布数据，信息传输、软件和信息技术服务业的 GDP 增速已连续 4 年位居各产业之首，预期经济发展对信息技术人才的需求将会持续稳步走高，人才缺口将进一步扩大。智联招聘综合信息基础设施产业核

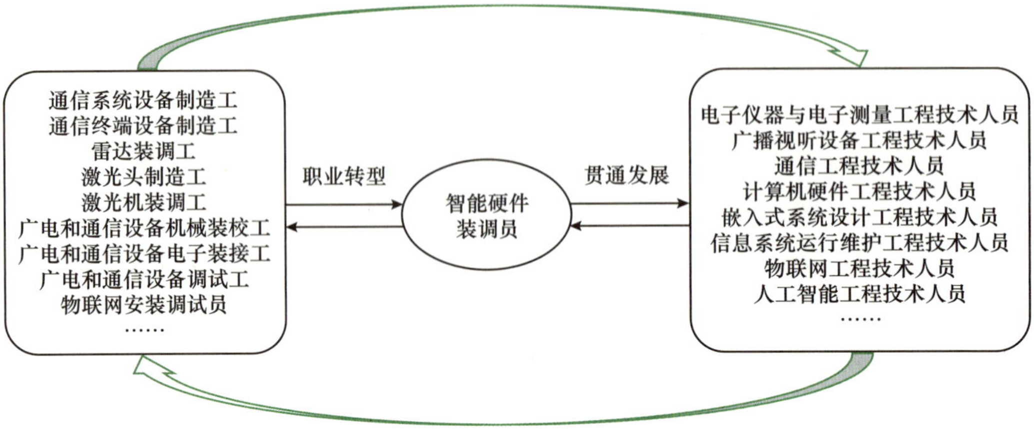

图 2　智能硬件装调员职业贯通发展图

心技术岗位过去几年的人才供需走势，以及新基建相关政策推行等未来因素，基于计量模型预测，2020 年年底信息基础设施产业核心技术人才的缺口将达到 417 万人，而智能硬件人才缺口预测在 50 万人以上。

从产业发展看。根据前瞻研究院 2021—2025 年智能硬件市场规模预测，结合行业发展的趋势以及终端市场的需求将会进一步被打开，按照中性预测，2020—2026 年中国智能硬件行业市场规模将会保持较快发展，按照 20% 的年均复合增长率预计，到 2026 年中国智能硬件行业的市场规模将会达到 2 万亿元。

从政策红利看。2020 年 10 月工业和信息化部《关于政协十三届全国委员会第三次会议提案答复的函》中提出：开发和运用智能硬件，推动移动互联网、云计算、物联网、大数据等与养老服务业相结合，更好地带动养老服务消费。许多地方政府对于新一代信息技术企业及人才进行补贴。如扬州市政府为做好 2020 年度紧缺型高技能人才获证培训补贴申报工作，根据《省人力资源和社会保障厅关于调整高技能人才紧缺型职业（工种）培训补贴审核流程的通知》，按高级工 2000 元 / 人、技师 3000 元 / 人、高级技师 4000 元 / 人的标准进行补贴。2021 年河北大工匠年度人物评比有智能硬件装调与应用赛项，一等奖得主不但有奖金更获得了“大工匠年度人物”称号。

十、相关内容链接

国家职业标准：扫码即可查看 ☞

相关政策文件：本书附录序号 33、34、45、46、52。

供稿：北京杰创永恒科技有限公司　郑剑海

智能制造工程技术人员

职业编码：2-02-38-05

在新一轮科技革命和产业变革中，智能制造已成为世界各国抢占发展机遇的主攻方向。智能制造就在我们身边，智能手机、服务机器人这些智能产品正在改变人们的生活方式，智能装备、智能产线、智能工厂创新了企业生产模式，智能管理、智能决策实现了制造业降本增效。智能制造产业链范围非常广泛，贯穿于设计、生产、物流、销售、服务等各个环节，涵盖了智能产品及制造装备、智能生产、智能服务、工业互联网、工业软件以及上述环节有机结合的生产系统集成，并应用于多个行业领域，从业人员数量巨大。智能制造工程技术人员是推进制造强国建设的重要人才支撑，任重道远。

一、智能制造工程技术人员的一天

记录时间：2021 年 5 月 6 日 **记录人：王某远**

上午工作情况

9 点：

1. 参加公司新项目——某家电制造企业生产线智能化改造项目研讨会，接到制定工作方案的任务。

2. 结合客户要求，分析项目大致需求，形成需求文档初稿。（需求分析）

3. 带上需求文档初稿与项目经理交流，查漏补缺，完善项目需求。（更新需求）

4. 根据项目需求进行功能性设计讨论，并与团队其他开发成员达成一致意见。

5. 进行产线智能化框架设计。（框架设计）

下午工作情况

14 点：

1. 设计与需求对应的系统各个功能模块。（功能模块设计）
2. 根据方案内容制作汇报展示 PPT。（框架方案汇报）
3. 组织召开首次框架方案讨论会，展示实施方案。（组织管理）
4. 与客户进行沟通，确认一些方案细节及存疑问题。（技术咨询）
5. 根据客户和团队成员意见，进行方案技术层面的修改和调整。（技术支持）
6. 着手进行智能装备与产线生产工艺设计及程序编制。（系统开发）

二、什么是智能制造工程技术人员

职业定义。智能制造工程技术人员是从事智能制造相关技术的研究、开发，对智能制造装备、生产线进行设计、安装、调试、管控和应用的工程技术人员。

定义解读。智能制造是一个大概念、一个不断演进的大系统，是新一代信息技术与先进制造技术的深度融合，贯穿于产品设计、制造、服务全生命周期的各个环节，以及相应系统的优化集成，旨在实现制造的数字化、网络化、智能化，不断提升企业的产品质量、效益、服务水平，推动制造业创新、协调、绿色、开放、共享发展。工程技术人员是以研究、开发、应用、指导为主要工作任务的人员。智能制造工程技术人员是在智能制造产业结构中，从事智能制造相关工作的工程技术人员。

关联职业。密切相关的职业有机械制造工程技术人员。机械制造工程技术人员是从事机械加工工艺、工艺装备研发和生产技术组织的工程技术人员。智能制造工程技术人员是基于工业机器人自动编程、数控机床智能加工、智能在线检测、

MES 管控新模式之上的产线应用，作为新业态，职业要求也有所不同。

相应岗位。根据就业岗位的职责，智能制造工程技术人员分为技术研究类、技术开发类和技术应用类，是贯穿智能制造技术企业从产品开发、应用调试到售后维护整个过程的重要角色，包括需求分析工程师、产品规划工程师、结构设计工程师、电气工程师、软件开发工程师、工艺开发工程师、装调工程师、调试工程师、维护工程师、数据工程师、算法工程师、项目管理工程师等。

三、智能制造工程技术人员的主要工作职责

1. 负责智能制造工业互联网、工业人工智能、工业大数据等智能赋能技术的研究、开发和应用。

2. 负责智能制造体系构架、管理体系构架设计与系统集成。

3. 负责应用智能制造虚拟仿真技术和工业软件对智能制造装备与产线进行数字化设计与开发；负责应用数字化技术、智能制造赋能技术对其进行测试与优化。

4. 负责应用数字化技术、智能制造赋能技术进行智能装备与产线的安装、调试与部署及其过程管控。

5. 负责应用智能生产管控系统对生产系统进行监测、数据分析与优化。

6. 负责应用智能运维系统对装备与产线进行远程监测、设备监控状态分析并制定预测性维护策略，进行维护作业。

四、智能制造工程技术人员的薪酬福利待遇

平均薪酬水平。根据人力资源社会保障部网站 2020 年发布的报告，智能制造工程技术人员根据个人岗位和职责的区分，薪酬水平有所不同。其中，从事智能制造装备升级方向的测试、现场、维护等工作的人员薪酬水平最低，为 6000~12000 元 / 月；从事绿色制造智能升级、工业软件使用与维护方向工作的人员薪酬为 8000~12000 元 / 月；从事优质制造智能升级和工业智联网方向工作的人员薪酬最高，为 8000~20000 元 / 月，最高可达年薪 30 万元。

中智咨询发布的《制造业 2021 年人力资本管理和薪酬趋势分享》显示，2021 年，制造业平均调薪率为 6.2%，其中智能制造领域调薪率最高，为 6.7%。

智能制造领域数字化方向技术人才薪酬涨幅最高，人才需求量最大，跳槽薪酬涨幅达 40%；工业互联网方向人才需求不断增加，跳槽薪酬涨幅达 30%。

与类似职业对比。智联招聘网 2021 年 10 月数据显示，在北京等地区，该职业的薪酬高于一般制造业工程师的薪酬，见表 1。

表 1　类似职业薪酬水平

职业名称	薪酬水平（元 / 月）
智能制造工程技术人员	6000~25000
机械设计工程师	10000~15000
销售工程师（制造类）	10000~20000
机械结构工程师	8000~15000

五、从事智能制造工程技术人员职业工作需要哪些本领

该职业从业人员需具备的知识和技能有：制造工程、网络与计算机、电子工程与自动化的基础知识，智能制造共性技术的应用，智能制造咨询与服务。核心技能是智能装备与产线开发、应用，生产管控和运维。

根据《智能制造工程技术人员国家职业技术技能标准》，该职业需具备的知识和技能见表 2。

表 2　智能制造工程技术人员需具备的知识和技能

职业功能	工作内容	知识和技能要求
智能制造共性技术运用	研究、开发与运用智能制造赋能技术	能运用智能制造赋能技术解决智能制造系统的工程问题
	选择和使用工业软件及仿真技术	能选择和使用工业软件及仿真技术进行数字化产品设计与开发、智能制造系统的产品工艺设计与制造
	运用智能制造体系架构构建方法和质量管理、精益生产管理方法	运用智能制造体系架构构建方法和质量管理、精益生产管理方法进行智能制造系统的建设与集成、管理与运行

续表

职业功能	工作内容	知识和技能要求
智能制造系统架构构建	设计智能制造系统框架	能设计特定行业 / 领域的智能制造系统架构
	组织智能制造系统建设	能组织、协调、决策与评价智能制造系统
	优化创新智能制造系统	能优化创新智能制造系统和架构
智能装备与产线开发	设计智能装备与产线	能进行智能装备与产线概念设计和详细设计
	开发智能装备与产线	能进行智能装备与产线生产工艺设计及程序编制
	测试智能装备与产线	能对智能装备与产线进行功能性能测试和验证
	优化智能装备与产线	能对智能装备与产线进行优化升级
智能装备与产线应用	设计智能装备与产线应用方案	能对智能设备与产线进行安装、调试工艺、流程设计
	安装、调试、部署智能装备与产线	能进行虚拟联调及智能装备与产线的现场安装、调试、部署
智能生产管控	配置、集成智能生产系统和智能检测系统	能根据企业生产需要进行智能管控系统、智能监测系统及其他工业系统配置与集成
	监测生产系统	能进行智能装备与产线生产过程中的安全管控、数据分析与优化
装备与产线智能运维	配置、集成装备与产线的智能运维系统	能开展故障预警研究设计，配置、集成智能运维系统
	进行运维作业	能进行装备与产线工作环境预警和实时状态监测，能进行远程维护作业
智能制造咨询与服务	技术咨询与服务	能进行智能制造系统需求调研、技术评估和服务实施
	管理咨询与服务	能进行智能制造系统可行方案制定及实施路线规划

六、智能制造工程技术人员的专业教育现状

（一）相关专业

目前已有较多院校开设了与该职业相关的专业，涉及本科院校、高职院校、技师学院等。本科院校专业有智能制造工程、计算机科学与技术、机械设计制造及其自动化、电子信息工程、电气工程及其自动化、软件工程等。高等职业院校专业有智能制造装备技术、智能控制技术、智能机器人技术、工业机器人技术、工业互联网技术等。技师学院专业有智能制造技术应用、工业机器人应用与维护、机电一体化等。

（二）开设相关专业的院校（排名不分先后）

1. 本科院校：清华大学、北京航空航天大学、哈尔滨工业大学、北京理工大学、同济大学、天津大学、西安交通大学、湖南大学、燕山大学、北京信息科技大学等。

2. 高职院校：北京信息职业技术学院、甘肃机电职业技术学院、海南科技职业技术学院、河南机电职业学院、湖北工程职业学院、湖南工业职业技术学院、江苏信息职业技术学院、江西应用工程职业学院、辽宁轨道交通职业学院、山东信息职业技术学院等。

3. 技师学院：广州市机电技师学院、东莞市技师学院、淄博市技师学院、盐城技师学院、山东技师学院、江苏常州技师学院、西安技师学院、北京市工贸技师学院、云南技师学院、新乡技师学院等。

七、智能制造工程技术人员的就业创业信息

该职业从业人员遍布全国各地，但在东部沿海城市较为集中。从国内智能制造企业地域分布来看，以山东、江苏、浙江、广东等为代表的东部沿海省份，经济实力雄厚、科技资源丰富，智能制造发展相对较快，大型制造企业已基本实现从机械化向自动化的转型，在推动企业从数字化向软件化、网络化、智能化升级方面处于国内领先水平。中西部地区智能制造与普及水平略低于东部沿海地区。

从分布行业领域看，吸纳智能制造工程技术人员就业较多的行业为机械与自动化、国防与交通运输设备制造、信息技术、新材料制造、新兴医疗设备制造和能源与环保等行业。

吸纳智能制造工程技术人员较多的用人单位主要有：

1. 制造类企业：如海尔、格力、富士康、航天云网、汉云等。

2. 工业软件企业：如三星、浪潮、中兴、用友、甲骨文等。

3. 信息通信企业：如华为、联想、东方国信、精智等。

4. 互联网企业：如百度、阿里、腾讯等。

5. 工业机器人企业：如 ABB、西门子、埃斯顿、华中数控等。

注：以上地区及机构排名不分先后，不代表相关实力排名。

八、智能制造工程技术人员的职业贯通发展

该职业的发展路径主要有四条：管理路线，即通过实践经验积累晋升到智能制造工程项目经理，甚至向更高的领导职责职务发展。专家路线，即不断提高技能水平，在本职业领域成为智能制造领域专家。复合人才路线，即向其他行业跨越或职业转型，如侧重向应用开发、系统集成等方向发展，发展成为工业互联网工程技术人员、物联网工程技术人员、人工智能工程技术人员等。创业路线，即结合职业技能及个人兴趣爱好，进行智能制造咨询服务行业的创新创业。智能制造工程技术人员的职业贯通发展如图 1 所示。

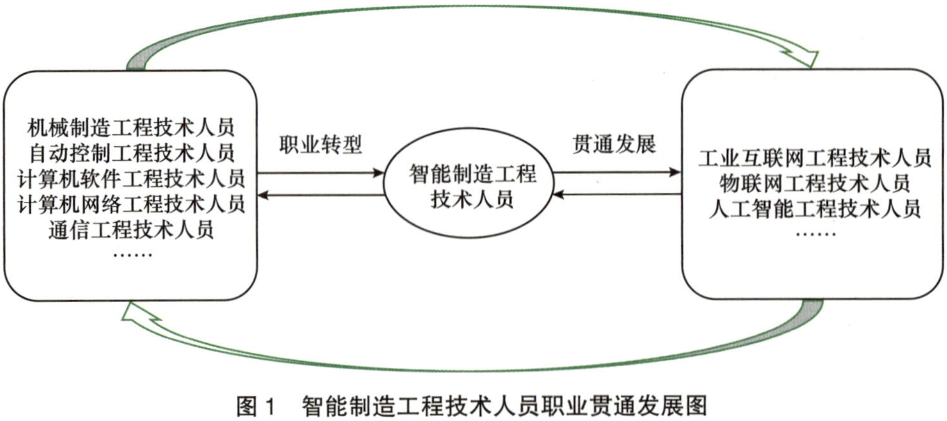

图 1　智能制造工程技术人员职业贯通发展图

九、智能制造工程技术人员的发展前景

从市场供需看。智能制造产业的迅猛发展，带来了巨大的人才缺口。根据人力资源社会保障部 2020 年的报告，到 2025 年，智能制造领域的人才需求预测 900 万人，人才缺口预测 450 万人。当前及未来一个时期的任务，就是为智能制造产业输送“顶梁柱”式人才——智能制造工程技术人员，以促进中国制造真正实现转型升级。

从产业发展看。根据《中国制造 2025》《“十四五”智能制造发展规划》等政策，我国智能制造行业所占比重将会逐渐增大，且增速快于高端装备制造业增速。制造业数字化、网络化、智能化步伐加快，智能制造发展持续向好，发展势头强劲。随着国家有计划地对传统企业进行数控化、信息化和智能化改造，高端数控机床、工业机器人、增材制造等智能制造装备将会普及应用，需要大量设计、开发、操作、调试、维护和改造方面的专业人才。

从政策红利看。智能制造政策环境仍将持续升温。自 2015 年以来，我国从中央到地方围绕智能制造出台了从顶层规划到实施方案的系列政策文件。政府从顶层规划到金融支持、财税政策、人才培养、区域交流与合作、国际交流与合作机制等全方位、多角度构建智能制造的政策环境，为智能制造的发展创造了良好的环境。如长沙市大力支持引进智能制造人才，为认定的高层次人才提供子女入学、配偶就业等配套服务。深圳市龙华区对于引进的认定为智能制造领域高层次人才者，最高给予 240 万元高层次人才补贴。

十、相关内容链接

国家职业标准：扫码即可查看 ☞

相关政策文件：本书附录序号 28、70、94、116、119。

供稿：机械工业教育发展中心　刘加勇

职业培训师

职业编码：4-07-03-05

随着移动互联网、人工智能、大数据和5G等新一代信息技术的迅速发展，职业培训中的教学环境、教学技术正在发生新的变化。例如，5G结合VR/AR、全息投影等技术，让学生走进交互体验式的深度学习，从教学模式角度来看，认知领域的教学可交给机器人或在线学习。职业培训师在运用现代新技术进行教学与训练的同时，主要在情感态度、价值观和实操技能领域进行教学。这需要职业培训师朝着学生思想道德的引导者、学习路径的规划设计者、教学资源开发者、大数据分析专家、人机协同者和终身技能培训组织者等角色转变，在未来的职业教育培训发展中实现新的突破。

一、职业培训师的一天

记录时间：2020年3月15日　　**记录人：李某春**

上午工作情况

8点：

到客户公司对今天的培训内容做简单的沟通，了解参加培训学员的基本情况，对培训内容做相应的调整，整理授课思路，做讲课前的准备。（调查分析培训需求，完善培训计划和培训方案）

9点：

1. 开始2个小时的培训，讲解PPT并和学员互动，通过工作过程中的实际案例，生动地向学员讲解培训内容，中途休息20分钟。（实施教学活动）

2. 中途休息时，和学员进行沟通、互动、答疑，充分了解学员的问题和需求，以便在下午的培训中更有针对性地解答学员的问题。（教学管理、评估）

11点：

结束上午的培训，整理上午培训过程中的问题。

下午工作情况

14点：

1. 开始下午的培训。（实施教学活动）

2. 过程中穿插上午学员提出的问题，给出专业的讲解和解答。（实施教学活动）

3. 与学员互动，解答大家提出的专业问题。（实施教学活动）

4. 建立学员微信群，后续利用微信群随时和学员进行沟通、交流等。（课后咨询、指导服务）

17点：

1. 培训结束。

2. 返回办公地点，整理记录今天的工作情况。（教学管理、评价）

3. 准备第二天的培训内容和资料，修改PPT。（完善培训实施方案）

二、什么是职业培训师

职业定义。职业培训师是从事职业能力培训需求分析、项目开发、培训实施、管理评价和咨询服务等工作的人员。

定义解读。职业培训师是指面向劳动者开展职业（技能）培训和管理评价服务的教学人员，包含多个职业工种，从业人员素质较高且同时具有理论教学和实操教学能力。当前，我国科学技术快速发展，产业转型升级加快，对劳动者素质和职业技能的要求不断提高，职业培训师通过自身较高的理论知识和实操技能优势，培养出更多高技能人才，是技能人才之师。

关联职业。 密切相关的职业有企业培训师和人力资源管理师。企业培训师侧重于对本企业内员工的岗位技能培训，人力资源管理师侧重于员工招聘选拔、绩效考核、薪酬福利管理、劳动关系协调等内容。概括来说，相关联的职业是职业培训师所包含的多个工种之一，它们之间既有密切联系又有明显区别。

相应岗位。 企业内训师、职业讲师、机构培训专员、培训课程策划师、职业培训咨询、培训课程开发等。

三、职业培训师的主要工作职责

1. 开展职业培训需求调查。根据本职业所需的技能、需求做市场调查，发放调研问卷。

2. 开发培训项目。根据调研数据，有针对性地开发职业培训项目，包括培训教材、题库、培训大纲、培训计划等。

3. 制定职业培训实施方案。

4. 组织实施培训教学。组织学员报名，准备教学过程中的服务咨询等。

5. 职业培训教学管理评价。包括常规教学材料的评价、课堂教学评价、教学效果评价等。

6. 开展职业培训咨询指导服务。

职业培训师工作职责如图 1 所示。

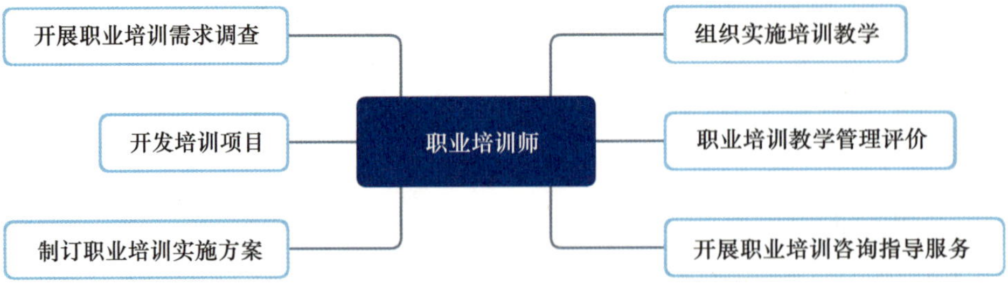

图 1　职业培训师工作职责

四、职业培训师的薪酬福利待遇

平均薪酬水平。根据国家统计局公布的数据，2020 年教育行业规模以上企业就业人员的平均年薪为 90487 元。分行业分岗位看，职业培训师属于专业技术人员，平均年薪为 91668 元。从区域看，东部地区最高，平均年薪为 129052 元，中部地区平均年薪为 81705 元，西部地区平均年薪为 94913 元，东北地区平均年薪为 83374 元。2020 年，广东省职业能力建设协会等机构面向社会开展“培训师职业现状调查”显示，受新冠肺炎疫情影响，目前培训师的收入水平不算高。有 54.3% 从事职业培训相关工作的人员每月的工资水平处于 3000~8000 元，每月收入 8000~15000 元的占总数 22.5%；行业中不乏高薪从业者，每月工资在 15000 元以上的占 8.51%。

与类似职业对比。据智联招聘网 2021 年 10 月数据，在深圳地区，该职业的薪酬一般要高于课程顾问、企业咨询顾问、人事助理、行政专员等的薪酬，见表 1。

表 1　类似职业薪酬水平

职业名称	薪酬水平（元 / 月）
职业培训师	6900~10700
课程顾问	4000~6000
企业咨询顾问	6000~9000
人事助理	3000~5000
行政专员	5000~8000

五、从事职业培训师工作需要哪些本领

该职业从业人员需具备的知识和技能有：培训项目开发、培训教学组织和培训教学管理。核心技能是组织实施职业培训教学活动。

根据《职业培训师国家职业技能标准》，该职业需具备的知识和技能见表 2。

表 2　职业培训师需具备的知识和技能

职业功能	工作内容	知识和技能要求
培训项目开发	培训需求调查	职业分析相关知识：能搜集职业岗位信息 掌握培训需求调查的方法：能根据相关要求设计培训需求调查表 收集培训项目开发资料的途径与方法：能收集培训项目开发相关资料 培训需求调查结果分析方法：能对培训需求调查结果做初步分析并提出建议
	培训课程开发	培训课程开发基本知识与开发准备要求：能进行课程开发调查、资料收集与整理等基础工作 课程开发基本模型和方法：能运用课程开发的基本方法，承担某项课程的设计 课程开发方案的基本知识：能实施课程开发计划方案
	培训教材开发	教育心理学相关知识：能根据培训教材的特点进行培训教材分类 教材开发工作的知识：能收集培训教材开发的相关资料 教材开发的基本方法：能根据教材开发的基本方法，撰写部分培训教材
培训教学组织	培训教学准备	教育心理学基本知识、人员素质测评原理和方法：能独立使用 2~3 种测评工具对学员进行测评 培训教学准备的相关知识：能根据培训教学总体要求做好开班前的准备工作 学员的组织与班务工作内容：能做好学员组织管理工作 培训教学过程中应注意的事项：能根据课程计划安排培训师上课并做好培训师的接待工作 课前培训课件准备的要求：能根据培训要求完成课前教案准备工作
	培训教学实施	培训教学实施相关知识：能起草培训教学实施方案 常见的现代培训教学技术及常用的教学设备与工具知识：能运用常见的教学技术进行教学 现代培训课件制作技术方法：能掌握课件制作技术，包括运用计算机办公软件制作课件、微课等 教学工具的使用方法：能使用常见的教学工具，实施职业培训教学活动

续表

职业功能	工作内容	知识和技能要求
培训教学管理	培训教学运营管理	职业培训的网络管理体系基本常识：能运用互联网进行培训教学管理与运营 使用培训网络的基本方法，职业技能评价的相关政策：能运用培训网络平台收集培训教学管理与评估的相关资料 职业培训考核与管理办法：能组织学员做好技能培训的考核服务工作 各种职业培训证书发放规定及流程：能按照规定程序制作与颁发相关证书
	培训教学评估管理	培训教学评估模式与方法：能制定培训教学评估方案并组织实施 培训教学评估方案与评估问卷的内容要求：能设计培训教学质量与效果评估问卷 培训教学评估工作的基础性知识：能及时发放和回收教学评估问卷并进行初步分析

六、职业培训师的专业教育现状

（一）相关专业

目前已有较多院校开设了与该职业相关的专业，涉及本科院校、高职院校及中职学校等。本科院校专业有教育经济与管理、工商管理、人力资源管理、教育学、教育心理学等。职业院校专业有职业培训、职业教育等。

（二）开设相关专业的院校（排名不分先后）

1. 本科院校：华南师范大学、南京师范大学、华东师范大学、上海师范大学、陕西师范大学、西南大学、浙江大学、武汉大学、四川大学、兰州大学等。

2. 高职院校：深圳职业技术学院、唐山职业技术学院、南京工业职业技术学院、金华职业技术学院、无锡职业技术学院、山东商业职业技术学院、淄博职业学院、广州番禺职业技术学院、青岛职业技术学院、南宁职业技术学院等。

3. 中职学校：重庆市工贸高级技工学校、重庆立信职业教育中心、重庆市春珲人文技工学校、贵阳市中华职业学校、江苏省沭阳中等专业学校、云南新兴职业学院、湖南华中工业技工学校、南京工业技术学校、昆明华航技工学校、贵阳市工业职业学校等。

七、职业培训师的就业创业信息

职业培训师的从业人员在全国范围都有分布。相关人员可以在各类职业培训机构、职业教育院校和企业从事专兼职的培训教学工作；还可以创办职业培训机构，开展相关的职业教育教学咨询、指导、评估等工作。

吸纳职业培训师就业较多的用人单位有：

1. 职业培训机构：如广东深圳职业训练学院、广东省深港职业培训学院等。

2. 职业教育技工院校：如厦门电子职业中专学校、甘肃兰州交通技工学校、广州市高级技工学校、济南市商贸职业技术学校等。

3. 各大中型企业内部的培训教学岗位：如美的、华润、康佳、格力、比亚迪等公司，均设有企业内部培训师的岗位。

注：以上机构、院校及企业排名不分先后，不代表相关实力排名。

八、职业培训师的职业贯通发展

该职业的发展路径主要有四条：管理路线，即从普通职业培训师晋升到企业、院校、社会培训机构等的管理层，甚至往更高的领导职务发展。专家路线，即不断提高技能水平，在职业等级上不断晋升，成为职业培训领域专家。复合人才路线，即向其他行业跨越或职业转型，如通过学习相关知识和技能转型为专业技能培训师，与专业技术岗位横向贯通。创业路线，即基于个人兴趣爱好进行创新创业。职业培训师的职业贯通发展如图 2 所示。

九、职业培训师的发展前景

从市场供需看。我国职业培训师存在巨大的缺口，据广东省新时代职业开发研究院调查统计，目前全国各类职业培训机构 3 万多家，每年职业技能培训规模在 1500 万人次以上。按照每个培训机构拥有 15 名职业培训师计算，全国至少需要职业培训师 50 万人，规模以上企业每个企业配备专兼职职业培训师 10 名，全

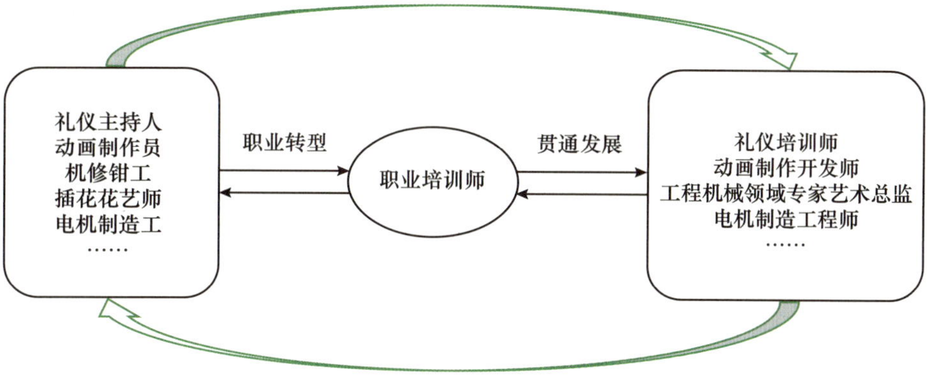

图 2　职业培训师职业贯通发展图

国企业需要的职业培训师就达 378 万人。各类职业院校需要开展短缺职业技能培训，至少需要配备职业培训师 50 多万人。

从产业发展看。在我国，随着科学技术迅速发展，产业转型升级步伐加快，社会发展转向高质量发展阶段，迫切需要面向全社会劳动者开展大规模的职业技能培训和终身职业技能培训，迫切需要建设一支职业化、专业化、高素质的职业培训师队伍。但是目前我国从事职业培训的教师，几乎都没有职业培训师证书，培训师队伍规模小，层次低，缺口大，不能适应职业培训事业发展需要。根据广东省新时代职业开发研究院的调查预测，2022—2030 年，中国职业培训市场规模将达 5000 亿元，而符合要求的职业培训师非常匮乏，市场缺口达 300 万人，就业前景非常广阔。

从政策红利看。党的十八大以来，党中央、国务院高度重视职业培训工作。习近平总书记强调要加快构建现代职业教育体系，培养更多高素质技术技能人才、能工巧匠、大国工匠。国务院先后出台了一系列政策文件，强调要大规模开展职业技能培训。全国各地十分重视职业技能培训工作，职业培训事业发展迅速，社会职业培训机构迅速发展，职业院校和企业普遍重视职业技能培训。

十、相关内容链接

国家职业标准：扫码即可查看 ☞

相关政策文件：本书附录序号 54、56、60。

供稿：深圳市企鹅网络技术有限公司　张志发

装配式建筑施工员

职业编码：6-29-01-06

建筑业是一个国家经济建设和社会发展的支柱产业，也是能源消耗和碳排放大户。《中国建筑能耗研究报告（2020）》数据显示，2018 年国内建筑行业全生命周期碳排放占全国碳排放总量的 51%。如何降低建筑行业的碳排放？如何助力我国 2030 年前实现碳达峰、2060 年前实现碳中和的目标？这关系到我们每个人的生活质量，也是摆在我们面前无法回避的问题。国家政策积极推进工程建设领域从传统粗放建造方式向绿色低碳智能建造方式转变的产业转型升级路径逐渐清晰，装配式建筑逐步在国内遍地开花。用“搭积木”和“造汽车”的方式建房子，能减少现场作业、改善施工环境、保障工程质量，装配式建筑施工员将成为工程建设的主力军、绿色建筑的建设者。

一、装配式建筑施工员的一天

记录时间：2021 年 10 月 20 日 **记录人：周某平**

上午工作情况

8 点：

1. 确认施工内容和技术要求，做好安全措施，熟知应急预案。（领任务、记要求、保安全）

2. 平整构件堆放场地，熟悉吊装施工方案，准备构件吊装机具。（施工前准备）

3. 安装基面定位放线，检查预制构件质量，构件缺陷误差处理。（装配

前准备）

4. 混凝土预制构件吊装就位、分仓封仓、灌浆连接。（混凝土构件装配）

5. 钢构件吊装就位，焊接连接和变形检查，螺栓连接和扭矩检查。（钢结构构件装配）

下午工作情况

14点：

1. 混凝土构件拼接区域钢筋定位和绑扎、模板搭设和固定、混凝土浇筑和养护。（混凝土构件拼接）

2. 钢结构构件焊接变形矫正、螺栓连接板平整度检查和螺栓终拧。（钢构件拼接）

3. 整体厨卫、外挂墙板和内隔墙板的外观检查、定位放线和安装就位。（部品安装）

4. 装配式装修的图纸识读、定位放线和安装就位。（装配式装修）

5. 装配式施工和信息化管理的资料归档和过程记录。（资料记录）

二、什么是装配式建筑施工员

职业定义。装配式建筑施工员是指在装配式建筑施工过程中从事预制部品部件安装、进度控制和项目现场协调等工作的人员。

定义解读。装配式建筑是指把传统建造方式中的大量现场湿作业转移到工厂进行预制，将工厂加工、制作好的构件和配件（如楼板、墙板、楼梯、阳台等）运输到施工现场，通过可靠的连接方式在现场装配施工而成的建筑。装配式建筑施工员是指项目建设过程中装配技术实施和施工方案落实的现场组织协调和实际操作人员。

关联职业。装配式建筑施工员属于新职业，钢筋工、架子工、焊工、装饰装修工属于较为密切的关联职业。钢筋工是使用工具、机具，进行钢筋加工、骨架

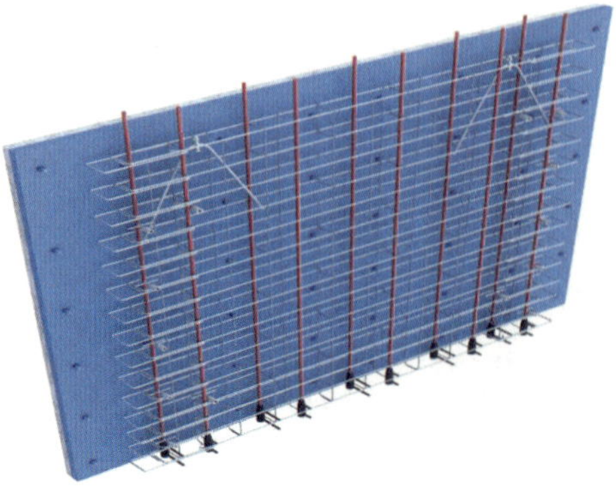

预制和钢筋布置的人员。架子工是使用装拆、维护工具，架设、维护、拆卸施工现场操作架、防护架、支撑架的人员。焊工是操作焊机或焊接设备，焊接金属工件和构件的人员。装饰装修工是使用工具、机具或手工，进行建筑物、构筑物等表面和内部空间技术和艺术处理的人员。装配式建筑施工员是将加工厂制作好的建筑部品部件在现场进行装配的人员。

相应岗位。混凝土工、钢筋工、灌浆工、手工木工、门窗幕墙安装工、设备安装工。

三、装配式建筑施工员的主要工作职责

装配式建筑是一个系统工程，主要涉及结构系统、外围护系统、内隔墙系统、

内装修系统和机电设备系统，其组成架构如图 1 所示。装配式建筑施工员的工作贯穿整个建设过程。装配式建筑施工员是一个统称，作为个人可以完成单个职业功能，成为专项施工员；也可以完成全部职业功能，成为全能施工员。

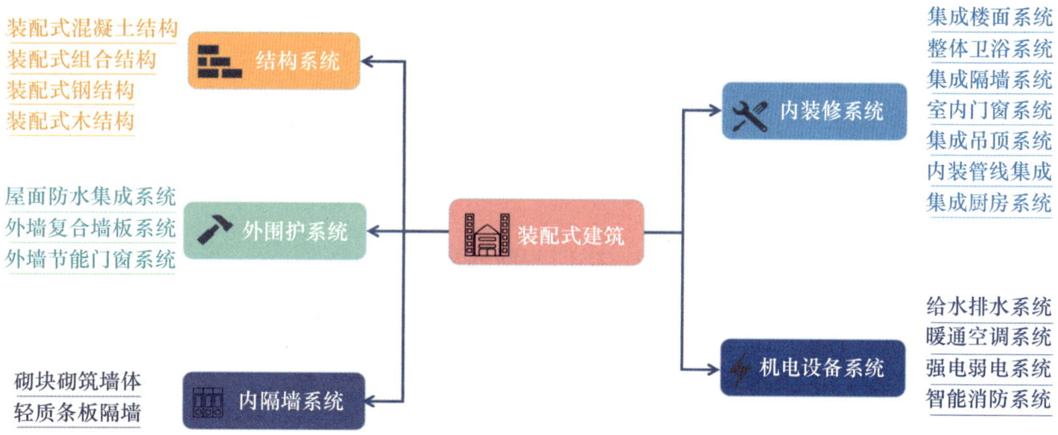

图 1 装配式建筑的组成架构

1. 识读装配图纸。识读图纸中的工程概况和装配方式，预估可能遇到的工序协调问题和装配技术难点。

2. 参与开工准备。根据项目具体情况和现场实际条件，协助项目经理和技术总工做好项目开工前的准备工作。

3. 协助方案编制。根据项目经历和工程经验，为施工方案编制提出合理化建议，为项目顺利实施建言献策。

4. 工程材料复核。对进场材料进行外观检查和资料复核，遇到重大质量、安全问题及时上报。

5. 装配施工操作。装配式建筑施工员在项目建设全过程中按照图纸、规范、标准进行预制构件装配、连接和拼接区域混凝土浇筑。

6. 协调现场进度。协调分项工程之间、前后工序之间和施工队伍之间的穿插配合，调配人员、材料、机械及时到位，使施工顺利进行。

7. 过程资料记录。编写施工日志、施工记录等相关施工资料。

8. 协助竣工验收。协助竣工验收前的各项资料准备，负责成品保护。

四、装配式建筑施工员的薪酬福利待遇

平均薪酬水平。根据国家统计局公布数据，建筑业年平均工资不断增长，从2016年的52082元提升到2020年的69986元。从区域看，一线城市和经济发展快的城市如北京、上海、杭州等的工资为10000~15000元/月，高于其他城市（如济南为6000~9000元/月，沈阳为5000~8000元/月）。

与类似职业对比。据智联招聘网2021年10月数据，在北京地区，该职业的薪酬一般要高于钢筋工、架子工和混凝土工等的薪酬，见表1。

表1　类似职业薪酬水平

职业名称	薪酬水平（元/月）
装配式建筑施工员	10000~15000
钢筋工	4000~7000
架子工	4000~8000
混凝土工	6000~7000
木工	5000~6500

五、从事装配式建筑施工员工作需要哪些本领

该职业从业人员需具备的知识和技能有：建筑识图常识、常用建材性能、常用机具使用、工程测量定位、预制构件和部品部件安装、连接区域钢筋绑扎和混凝土浇筑等。核心技能是预制构件吊装就位和构件之间的现场连接。

该职业需具备的知识和技能见表2。

表2　装配式建筑施工员需具备的知识和技能

职业功能	工作内容	知识和技能要求
施工准备	识读图纸与技术交底	能识读预制构件名称、对应数量、连接方式、预埋信息，能汇集技术交底资料
	场区规划与堆场布置	能测量和绘制场区现状图，平整堆场场地，组装堆场存放设施，编制堆场构件和部品存放方案

续表

职业功能	工作内容	知识和技能要求
施工准备	方案编制与机具选型	能编制施工组织设计和专项施工方案，根据施工方案选择机具类型和参数，并安装调试机具
	定位放线与基面复验	能对预制构件和部品部件安装基面进行测量复验和定位放线，并对基面复验发现的问题进行处理
构件装配	构件检验与现场存放	能查验预制构件外观缺陷、尺寸误差及预留预埋件位置，按照现场存放限值规定存放构件，对堆放区预制构件进行信息化管理
	样板试拼与工艺核验	能通过预制构件试拼发现问题和优化施工工艺，并通过试拼调试机具和设备运行状态
	构件吊装与临时支撑	能搭设构件拼装临时支撑、调整构件吊装就位位置、标高、水平度和垂直度以满足构件装配技术要求，达到预制构件装配质量标准
节点连接	钢筋绑扎	能查验连接钢筋的品种、规格和数量，进行钢筋定位、绑扎，处理复杂节点钢筋碰撞问题
	钢筋连接	能核查套筒、预留孔的规格、位置、数量和深度，按配比制备灌浆料拌合物进行钢筋连接，填写作业过程资料和留存过程视频
	后浇连接	能搭设和拆除模板，按照不同部位的浇筑工艺工法对构件拼接节点区域进行混凝土浇筑，并做好养护记录
	螺栓连接	能根据图纸查验螺栓的种类、强度等级、栓孔位置，选择合适工具和紧固顺序进行螺栓连接
	焊接连接	能选择焊接工艺参数，制定焊接工艺工法，进行构件焊接连接
部品安装	外挂墙板与内隔墙板安装	能查验外挂墙板和内隔墙板外观质量，复验预留预埋位置，按照安装节点图纸和工艺工法装配就位
	管线铺设与设备安装	能查验管线外观质量和设备配置清单，复验预留预埋位置，核验管线分离和设备安装操作空间，按照工序完成安装

续表

职业功能	工作内容	知识和技能要求
部品安装	集成厨卫安装	能识读集成厨卫安装节点连接构造做法图纸，复验预留预埋位置，测量放线后装配就位
	装配式内装施工	能识读装配式内装构造做法，列出装饰材料需求清单，测量复验装饰基面，按照工艺流程进行内装施工
现场管理	施工交底与专项培训	能识读深化设计图纸和节点构造做法，对构件装配和节点连接关键技术进行动画模拟展示、装配施工交底和操作专项培训
	安全保障与质量控制	能编制装配专项安全管理方案和应急预案，落实专项质量监管内容和要求，填报装配专项质量监管相关资料
	资料归档与信息化管理	能利用信息化管理手段掌握并协调生产、储运和安装进度，对装配式施工项目竣工验收资料进行汇总、整理和归档

六、装配式建筑施工员的专业教育现状

（一）相关专业

目前已有较多院校开设了与该职业相关的专业，涉及本科院校、高职院校及中职学校等。本科院校专业有土木工程、智能建造等。职业院校专业有装配式建筑施工、装配式建筑工程技术、建筑钢结构工程技术、建筑工程技术、智能建造技术等。

（二）开设相关专业的院校（排名不分先后）

1. 本科院校：同济大学、东南大学、聊城大学、哈尔滨工业大学、北京建筑大学、天津城建大学、青岛理工大学、西安建筑科技大学、长沙理工大学、福州工学院等。

2. 高职院校：山东城市建设职业学院、河南交通职业技术学院、四川建筑职业技术学院、广西建设职业技术学院、浙江建设职业技术学院、济南工程职业技术学院、江西省建筑工程技术学院、武汉职业技术学院、聊城技师学院、河北工程技术学院等。

3. 中职院校：北京市建筑材料工业学校、上海建筑工程学校、天津市建筑工程学校、南京高等职业技术学校、山东建筑职业中等专业学校、长沙建筑工程学校、成都市建筑职业中专学校、青岛市房地产职业中等专业学校、广西城市建设学校、河北城乡建设学校等。

七、装配式建筑施工员的就业创业信息

该职业从业人员遍布全国各地，其中主要集中在上海、北京、湖南、浙江、江苏、天津、江西、山东、四川等省市。

吸纳装配式建筑施工员就业较多的用人单位主要有：

1. 大型施工企业：如中建集团、中铁集团、中交集团、中能建集团、北京城建、上海建工等。

2. 房地产开发企业：如万科、碧桂园、保利发展控股、中海地产、华润置地等。

3. 装配式建筑产业基地：如天津住宅建设发展集团有限公司、杭萧钢构股份有限公司、三一筑工、中建钢构有限公司、吉林亚泰（集团）股份有限公司、山东万斯达建筑科技股份有限公司、长沙远大住宅工业集团股份有限公司等。

注：以上地区及机构排名不分先后，不代表相关实力排名。

八、装配式建筑施工员的职业贯通发展

该职业的发展路径主要有四条：管理路线，即经过工程实践锻炼，逐步提升项目协调管理能力，从普通员工晋升到岗位主管 / 项目经理，甚至逐步晋升到单位中层 / 单位高层。专家路线，即不断学习专业知识和提升技能水平，从施工员转岗到项目技术总工，再晋升到公司技术总工，工程实践不断创新、技术职称不断晋升，成为装配式建筑施工专家。复合人才路线，即通过学习相关知识和专业技能，拓展职业领域，转型为注册建造师、注册监理师、注册造价师、土建施工员、施工安全员等，实现横向贯通和复合发展。创业路线，即基于个人业务能力、专业基础和兴趣爱好，选择合适机会进行创新创业，实现自我价值。装配式建筑施工员的职业贯通发展如图 2 所示。

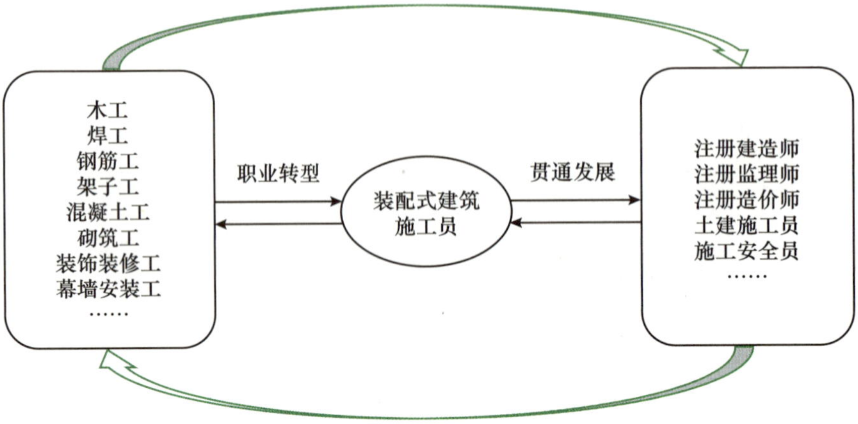

图 2　装配式建筑施工员职业贯通发展图

九、装配式建筑施工员的发展前景

从市场供需看。近年来，我国新建建筑面积不断增长，随着各地装配式建筑占比的提高，根据前瞻产业研究院预计，到 2025 年全国新增建筑面积超过 35 亿平方米，预计新开工装配式建筑面积在 10.54 亿平方米左右，对装配式建筑施工人员的需求数量将会逐年增多，经过专业培训获得相应资格的人员缺口巨大，市场需求大，就业前景好，工资待遇高。

从产业发展看。随着国家《关于推动城乡建设绿色发展的意见》《2030 年前碳达峰行动方案》和《“十四五”时期“无废城市”建设工作方案》政策文件的出台，各地也纷纷出台相关文件和政策，并将装配式建筑列为建筑领域产业转型升级的发展方向，其产业链将会在横向继续拓展和纵向不断延伸，装配式建筑在社会可持续发展中将会发挥更大作用。

从政策红利看。在国家加快推进装配式建筑发展的大背景下，各省市相继制定相关政策支持装配式建筑科技创新和项目落地，归纳起来主要有用地支持、审批条件、财政补贴、专项资金、税费优惠、容积率、评奖评优、信贷支持、消费引导、行业扶持等类别。目前，全国除港澳台以外的 31 个省级行政单位均发布了相关的支持和激励政策，开发商、建设者和购买人都不同程度地享受了政策红利，装配式建筑正在不断创新发展中，未来红利将会从不同层面逐步呈现。

十、相关内容链接

国家职业标准： 暂缺

相关政策文件： 本书附录序号 54、56、60。

供稿：聊城大学　赵永生

附录

新职业发展相关政策文件

序号	发布或通过时间	发布或通过机构	文件名称
1	2016-02	中共中央、国务院	《中共中央　国务院关于进一步加强城市规划建设管理工作的若干意见》
2	2016-05	中共中央、国务院	《国家创新驱动发展战略纲要》
3	2016-10	中共中央、国务院	《“健康中国2030”规划纲要》
4	2017-09	中共中央、国务院	《关于开展质量提升行动的指导意见》
5	2019-11	中共中央、国务院	《国家积极应对人口老龄化中长期规划》
6	2020-01	中共中央、国务院	《关于抓好“三农”领域重点工作确保如期实现全面小康的意见》
7	2020-06	中共中央、国务院	《海南自由贸易港建设总体方案》
8	2021-04	中共中央、国务院	《关于加强基层治理体系和治理能力现代化建设的意见》
9	2021-11	中共中央、国务院	《关于加强新时代老龄工作的意见》
10	2017-05	中共中央办公厅、国务院办公厅	《关于加快构建政策体系培育新型农业经营主体的意见》
11	2019-02	中共中央办公厅、国务院办公厅	《关于加强金融服务民营企业的若干意见》
12	2019-04	中共中央办公厅、国务院办公厅	《关于促进中小企业健康发展的指导意见》
13	2019-05	中共中央办公厅、国务院办公厅	《数字乡村发展战略纲要》

续表

序号	发布或通过时间	发布或通过机构	文件名称
14	2021-01	中共中央办公厅、国务院办公厅	《建设高标准市场体系行动方案》
15	2021-02	中共中央办公厅、国务院办公厅	《关于加快推进乡村人才振兴的意见》
16	2021-10	中共中央办公厅、国务院办公厅	《关于推动城乡建设绿色发展的意见》
17	2021-03	全国人民代表大会	《中华人民共和国国民经济和社会发展第十四个五年规划和 2035 年远景目标纲要》
18	2021-06	全国人民代表大会常务委员会	《中华人民共和国数据安全法》
19	2021-08	全国人民代表大会常务委员会	《中华人民共和国个人信息保护法》
20	2015-05	国务院	《中国制造 2025》
21	2016-05	国务院	《关于深化制造业与互联网融合发展的指导意见》
22	2016-10	国务院	《关于加快发展康复辅助器具产业的若干意见》
23	2017-02	国务院	《残疾预防和残疾人康复条例》
24	2017-07	国务院	《新一代人工智能发展规划》
25	2017-11	国务院	《关于深化“互联网 + 先进制造业”发展工业互联网的指导意见》
26	2020-07	国务院	《关于促进国家高新技术产业开发区高质量发展的若干意见》
27	2020-08	国务院	《新时期促进集成电路产业和软件产业高质量发展的若干政策》

续表

序号	发布或通过时间	发布或通过机构	文件名称
28	2021-07	国务院	《“十四五”残疾人保障和发展规划》
29	2021-07	国务院	《关键信息基础设施安全保护条例》
30	2021-10	国务院	《2030 年前碳达峰行动方案》
31	2017-02	国务院办公厅	《关于促进建筑业持续健康发展的意见》
32	2017-10	国务院办公厅	《关于积极推进供应链创新与应用的指导意见》
33	2019-04	国务院办公厅	《关于推进养老服务发展的意见》
34	2020-12	国务院办公厅	《关于促进养老托育服务健康发展的意见》
35	2020-12	国务院办公厅	《关于建立健全养老服务综合监管制度促进养老服务高质量发展的意见》
36	2021-06	最高人民检察院等部门	《关于建立涉案企业合规第三方监督评估机制的指导意见（试行）》
37	2020-04	国家发展和改革委员会等部门	《关于推进“上云用数赋智”行动培育新经济发展实施方案》
38	2020-07	国家发展和改革委员会等部门	《关于支持新业态新模式健康发展　激活消费市场带动扩大就业的意见》
39	2020-08	国家发展和改革委员会等部门	《推动物流业制造业深度融合创新发展实施方案》
40	2016-12	教育部等部门	《制造业人才发展规划指南》
41	2019-08	科学技术部	《国家新一代人工智能开放创新平台建设工作指引》
42	2018-12	工业和信息化部	《关于加快推进虚拟现实产业发展的指导意见》
43	2020-03	工业和信息化部	《关于推动 5G 加快发展的通知》

续表

序号	发布或通过时间	发布或通过机构	文件名称
44	2021-11	工业和信息化部	《“十四五”信息通信行业发展规划》
45	2019-12	工业和信息化部等部门	《关于促进老年用品产业发展的指导意见》
46	2021-12	工业和信息化部等部门	《“十四五”智能制造发展规划》
47	2021-12	工业和信息化部等部门	《“十四五”机器人产业发展规划》
48	2020-03	工业和信息化部办公厅	《中小企业数字化赋能专项行动方案》
49	2020-03	工业和信息化部办公厅	《关于推动工业互联网加快发展的通知》
50	2020-04	工业和信息化部办公厅	《关于深入推进移动物联网全面发展的通知》
51	2019-09	民政部	《关于进一步扩大养老服务供给 促进养老服务消费的实施意见》
52	2019-09	民政部等部门	《关于进一步加强特困人员供养服务设施（敬老院）管理有关工作的通知》
53	2017-08	财政部等部门	《关于运用政策和社会资本合作模式支持养老服务业发展的实施意见》
54	2020-12	人力资源和社会保障部	《关于进一步加强高技能人才与专业技术人才职业发展贯通的实施意见》
55	2021-04	人力资源和社会保障部	《提升全民数字技能工作方案》
56	2021-06	人力资源和社会保障部	《“技能中国行动”实施方案》
57	2021-09	人力资源和社会保障部等部门	《专业技术人才知识更新工程实施方案》

续表

序号	发布或通过时间	发布或通过机构	文件名称
58	2021-12	人力资源和社会保障部等部门	《"十四五"职业技能培训规划》
59	2020-11	人力资源和社会保障部办公厅	《关于支持企业大力开展技能人才评价工作的通知》
60	2021-01	人力资源和社会保障部办公厅	《技能人才薪酬分配指引》
61	2021-10	人力资源和社会保障部办公厅	《专业技术人员人才知识更新工程数字技术工程师培育项目实施办法》
62	2021-12	生态环境部等部门	《"十四五"时期"无废城市"建设工作方案》
63	2020-07	住房和城乡建设部等部门	《关于推动智能建造与建筑工业化协同发展的指导意见》
64	2020-07	交通运输部办公厅	《关于加快推进道路运输企业主要负责人和安全生产管理人员安全考核工作的通知》
65	2021-08	农业农村部	《关于加强乡镇农产品质量安全网格化管理的意见》
66	2019-09	中央农村工作领导小组办公室等部门	《关于开展农民合作社规范提升行动的若干意见》
67	2019-12	商务部等部门	《关于推动品牌连锁便利店加快发展的指导意见》
68	2020-12	文化和旅游部	《关于进一步优化营商环境推动互联网上网服务行业规范发展的通知》
69	2019-10	国家卫生健康委员会等部门	《关于建立完善老年健康服务体系的指导意见》
70	2021-06	国家卫生健康委员会等部门	《关于加快推进康复医疗工作发展的意见》
71	2021-06	中国人民银行	《关于深入开展中小微企业金融服务能力提升工程的通知》

续表

序号	发布或通过时间	发布或通过机构	文件名称
72	2019-01	中国人民银行等部门	《关于金融服务乡村振兴的指导意见》
73	2018-11	国务院国有资产监督管理委员会	《中央企业合规管理指引（试行）》
74	2020-08	国务院国有资产监督管理委员会	《关于加快推进国有企业数字化转型工作的通知》
75	2020-11	国家市场监督管理总局	《关于加强网络直播营销活动监管的指导意见》
76	2016-11	国家互联网信息办公室	《互联网直播服务管理规定》
77	2020-04	国家邮政局等部门	《关于促进快递业与制造业深度融合发展的意见》